2ª Edición revisada y actualizada

# Recepción y reservas

**Contiene acceso a la descarga gratuita del programa de gestión informatizada de hoteles "Suite"**

**En la página www.sintesis.com y seleccionando el libro *Recepción y reservas*, encontrará las instrucciones para el acceso a la simulación informática**

2ª Edición revisada
y actualizada

# Recepción y reservas

José Antonio Dorado

EDITORIAL
SINTESIS

Vallehermoso, 34. 28015 Madrid
Teléfono 91 593 20 98
http://www.sintesis.com

ISBN: 978-84-995890-3-9
Depósito Legal: M-13.078-2017

Impreso en España - Printed in Spain

# Índice

# Prólogo

El sector turístico español ha sido capaz, en sus mejores momentos, de participar por encima del 12% en el PIB. Parte de dicha aportación la dan las empresas de alojamiento, independientemente de que su denominación sea la de hotel, apartamento, campamento o una simple pero muy honrosa casa de huéspedes, y a partir de la existencia de ese lugar de pernoctación, los viajeros habrán contratado un transporte, unas actividades... Nadie viaja sin tener asegurado donde pernoctar.

Las empresas que de manera profesional se han dedicado a dar habitación o similar a personas se remontan a la edad antigua, si bien las instalaciones, los servicios, la tecnología... han ido evolucionando, y adaptándose a las necesidades de un mundo cambiante.

Las primeras empresas de alojamiento no tenían capacidad para poder hacer reservas, ya que no existían medios apropiados. En los inicios de las empresas de alojamiento les era imposible hacer una comercialización apropiada y sus facturas posiblemente en muchos casos eran una anotación con tiza sobre un mostrador de madera.

Pero hay una realidad que no podemos discutir: la informática está presente en nuestro entorno cotidiano y aquel, particular o empresa, que no la tenga implantada, está apostando muy fuerte por fracasar.

La implantación de nuevas tecnologías en el sector hotelero ha sido constante, a finales del siglo XIX ya aparecen las máquinas registradoras, pero no son introducidas en el sector hotelero hasta bien entrado el siglo XX. Mediante la incorporación de las máquinas registradoras se sustituyen las conocidas "hojas de mano corriente", ofreciendo una mejor presentación de las facturas, dando lecturas de saldo de todas las cuentas y la producción diaria. En resumen, se pasa de un sistema manual a un sistema mecanizado, pero el proceso de facturación sigue siendo el mismo, solo cambia el medio. De las marcas más conocidas y que los veteranos de la hotelería recuerdan perfectamente tenemos la Anker y la archiconocida NCR 42, que recortaron carga de trabajo en la facturación, pero en ningún momento aseguraban que el proceso de facturación fuera correcto, lo que implicaba emplear algunas horas en buscar los descuadres. Por otra parte, la gestión de recepción no era completa, faltaba todo lo relativo a reservas y control de ocupación.

La gestión de recepción pasa a ser integral con la aparición y la incorporación de la informática en las empresas de alojamiento. A partir de ese momento, a finales de los 70 del siglo XX, las reservas, los plannings, las tarifas, los registros... pasan a formar parte de un paquete de gestión. Lo cual implica que a partir de una exquisita parametrización los empleados de recepción tienen en sus manos una herramienta eficiente para el desarrollo de sus funciones.

Por ello el presente libro ofrece, a través de la página web de la editorial (www.sintesis.com), una aplicación informática para la gestión hotelera totalmente implantada en España desde el año 1976 por Francisco Arjonilla Montilla y su grupo de colaboradores, expertos en la dirección de cientos de establecimientos hoteleros de reconocidas cadenas, así como de hoteles independientes.

Francisco Arjonilla es además profesor de Gestión de Alojamientos en la Universidad Complutense de Madrid, y también ha impartido clases en másteres y grados en esta y otras universidades, como la Universidad Politécnica, siempre dentro del campo de las empresas de alojamiento.

En el presente libro hemos querido transmitir la base en la que se asientan las funciones de la recepción de las empresas de alojamientos. Así, presentamos de manera continua los principios y bases manuales en los que se basa la gestión informatizada, de manera que se puedan alcanzar los conocimientos de cómo un programa de gestión hotelera informatizada ha sido diseñado, sobre qué se sustenta, de cómo se pasa de una hoja de reservas a una lista de llegadas, de cómo desde un acuerdo de colaboración establecemos tarifas... Y algo muy importante, evitar, en lo posible, que los profesionales del sector se conviertan en simples extensiones de un ordenador cumplimentando campos y apretando teclas, para pasar a convertirse en auténticos conocedores de los procesos de alojamiento.

*José Antonio Dorado*
Doctor en Sociología
Licenciado en Ciencias Económicas y Empresariales
Técnico en Empresas Turísticas

# 1

# La recepción de las empresas de alojamientos

## Supervisión del departamento de recepción

### 1.1. El departamento de recepción

Cuando una persona accede a un establecimiento hotelero lo primero que busca con la mirada es el mostrador de recepción, punto tradicional para ser atendido en cuanto a la contratación de servicios de alojamiento, es decir, hacer el registro.

De la afirmación anterior deducimos que es el lugar adecuado para acceder al hotel o similar y comenzar a disfrutar de la estancia. Un símil, igualmente conocido por todos, es un aeropuerto, siendo en este caso la búsqueda por parte del usuario del mostrador de la compañía aérea con la que ha contratado el vuelo y, al igual que en el mostrador del hotel, allí iniciaremos los trámites para poder disfrutar la prestación del servicio.

Evidentemente es muy simplista creer que la recepción de un hotel tiene su razón de ser en recibir a huéspedes, siendo más coherente pensar que previamente a ello hubo una reserva, se preparó nuestra estancia, las habitaciones están disponibles, tendremos espacio en el comedor para desayunar… Así mismo, ese huésped da por hecho que si necesita ayuda o información le será facilitada, le llamarán para despertarle si lo precisa, podrá consumir en las distintas dependencias del hotel, le preparan la factura…

El departamento de recepción de una empresa de alojamiento recibe muy diferentes denominaciones, tales como: el centro neurálgico, el corazón, la cara visible de la dirección, la carta de presentación… Ahora bien, dichas afirmaciones pueden ser aceptadas bajo el punto de vista de los clientes, pero a nivel de empresa no deja de ser una simpleza el conceder una mayor importancia a este departamento frente al resto. Si comparamos una empresa de alojamiento con un cuerpo humano podríamos decir que un área funcional o departamento es el corazón, otra será los pulmones, otra los riñones y así sucesivamente, pero ¿puede ese cuerpo funcionar sin la existencia de todos y cada uno de sus órganos?, la respuesta categórica es no. Una empresa de alojamientos, como cualquier otra, posee una estructura organizativa creada voluntariamente en la que establecidas todas las funciones que se deben desarrollar las agrupa en departamentos o áreas funcionales y, finalmente, establece una coordinación entre estos. Bajo ningún concepto se puede dar a unas funciones más importancia que a otras, ya que todas son necesarias y si cualquiera de ellas falla, falla la empresa. Qué ocurriría si en un hotel nadie barriera los pasillos, o qué sucedería si no se sacara la basura. Es evidente que una empresa de alojamientos precisa de huéspedes, lo cual nos haría decir que el departamento comercial o el de reservas de recepción es el más importante, pero una vez más caeríamos en un error, ya que de qué vale tener clientes si no se les satisface, si no atendemos sus necesidades, si las instalaciones no son adecuadas, si la prestación de los servicios es penosa, si no existe comunicación y coordinación interdepartamental...

De tener cierta relevancia el departamento de recepción sería por ser el poseedor de muchísima información, ya que típicamente la estructura organizativa de una empresa de alojamientos establece que antes, durante y después de la estancia de un huésped la participación del departamento de recepción es muy activa. Recepción sabe quién va a venir, cuándo, qué ha contratado, qué habitación tiene cada huésped, cuándo va a salir del hotel, si tiene crédito, etc., asumiendo entre sus funciones la de informar al resto de áreas funcionales sobre la previsiones de ocupación y régimen y el control de la producción, por lo tanto, sí podemos afirmar que la recepción es el punto central, el eje, el pivote del servicio de alojamiento, pero el resto de departamentos son igualmente imprescindibles, ninguno sobra, ninguno debe faltar, todos son necesarios, cualquier error por muy pequeño que sea durante la estancia supone una prestación globalmente insatisfactoria.

Finalmente recordemos que será siempre recepción quien de manera indirecta (teléfono, *e-mail*...) o directa (vis a vis) tendrá el primer contacto con el cliente, y de que ese primer contacto sea bueno o malo causará una buena o mala impresión de lo que el huésped espera recibir. De ahí que la primera impresión predispone positiva o negativamente a los clientes, debiendo por ello cuidar no solo la imagen y la atención adecuada, sino la profesionalidad del personal de recepción.

## 1.2. Ubicación de la recepción

La ubicación del departamento de recepción no es común a todos los establecimientos hoteleros, siendo la misma consecuencia directa del volumen de trabajo, o lo que es lo mismo del número de habitaciones, grado de ocupación y estancia media.

Con carácter generalista los establecimientos de dimensiones intermedias establecen al menos tres lugares de trabajo:

- Reservas. Situado en cualquier zona del edificio por no ser necesario para el desarrollo de su trabajo el contacto directo con los clientes; de ahí que en ocasiones se ubique en la zona de oficinas o incluso en otro edificio.
- Mostrador del hall. Lugar de acogida, atención durante la estancia, facturación y cobro, y despedida de los huéspedes, al que habitualmente se añade: teléfonos y conserjería.
- Créditos. Su ubicación es similar a la de reservas ya que no precisa estar presente físicamente ante los clientes; incluso en la mayoría de los hoteles este eslabón de recepción depende jerárquicamente de administración-contabilidad.

Si la referencia de ubicación la hiciéramos a un hotel de grandes dimensiones nos obligaría a mayor despliegue, consecuencia directa de volumen de trabajo, diferenciándose como lugares independientes y con personal propio los siguientes:

- Reservas. Con las mismas características que en caso de un hotel de dimensión intermedia.
- Mostrador. Situado en el vestíbulo del establecimiento y dedicado al registro, atención durante la estancia y despedida de clientes.
- Facturación. Dada que su misión es la de elaborar facturas y el control de la producción, su ubicación deberá ser próxima al mostrador y a la caja, ya que unos le darán información de llegadas y los otros le reclamarán las facturas para su cobro. No obstante dada la existencia de sistemas informatizados de gestión hotelera, la proximidad puede ser relativa.
- Caja. Punto obligado de ubicarse en el hall del hotel y próximo al mostrador dado que será el punto donde los clientes paguen o cierren sus facturas antes de la salida.
- Créditos. Habitualmente en zona de oficinas o similar.

Finalmente si nos referimos a establecimientos de pequeñas dimensiones la ubicación responde a una estructura que, teniendo las mismas tareas y funciones, no son muy repetitivas, lo cual implica que la recepción tiene una sola ubicación que será el vestíbulo del establecimiento, asumiendo la función de créditos, así como la de teléfonos e información turística.

### 1.2.1. Ubicación del mostrador de recepción

El emplazamiento adecuado donde debe situarse el mostrador de recepción de una empresa hotelera es obligatoriamente en el lugar más destacado y visible del vestíbulo.

Sería un mal principio que un cliente comience la prestación del servicio de alojamiento perdido en el vestíbulo sin saber a dónde ir, a dónde dirigirse para que le atiendan, para registrarse, para comenzar su estancia en el establecimiento. Ahora bien, no todas las tareas y funciones que realiza la recepción, como ya se ha comentado, se desarrollan en el clásico mostrador.

El vestíbulo del hotel se convierte obligatoriamente en el punto de acogida, en el lugar donde al huésped se le da la bienvenida y este recibe el primer impacto, la imagen del hotel, la primera impresión de los servicios esperados. De ahí la gran importancia que tiene en el mismo la decoración, la limpieza, el mobiliario, los uniformes, la música, el orden, la iluminación…, sin olvidar, evidentemente, la atención del personal de contacto, que comenzará con el portero de acceso y el mozo de equipajes o por el personal de recepción cuando aquellas categorías no existan en el hotel.

Como veremos en el desarrollo de la presente publicación, cuando nos referimos al mostrador de recepción, hacemos referencia al punto de contacto personalizado y no a la recepción como departamento.

Actualmente los establecimientos hoteleros pueden llegar a establecer diferentes mostradores de recepción para atender a diversas tipologías de clientes. Pudiendo distinguir los siguientes:

- Principal. En el que se atiende a los clientes en general. Siendo en la mayoría de los establecimientos hoteleros el único existente, asumiendo cada día más las típicas funciones de conserjería y las de teléfonos.
- Planta de ejecutivos. El dedicado a atender a los clientes que han reservado habitación en dicha zona específica del hotel, que cuenta con mejores instalaciones, espacio y atenciones diferenciadas. A nivel comparativo sería como la zona de la cabina de un avión dedicada a la clase *business* o de negocios en la que se dan unas prestaciones diferenciadas de las dadas al pasaje de clase turista (mostrador de *check in* específico, sala de espera vip, prensa…). La recepción de planta de ejecutivos es más personalizada, en ocasiones en vez del tradicional mostrador tenemos una mesa a la que se invita a sentar al huésped, ofreciéndole un refresco o infusión, así como un espacio más o menos amplio próximo dónde de manera permanente se dispone de *coffee facilities*, prensa e incluso de servicio de desayuno y restaurante. En otras palabras es dar un servicio diferenciado dentro del mismo edificio, no solo en la recepción sino en el tipo de habitación y en las prestaciones dentro de la misma (albornoz, zapatillas, atenciones especiales, wifi…), sin olvidar un servicio de secretariado.
- De grupos turísticos. Este mostrador surge como consecuencia de evitar en la medida de lo posible mezclar en la prestación de servicios tipologías de clientes claramente diferenciadas, no solo por precio distinto, sino fundamentalmente por moverse un amplio colectivo de personas simultáneamente y que la recepción en vez de atenderles de manera individual (lo que produciría un casi seguro colapso de personas), lo lleva a cabo a través del guía o responsable, realizando un solo registro, una sola salida, etc. de un grupo de habitaciones y no de habitación por habitación; llegando en algunos establecimientos a acceder al hotel por una entrada diferenciada, con zona de llegada de autobuses y entrada y salida de maletas mediante cinta mecánica. Otra denominación que recibe este tipo de mostrador es la de *hospitality desk*, al ser así mismo el lugar donde el guía o similar atiende a los compo-

nentes del grupo en otros menesteres diferentes a los hoteleros, por ejemplo venta de opcionales.

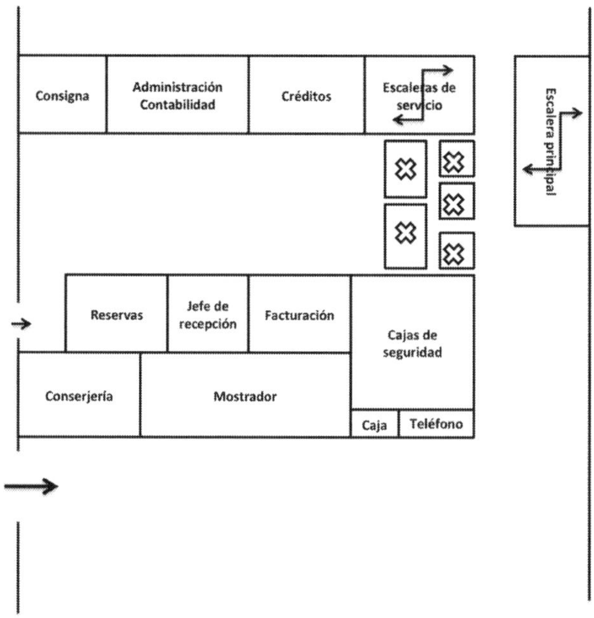


Figura 1.1. Ubicación de la recepción en hotel clásico de máxima categoría y elevado número de habitaciones.

- Reuniones. La creación del mostrador para el mercado de reuniones y similares se establece como consecuencia de que este tipo de clientes responde a un tratamiento diferenciado y en ocasiones complejo, en el que no solo se trata de recepcionar a un elevado número de asistentes a la propia convención, congreso o similar, sino que una parte de ellos se alojará en el hotel, posiblemente algunos deban compartir habitación y no llegan a la vez, no todos tendrán el mismo régimen, incluso habrá diferencias sobre el tipo de menú al que tienen derecho, sin olvidar que habrá clientes para los que los consumos realizados durante la estancia sean a cuenta del organizador, otros deberán pagar una parte, otros serán portadores de un bono de agencia, etc.
- Específico de un segmento del mercado. Esta singularidad se pone de manifiesto cuando el establecimiento hotelero tenga un determinado colectivo que por su especificidad le hace ser merecedor de un mostrador diferenciado. De manera muy singular suele hacer referencias a clientes de determinadas empresas, siendo muy típicas las compañías aéreas para sus tripulaciones, en las que el tratamiento de tipo de habitación, sistema de pago, documentos de pago, etc. son singulares, incluso en ocasiones nos encontramos con que el propio mostrador de recepción es el encargado de entregar en nombre de la compañía aérea dinero en metálico bajo el concepto de dietas ("viáticos").

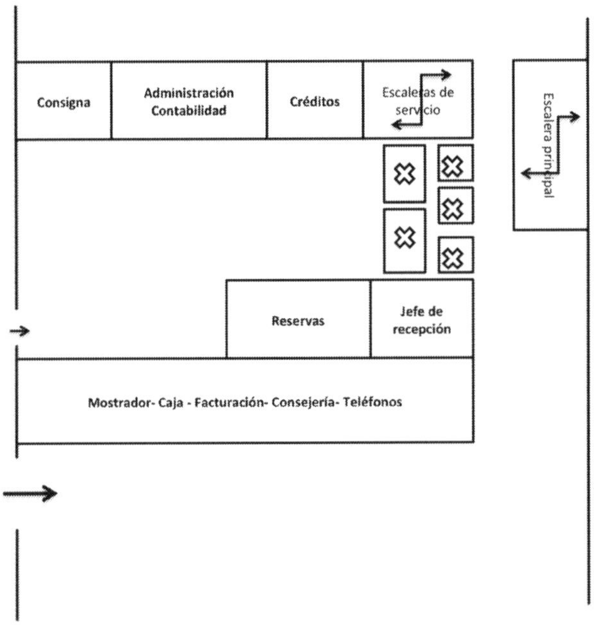


Figura 1.2. Ubicación de la recepción en un hotel actual o de categorías media y baja.

## 1.3. Subdepartamentos de recepción

Basándonos en una agrupación de funciones y tareas de similares características que pueden ser asignadas a un determinado colectivo de trabajadores y bajo la supervisión de un responsable de manera directa o indirecta, la recepción de un hotel puede ser objeto de una estructura organizativa propia, específica, en función de los procedimientos establecidos y fundamentalmente por el volumen de trabajo, es decir, el área funcional de recepción puede ser objeto de establecer subdepartamentos.

La creación de subdepartamentos en el departamento de recepción en un hotel no es consecuencia de que asuma más funciones que en otro hotel donde no exista esa subdivisión de funciones, sino que siendo las mismas tareas y funciones sobre las que se tiene responsabilidad, la repetición o volumen de trabajo requiere un mayor número de trabajadores y se alcanza una mayor eficiencia con la especialización.

Es evidente para todo el mundo que un hotel de muy pequeñas dimensiones realiza las mismas funciones que otro superdimensionado. En ambos hay reservas, se controla la disponibilidad, se recibe a los clientes, se da información, se factura…, pero en el hotel pequeño una sola persona puede realizar todas las acciones, mientras que en el de grandes dimensiones el volumen de trabajo es tal que se precisa más personal en plantilla y el alto nivel de repetición de las tareas invita a que se agrupen determinadas funciones asignándoles personal específico. Es decir, la creación de subdepartamentos dentro de un departamento.

A razón de lo comentado anteriormente es evidente que cada establecimiento hotelero establecerá aquella estructura organizativa que le sea más apropiada para desarrollar eficazmente las funciones del área funcional de recepción, pudiendo afirmar que la estructura elegida será en gran medida consecuencia de: la categoría del establecimiento y del número de plazas hoteleras (ambas cuestiones directamente relacionadas).

El mayor despliegue de subdepartamentos sería típico de un hotel de 5 estrellas, con un número de habitaciones en torno a mil o más y estancia media inferior a dos noches. Estableciéndose los siguientes subdepartamentos:

- Reservas.
- Mostrador.
- Facturación.
- Caja.
- Créditos.

Siendo casi de obligado cumplimiento en este tipo de hoteles que las áreas funcionales de conserjería y teléfonos sean independientes de la recepción.

En el extremo opuesto tendríamos un establecimiento de categoría mínima o simplemente con un escaso número de habitaciones, por ejemplo menos de cien, en el que la estructura de subdepartamentos es inexistente; siendo recepción y con ubicación en el mostrador, los responsables de llevar a cabo todas las funciones, a excepción de los créditos que suelen asignarse a contabilidad-administración, y asumiendo las de teléfonos y conserjería.

Entre ambos extremos de tamaños hoteleros tenemos todo tipo de combinaciones, pero podemos establecer que la fórmula típica es que en el mostrador de recepción se desarrollen las funciones de: reservas, las propias de mostrador, facturación, caja, teléfonos y conserjería, quedando en ocasiones independiente reservas, y los créditos asignados al departamento de contabilidad-administración.

## 1.4. Funciones principales de recepción

Las funciones que atiende recepción son de dos tipos: de carácter comercial y de carácter administrativo, ya que por una parte informa, gestiona y vende los servicios de alojamientos y los complementarios que ofrece el hotel y, por otra parte, lleva a cabo la facturación, cobro, balance de explotación diario y algunos aspectos de análisis y estadísticas.

De manera breve diremos que recepción lleva a cabo las siguientes actuaciones, las cuales serán objeto de estudio en los próximos capítulos:

- Antes de la llegada de un huésped. Informa sobre precios, tipos de habitación, instalaciones, etc., gestiona las peticiones de reserva, controlando en todo momento el nivel de ocupación, informa a nivel interno de las previsiones de trabajo.
- A la llegada del cliente. Formaliza el registro, le da de alta en el sistema de producción, informa a los departamentos implicados.

- Durante la estancia. Ayuda, asesora, colabora e informa a los huéspedes tanto a nivel interno como externo del establecimiento, controla el estatus de las habitaciones, anota en la factura correspondiente los consumos realizados por los clientes, controla la producción diaria y el cierre del día.
- A la salida. Despide a los huéspedes y presenta factura.
- Después de la salida. Mantiene un contacto permanente con huéspedes e intermediarios, y cuando proceda gestionará las facturas a crédito.

## 1.5. Estructura organizativa dentro de la empresa hotelera

Cada empresa hotelera es completamente diferente y como tal presenta aquella estructura organizativa que le aporte la mayor eficiencia. No obstante, existe un gran paralelismo entre todos los hoteles, apartamentos turísticos, campamentos, turismo rural, etc., ya que las funciones a desarrollar se agrupan de manera muy uniforme, siendo la connotación diferenciadora el volumen de habitaciones que hará que se dé o no una situación en que el personal de recepción sea más o menos pluridisciplinar, y que el desarrollo del organigrama sea más o menos plano, o tenga más o menos niveles de responsabilidad.

Presentamos a continuación los organigramas más habituales que ofrece la industria hotelera, en los que cabe destacar los siguientes comentarios:

- Establecimiento de pequeñas dimensiones. Bajo la supervisión directa del ápice estratégico se sitúa la recepción y en el llamado mostrador se desarrollan todas las funciones, incluida la de teléfonos y, en la mayoría de los casos también la de créditos.

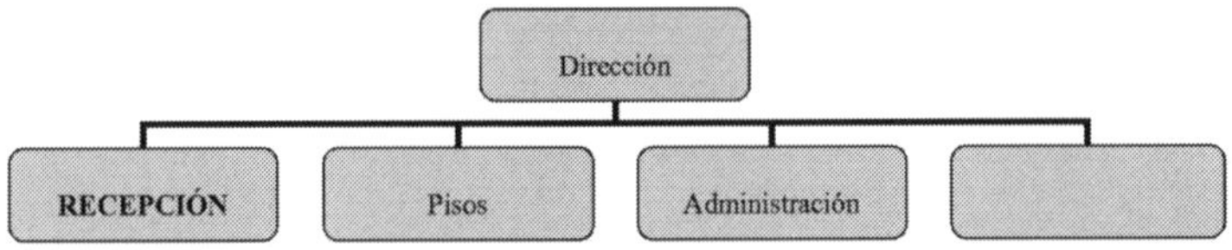


Figura 1.3. Organigrama de un establecimiento de pequeñas dimensiones.

- Establecimiento de tamaño mediano. Puede aparecer la dirección de alojamiento con el objeto de coordinar fundamentalmente las áreas de recepción y pisos. Créditos pasa a depender de administración (puede ser también un departamento con dependencia directa de la Subdirección). Teléfonos y conserjería pasan a depender de recepción. Reservas se mantiene como subdepartamento propio y el resto de funciones (mostrador, facturación, caja, información, equipajes...) pasan a desarrollarse en el propio mostrador de recepción.

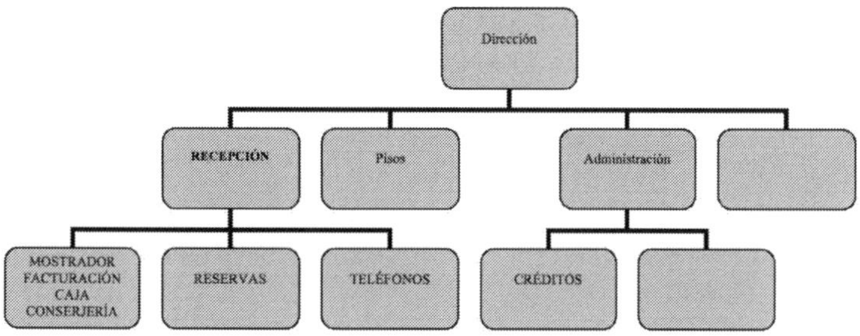


Figura 1.4. Organigrama de un establecimiento de tamaño medio.

- Establecimiento de grandes dimensiones. Bajo el ápice estratégico se sitúan varias direcciones, entre ellas la de alojamiento, de la que depende la recepción y en ella se da un alto grado de especialización, que se refleja con más de un subdepartamento de reservas o de mostrador a tenor de la alta especialización de tipologías de clientes.

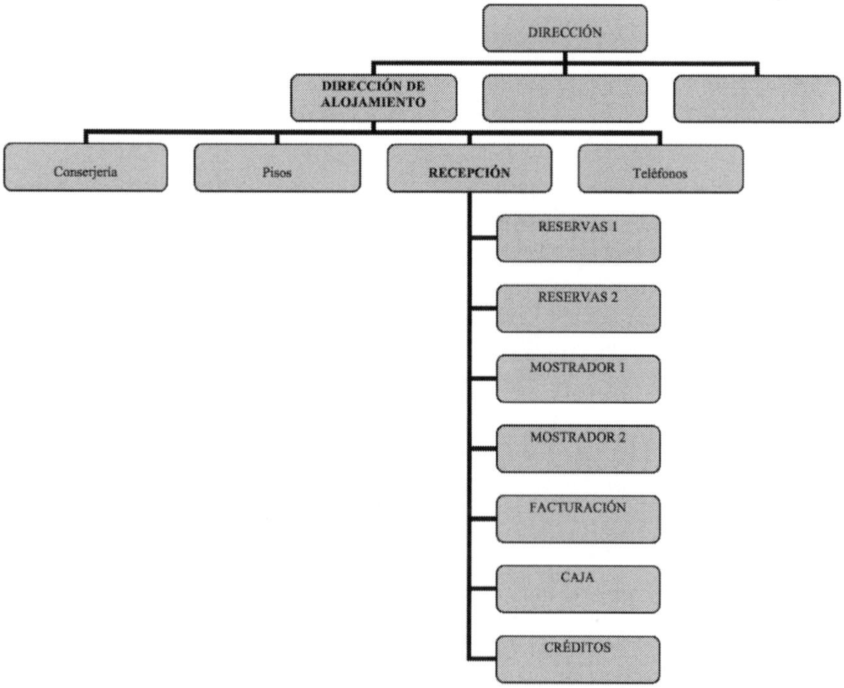


Figura 1.5. Organigrama de un establecimiento de grandes dimensiones.

## 1.6. Categorías profesionales en recepción (conserjería, teléfonos)

En base al Acuerdo Marco Laboral de ámbito estatal del sector de hostelería se distinguen las siguientes categorías profesionales cuyas funciones básicas son:

- *Jefe de recepción:*

  - Realizar de manera cualificada y responsable la dirección, control y seguimiento del conjunto de tareas que se desarrollan en el departamento de recepción.
  - Organizar, dirigir y coordinar el trabajo del personal a su cargo.
  - Dirigir, supervisar y planificar el conjunto de actividades del departamento de recepción.
  - Coordinar y participar con otros departamentos en la gestión del establecimiento.
  - Colaborar con la dirección del establecimiento y/o con otros departamentos.
  - Colaborar en la instrucción del personal a su cargo.

- *Segundo jefe de recepción:*

  - Realizar de manera cualificada y responsable la dirección, control y seguimiento del conjunto de tareas que se desarrollan en el departamento de recepción.
  - Colaborar y sustituir al jefe de recepción de las tareas propias del mismo.

- *Recepcionista:*

  - Realizar de manera cualificada, con iniciativa y responsabilidad la recepción de los clientes y todas las tareas relacionadas con ello.
  - Ejecutar las labores de atención al cliente en la recepción.
  - Realizar las gestiones relacionadas con la ocupación y venta de las habitaciones.
  - Custodiar los objetos de valor y el dinero depositados.
  - Realizar labores propias de la facturación y cobro, así como, el cambio de moneda extranjera.
  - Recibir, tramitar y dirigir las reclamaciones de los clientes a los servicios correspondientes.

- *Ayudante de recepción:*

  - Participar con alguna autonomía y responsabilidad en las tareas de recepción ayudando al jefe/a de recepción y recepcionistas.
  - Colaborar en las tareas propias del recepcionista.
  - Realizar la atención al público en las tareas auxiliares de recepción.
  - Ejecutar labores sencillas de la recepción.
  - En las empresas donde las tareas inherentes a este departamento sean asumidas por el empresario, persona física, realizar las funciones del servicio en recepción bajo la supervisión y directrices emanadas directamente del mismo o persona en quién este delegue.
  - Realizar las tareas derivadas del perfil de la ocupación.

- *Auxiliar de recepción y conserjería:*

  - Auxiliar en las tareas propias de recepción y conserjería, así como de la vigilancia de las instalaciones, equipos y materiales de los establecimientos.
  - Realizar el control, almacenaje y transporte de los equipajes de los clientes en las dependencias del hotel o a las puertas de acceso a este.
  - Encargarse de la ejecución de gestiones y encargos sencillos, tanto en el interior, como en el exterior del establecimiento.
  - Colaborar en el mantenimiento del orden y de la limpieza en las zonas de recepción y conserjería.
  - Vigilar las instalaciones y comunicar las incidencias al departamento correspondiente.
  - Controlar la entrada y salida de objetos, mercancías, proveedores y personal.
  - Encargarse de conducir y estacionar los vehículos de los clientes, a petición de estos, así como su vigilancia y custodia.

- *Primer conserje:*

  - Realizar de manera cualificada, la dirección, control y seguimiento del conjunto de tareas que se desarrollan en el departamento de conserjería de los establecimientos.
  - Dirigir, supervisar y planificar las tareas del departamento de conserjería.
  - Colaborar y coordinar las tareas del departamento de conserjería con las de los demás departamentos.
  - Organizar, dirigir y coordinar el trabajo del personal a su cargo.
  - Colaborar en la instrucción del personal a su cargo.

- *Conserje:*

  - Realizar de manera cualificada, con iniciativa, autonomía y responsabilidad de la asistencia e información a los clientes y de los trabajos administrativos correspondientes.
  - Atender al cliente en los servicios propios de conserjería.
  - Informar a los clientes sobre los servicios de los establecimientos.
  - Ejecutar las labores de atención al cliente en los servicios solicitados.
  - Recibir, tramitar y dirigir las reclamaciones de los clientes a los servicios correspondientes.

- *Ayudante de conserjería:*

  - Participar con alguna autonomía y responsabilidad en las tareas de conserjería ayudando al jefe de departamento y a los conserjes.
  - Asistir, informar y aconsejar a los clientes.

- Transmitir a los clientes las llamadas telefónicas, correspondencia o mensajes.
- Colaborar en las tareas de conserjería.
- Realizar las tareas derivadas del perfil de la ocupación.

- *Telefonista:*

  - Realizar el servicio telefónico en conexión con el departamento de recepción.
  - Atender los servicios de telecomunicaciones.
  - Registrar y facturar las llamadas telefónicas.
  - Realizar las operaciones de fax, télex, correo electrónico y demás servicios de atención al cliente.

## 1.7. Cuantificación de la plantilla de recepción

Para determinar la cuantificación del personal de la recepción debemos basarnos en el criterio de la experiencia, en otras palabras, no podemos basarnos en el simple hecho del volumen de trabajo que un operario puede desarrollar en la ejecución de los procesos productivos asignados y el volumen de trabajo que se espera tener, cuestiones que sí son válidas por ejemplo en el departamento de pisos.

En la recepción de un hotel la mayor parte del desarrollo del trabajo se lleva a cabo en contacto directo con el cliente, ya sea el contacto de manera presencial o no. Al no producirse esta circunstancia de manera sistemática y continua, se produce la circunstancia de que tendremos momentos con un alto volumen de trabajo y otros más sosegados, lo que implica que el jefe de recepción junto con el departamento de recursos humanos deberán determinar cuántos empleados deberán estar presentes cada día en cada turno de trabajo, y a partir de ese dato establecer el número de operarios que se necesitan para cubrir todos los turnos (mañana, tarde y noche). Lo que implica que, por ejemplo, un día en el turno de mañana sea suficiente un empleado para atender todas las necesidades y otro día sea preciso que acudan cuatro empleados. Consecuentemente la experiencia del responsable de recepción será la que determine (analizando el volumen de trabajo) cuántas personas son necesarias cada día del año y en cada turno (evidentemente estamos hablando en función de previsiones). Volumen de trabajo que será consecuencia de:

- Categoría del establecimiento.
- Tipo de establecimiento (pensión de ciudad, hotel rural, hotel vacacional...).
- Cantidad de habitación.
- Porcentaje de ocupación.
- Estancia media.
- Tipología de clientes.
- Funciones a asumir (existencia o no de: conserjería, teléfonos, créditos...).
- Nivel tecnológico (gestión informatizada, lector de DNI, sistema computerizado de reservas, llaves metálicas...).

### 1.7.1. Pasos para cuantificar el número de empleados

Para cuantificar el número de empleados deben seguirse los pasos siguientes:

1. Determinar el número de turnos que cubre un trabajador, aplicando para ello el acuerdo marco laboral o el convenio colectivo que afecte a la empresa, ello a fecha actual es:

   Número de días del año: 365.
   Vacaciones de verano: 30.
   *Días laborables brutos antes de festivos: 365 – 30 = 335.*
   Días descanso: si por cada 7 días se descansan 2; por los 335 días serán: 335 × 2 / 7 = 96.
   *Días laborables netos antes de festivos: 335 – 96 = 239.*
   Festivos anuales: 14.
   *Días que el trabajador acude a su puesto de trabajo: 239 – 14 = 225.*

   Otro sistema para determinar el número de turnos que cubre un empleado es:

   Número de días del año: 365.
   Vacaciones de verano: 30.
   *Días laborables brutos antes de festivos: 365 – 30 = 335.*
   Vacaciones de invierno (festivos más los descansos correspondientes a dichos días festivos): si por cada 5 días trabajados corresponden 2 días de descanso, por 14 festivos anuales corresponden: 14 × 2 / 5 = = 6. Lo que implica que las denominadas vacaciones de invierno serán de 14 días festivos más 6 días de descanso, igual a 20 días.
   *Días laborables brutos descontados los festivos: 335 – 20 = 315.*
   Días descanso: si por cada 7 días se descansan 2; por los 315 días serán: 315 × 2 / 7 = 90.
   *Días que el trabajador acude a su puesto de trabajo: 315 – 90 = 225.*

   En resumen, un empleado cubre 225 turnos al año (1.800 horas anuales), a lo cual se deberá aplicar un índice de absentismo (en nuestro caso lo omitimos).
2. Cuantificar el número de turnos a cubrir al año.
3. Dividir el número de turnos a cubrir al año entre el número de turnos que cubre un trabajador.

### 1.7.2. Ejemplos de cuantificación de plantilla

- *Ejemplo A.*

  Determinar el número de empleados necesarios para la recepción de un hotel que precisa cubrir todos los días del año los siguientes turnos: 1 de mañana, 1 de tarde y 1 de noche, sabiendo que la jornada laboral es de 40 horas a la semana, 30 días de vacaciones y 14 festivos anuales.

Turnos a cubrir a diario: 1 + 1 + 1 = 3
Turnos a cubrir al año: 3 × 365 = 1.095
Plantilla necesaria: 1.095 / 225 = *5 empleados*

- *Ejemplo B.*
  Determinar el número de empleados necesarios para la recepción de un hotel que precisa cubrir todos los días del año los siguientes turnos: 1 a turno partido, 2 de mañana, 3 de tarde y 2 de noche, sabiendo que la jornada laboral es de 40 horas a la semana, 30 días de vacaciones y 14 festivos anuales.

  Turnos a cubrir a diario: 1 + 2 + 3 + 2 = 8
  Turnos a cubrir al año: 8 × 365 = 2.920
  Plantilla necesaria: 2.920 / 225 = *13 empleados*

- *Ejemplo C.*
  Determinar el número de empleados necesarios para la recepción de un hotel que precisa cubrir los siguientes turnos. De lunes a viernes: 1 a turno partido, 2 de mañana, 2 de tarde y 1 de noche y, los sábados y domingos: 1 a turno partido, 1 de mañana, 1 de tarde y 1 de noche. La jornada laboral es de 40 horas a la semana, 30 días de vacaciones y 14 festivos anuales.

  Turnos a cubrir cada lunes, martes..., viernes: 1 + 2 + 2 + 1 = 6 turnos.
  Cada semana habrá que cubrir para los lunes, martes..., viernes: 6 turnos × × 5 días = 30 turnos.
  Al año para cubrir los lunes, martes..., viernes: 365 / 7 × 30 = *1.564 turnos /año.*

  Turnos a cubrir cada sábado y domingo: 1 + 1 + 1 + 1 = 4 turnos.
  Cada semana habrá que cubrir para los sábados y domingos: 4 turnos × × 2 días = 8 turnos.
  Al año para cubrir todos los sábados y domingos: 365 / 7 × 8 = *417 turnos /año.*

  Total turnos a cubrir al año: 1.564 + 417 = 1.981
  Plantilla necesaria 1.981 / 225 = *9 empleados.*

- *Ejemplo D.*
  Determinar el número de empleados necesarios para la recepción de un hotel que precisa cubrir los siguientes turnos. De lunes a viernes: 1 a turno partido, 2 de mañana, 2 de tarde y 1 de noche y, los sábados y domingos: 1 a turno partido, 1 de mañana, 1 de tarde y 1 de noche, excepto en los meses de julio, agosto, septiembre y del 15 de diciembre al 15 de enero (temporada

baja) que se precisan para todos los días de la semana: 1 turno partido, 1 de mañana, 1 de tarde y 1 de noche. La jornada laboral es de 40 horas a la semana, 30 días de vacaciones y 14 festivos anuales.

– *Temporada alta:*

Turnos a cubrir cada lunes, martes..., viernes: 1 + 2 + 2 + 1 = 6 turnos.
Cada semana habrá que cubrir para los lunes, martes..., viernes: 6 turnos × × 5 días = 30 turnos/semana.
Al año para cubrir los lunes, martes..., viernes: 8 meses × × 30/7 semanas/mes × 30 turnos/semana = *1.032 turnos/año.*
Turnos a cubrir cada sábado y domingo: 1 + 1 + 1 + 1 = 4 turnos.
Cada semana habrá que cubrir para los sábados y domingos: 4 turnos × × 2 días = 8 turnos.
Al año para cubrir todos los sábados y domingos: 8 meses × 30/7 semanas/mes × 8 = *275 turnos/año.*

– *Temporada baja:*

Turnos a cubrir a diario: 1 + 1 + 1 + 1 = 4 turnos
Turnos a cubrir al año: 4 meses × 365/12 días/mes × 4 turnos/día = *486 turnos*

Total turnos a cubrir al año: 1.032 + 275 + 486 = 1.793
Plantilla necesaria 1.793 / 225 = *8 empleados*

• *Ejemplo E.*

Determinar el número de empleados necesarios para la recepción de un hotel que precisa cubrir los siguientes turnos: 2 de mañana, 2 de tarde y 1 de noche. La jornada laboral es de 40 horas a la semana, 30 días de vacaciones y *10* festivos anuales.

En este ejemplo el número de turnos que cubre un trabajador no es 225, ya que los festivos no son 14 sino 10, lo cual supone:

Número de días del año: 365
Vacaciones de verano: 30
*Días laborables brutos antes de festivos: 365 – 30 = 335*
Días descanso: si por cada 7 días se descansan 2; por los 335 días serán: 335 × 2 / 7 = 96
*Días laborables netos antes de festivos: 335 – 96 = 239*
Festivos anuales: 10
*Días que el trabajador acude a su puesto de trabajo: 239 – 10 = 229*

Por lo tanto:
Turnos a cubrir a diario: 2 + 2 + 1 = 5
Turnos a cubrir al año: 5 × 365 = 1.825
Plantilla necesaria: 1.825 / 229 = *8 empleados.*

## 1.8. Relaciones interdepartamentales de recepción

En el apartado 1.1 decíamos que la recepción es el centro neurálgico y que sobre la misma pivota en gran medida toda la producción del establecimiento hotelero. Esas palabras las justificábamos porque: antes, durante o después de que se utilicen los servicios del hotel por un huésped (que se aloja) o cliente (por asistir a una boda, una reunión o simplemente por comer en el restaurante) interviene en la mayoría de los casos el área funcional de recepción (información, reservas, facturación, control, cobros...). Pero más allá de lo anterior, recepción establece una comunicación permanente a nivel interno con las áreas productivas y las administrativas.

De las anteriores afirmaciones obtenemos una conclusión muy clara: recepción tiene fuertes lazos prácticamente con todo el hotel, desde la dirección general, a comercial, administración, pisos, bar, economato...

Dado el amplio abanico de relaciones, vamos a estudiar las mismas desde la perspectiva de los subdepartamentos de recepción que en una estructura amplia tienen las empresas de alojamientos, es decir, desde la óptica de: reservas, mostrador, facturación, caja y créditos, sin olvidar la de conserjería y teléfonos, ya que ello nos ayudará a comprender mejor las funciones y las repercusiones de las mismas en la estructura organizativa de la empresa.

Todos sabemos que en cualquier empresa se realizan muy diversos tipos de documentos internos, siendo algunos de ellos internos para el propio departamento o subdepartamento que lo genera, y otros, la mayoría, implican ser enviados a otros departamentos, de manera y forma que el reparto de funciones establecido no se convierta en acciones independientes, sino que todas ellas de una u otra manera se relacionan y crean el proceso de la prestación del servicio de alojamiento. Por ejemplo el departamento de pisos entre otras tiene la función de limpiar habitaciones y será recepción quien comunique si la habitación hay que hacerla de cliente, de salida, si hay que poner una cama supletoria, etc. Si el departamento de economato tiene asignada la función de la adquisición de pan en el exterior, deberá ser recepción quien le indique cuántas personas tenemos previsto que se alojen en el hotel y de ellas cuántas han contratado servicios alimenticios.

## 1.9. Organización y control de las actividades de recepción

En los grandes establecimientos, como ya indicamos en el apartado 1.5, es muy habitual la figura de director de alojamientos, cuya función principal es la coordinar las grandes áreas funcionales de alojamiento, es decir: recepción, pisos, conserjería y teléfonos, incluyendo en algunos establecimientos al departamento de servicios técnicos. Para ello el responsable de la dirección de alojamientos deberá establecer no solo procedimientos adecuados para la realización de las funciones, sino también la de establecer un armonioso sistema de comunicación entre las diferentes áreas funcionales y que los procesos de trabajo estén bien interrelacionados, lo cual se alcanzará con relativo éxito mediante la celebración de reuniones.

Las reuniones deberán celebrarse con cierta periodicidad, pudiendo ser semanales, quincenales, etc., y de manera obligatoria cuando se produzcan errores en la coordinación entre los procesos de las diferentes áreas, amén de cuando por eventos no habituales se deba llevar a cabo una puesta en escena diferente o *ad hoc*.

En las citadas reuniones interdepartamentales, ya sea bajo la presidencia del director de alojamientos, del subdirector o del propio director del hotel (dependerá de la estructura organizativa de cada establecimiento), se deberán abordar cuestiones relativas a:

- Análisis de los acontecimientos pasados, con especial relevancia aquellas cuestiones que hayan supuesto fallos en el desarrollo del servicio o falta de coordinación entre áreas, así como desviaciones entre la realidad y lo previsto.
- Estudio y presentación de nuevos procesos productivos, en aras de proponer nuevas maneras de llevar a cabo las tareas que mejoren los servicios ofertados o por ofertar, es decir, una apuesta firme por la mejora continua.
- Análisis de quejas y reclamaciones que afecten a la dirección de alojamientos, con el objeto de determinar: los motivos, responsabilidades y búsqueda de soluciones para que no se repitan.
- Presentación de previsiones de acontecimientos futuros con el objeto de: establecer la coordinación necesaria para una correcta prestación y, estudiar las necesidades humanas y materiales con especial hincapié en todo lo concerniente a acontecimientos especiales o no habituales del día a día.

Igualmente, el área funcional de recepción, en cualquiera que fuese su estructura organizativa (véase apartado 1.5), deberá llevar a cabo reuniones pertinentes bajo la presidencia del jefe de recepción, en las que se discutirá, analizará, estudiará..., todo lo relativo al propio departamento, con especial atención a la coordinación entre las diferentes y variadas funciones a desarrollar y coordinación entre los diferentes turnos de trabajo. Para la coordinación entre turnos es necesario establecer turnos y descansos rotativos para el personal de recepción, lo cual supondrá, a excepción del turno de noche que debería ser fijo (debe realizar todo tipo de funciones y no tiene a quién consultar, por lo que requiere de personas con alta formación), que todos realizarán turno de mañana y de tarde, así como cubrir el turno de noche en las vacaciones y descansos semanales.

Consecuentemente, la propuesta consiste en que todo el personal de recepción, a excepción del mencionado turno de noche y del jefe y segundo jefe de recepción, harán al cabo del año el mismo número de mañanas, tardes y noches, así como de libranzas en fines de semana y una rotatividad en los periodos de vacaciones, tanto de vacaciones de verano como de invierno (véase apartado 1.7). Con estas medidas evitaremos que se genere malestar entre el propio personal por considerar que haya tratos de favor para unos empleados sobre otros, ya que mediante un cuadrante de turnos, descansos y vacaciones se podrá observar con trasparencia que todos están en igualdad, pero tal vez de mayor calado es que al rotar todo personal en los turnos de mañana y tarde y esporádicamente en el noche hará comprender y sobre todo interiorizar la gran importancia y trascendencia que tiene realizar de manera rigurosa las funciones y tareas propias de cada turno. Un simple ejemplo, si en el turno de tarde se hace un registro defectuoso supondrá que los compañeros del turno de mañana tendrán problemas para realizar la salida, o si no se toman de manera correcta los datos de una reserva será muy complicado realizar un *check in* con calidad.

En la propuesta hemos dejado al margen al personal del turno de noche y al jefe y segundo jefe de recepción, lo cual justificamos por ser: el turno de noche muy específico en sus funciones, no poder consultar con un superior, sin olvidar el gran cambio que supone el horario en la vida personal, por ello la propuesta es de personal fijo, que será entre otras cuestiones con cierta antigüedad en la empresa y con alta profesionalidad. En cuanto a los jefes de recepción, mencionar que entre ellos establecerán los turnos apropiados para el desarrollo de sus funciones propias, debiendo recordar que solo tendrán contacto personal tres días a la semana pues los otros cuatro serán descansos semanales, de ahí que lo apropiado y habitual es que cuando uno de ellos descanse el otro haga turno partido.

## 1.10. Control de personal

Bajo este apartado no vamos a hacer referencia bajo ningún concepto a temas relativos a la asistencia, puntualidad y demás cuestiones que consideramos deben abordarse desde el departamento de recursos humanos, sino a todo aquello que hace referencia a la responsabilidad del jefe de recepción, es decir:

- Elaboración de cuadro horario.
- Traspaso de información entre turnos.
- Control de funciones realizadas.

### 1.10.1. Cuadro horario

Habitualmente la mayoría de las empresas de alojamiento realizan su cuadro horario de manera semanal, si bien lo ideal sería hacerlo con un mes de antelación, pero la realidad hotelera, fundamentalmente en los establecimientos urbanos, no permite llevarlo a cabo con tanta anticipación, cuestión que queda justificada por el hecho de que en la mayoría de las reservas el tiempo desde la fecha en que se realiza y la fecha de llegada es corto. No obstante el volumen de trabajo puede ser intuido teniendo en cuenta la realidad de años anteriores, los festivos y puentes próximos, las contrataciones anticipadas y eventos que se producirán en la propia ciudad (ferias, acontecimientos deportivos, culturales, etc.).

La elaboración del cuadro horario pondrá de manifiesto cuántas personas serán necesarias en cada turno de trabajo y en cada subdepartamento, para lo cual el jefe de recepción deberá, para cada día, tener amplios conocimientos de: volumen de llegadas (a ser posible con hora), grado de ocupación, número de salidas que se producirán, debiendo en todos los casos diferenciar grupos, individuales y contingentes que se muevan juntos, así como: sistemas de facturación a aplicar, medios de pago que usarán o las necesidades de los huéspedes durante la estancia. Todo ello es muy sencillo de conocer si se lleva a cabo una exquisita toma de datos en la reserva, anotando hora de llegada, sistema de pago…

Como es bien sabido cada establecimiento hotelero es una realidad y, como anteriormente hemos visto, su estructura organizativa será aquella que en cada momento se considere idónea para alcanzar los objetivos establecidos. Por todo ello, vamos a establecer una serie de pautas a la hora de realizar el cuadro horario referido con carácter general al departamento de recepción, siendo objeto de mayor precisión cuando estudiemos en los próximos capítulos cada uno de los subdepartamentos que la integran, por lo que proponemos:

- El número de trabajadores en cada turno será consecuencia del volumen de trabajo esperado, lo que implica que no deberá ser una cantidad fija sino aquella que mejor responda a las necesidades diarias. Por ello, aunque en el apartado 1.7 hemos establecido ejemplos con criterios semifijos, la realidad es que la adaptación a la carga laboral debe ser el eje sobre el que pivote la cuantificación de personal en cada turno. Por ejemplo si el lunes hay pocas salidas y un alto número de llegadas individuales, lo coherente sería reforzar el turno de tarde; si el miércoles el nivel de ocupación es alto pero con escaso movimiento de entradas y salidas el número de personas a cubrir turno no tendría que ser elevado, sino el suficiente para atender información, facturación y similares; si el jueves el número de llegadas es alto como consecuencia de la llegada de tres grupos de circuito y escasas llegadas individuales, no es preciso reforzar el turno de tarde ya que en realidad son pocas llegadas.
- El número de turnos a cubrir por cada trabajador debe tender a 5 a la semana.
- Los días de descanso semanal serán 2 consecutivos.
- Para cambiarle el turno a un trabajador deberán transcurrir al menos 12 horas tras su turno anterior. Por lo tanto lo más aconsejable es:

  - Los cambios de turnos se produzcan después de los días de descanso semanal.
  - Después de un turno de tarde no hacer al día siguiente turno de mañana (el trabajador tendrá un alto nivel de fatiga al solo descansar 8 horas sin contar los tiempos de desplazamiento a su casa).
  - Después de un turno de noche no se puede realizar el turno de mañana (serían dos turnos seguidos), ni recomendable el turno de tarde (mismas circunstancias que el caso anterior).
  - Los días de descanso han de ser consecutivos, siendo válido un martes y miércoles y también un domingo y lunes, lo importante es que nos aproximemos a la regla de 5 días trabajados y 2 días de descanso.
  - Habitualmente los horarios de cada turno son de 8 horas consecutivas con media hora de descanso, pudiendo darse los horarios de:

    ✓ Turno mañana: de 7 a 15 o de 8 a 16.
    ✓ Turno tarde: de 15 a 23 o de 16 a 24.
    ✓ Turno de noche: de 23 a 7 o de 0 a 8.

✓ Turno partido: concebido para apoyo a los turnos de mañana y de tarde y, especialmente asignado al jefe de recepción y al segundo jefe de recepción en ausencia del primero. El horario es muy flexible y con un mínimo de 2 horas de interrupción.

Es recomendable que cuando en un mismo turno haya más de un empleado, los horarios de entrada y salida se hagan escalonadamente para disponer de al menos una hora para poder realizar el cambio de turno de manera sosegada.

- La asignación de turnos debe realizarse por categorías laborales, es decir, por un lado la de jefe y segundo jefe de recepción, por otro la de recepcionistas y, finalmente, la de ayudantes y auxiliares, de forma y manera que siempre tengamos a excepción del turno de noche a uno de los jefes, y que los ayudantes y auxiliares estén con recepcionistas y nunca solos.
- Los días festivos no recuperables pueden ser disfrutados de las siguientes formas:

  - De manera consecutiva, dando lugar a las denominadas vacaciones de invierno o segundas vacaciones con una duración del total de días festivos anuales (a fecha de hoy, 14) más los días de descanso correspondientes a los mismos, lo que supone (véase apartado 1.7.1) 20 días.
  - Repartidos durante el año, lo que supone días de descanso "extras" a los días de descanso semanales, es decir, 14 días más de descansos semanales sin ningún tipo de incremento, lo que implica que en algún momento un trabajador descanse en vez de dos días en una semana, tres o cuatro, hasta alcanzar los 14 mencionados.

- Las vacaciones de verano. Se establecerá en 30 días naturales consecutivos (observar la casuística del convenio colectivo), considerándose muy recomendable que tanto para este periodo de descanso como para el de los festivos no recuperables, los días de descanso y los turnos establecer una rotatividad entre el personal.

*A) Ejemplo de cuadro horario 1*

El ejemplo siguiente lo basamos en los datos del apartado 1.7.2B, en el que se cuantificaba la plantilla necesaria de recepción en: 1 turno partido, 2 mañana, 3 tarde y 2 noches, que nos daba un resultado de 13 empleados.

En el presente cuadro horario podemos observar que:

- Los empleados 12 y 13 están de vacaciones (verano o invierno).
- El empleado 1 es el jefe de recepción y el número 2 el segundo, mantienen contacto personal los lunes, martes y viernes y, las libranzas del jefe de recepción son sustituidas por el segundo (turno partido).

- Todos los turnos previstos son cubiertos a excepción del domingo con solo 2 personas en el turno de tarde, cuestión que puede quedar resuelta con el número 12 o 13 en el caso de que estuvieran recuperando los festivos.
- El hecho de que los empleados 5 y 7 libren el lunes y el domingo no significa que no tengan su descanso de manera consecutiva, ya que pueden venir de librar el sábado y domingo o el domingo anterior, o ir a librar el lunes o el lunes y martes próximos.
- Los números 9 y 10 son fijos de noche y el número 11, en esta semana, cubre sus libranzas.

CUADRO 1.1

*Ejemplo de cuadro horario 1*

| | *L* | *M* | *X* | *J* | *V* | *S* | *D* |
|---|---|---|---|---|---|---|---|
| 1 | T/P | T/P | T/P | T/P | T/P | d | d |
| 2 | T | T | d | d | T | T/P | T/P |
| 3 | T | T | T | T | d | d | M |
| 4 | M | M | M | d | d | T | T |
| 5 | d | M | M | M | M | M | d |
| 6 | d | d | T | T | T | T | T |
| 7 | d | T | T | T | T | T | d |
| 8 | T | d | d | M | M | M | M |
| 9 | N | N | N | d | d | N | N |
| 10 | N | N | N | N | N | d | d |
| 11 | M | d | d | N | N | N | N |
| 12 | V | V | V | V | V | V | V |
| 13 | V | V | V | V | V | V | V |

T/P: turno partido. M: mañana. T: tarde. N: noche. d: descanso. V: vacaciones.

### *B) Ejemplo de cuadro horario 2*

Nos basaremos en el ejemplo del apartado 1.7.2C, observando en el cuadro horario las siguientes cuestiones:

- Se entiende que el empleado 1 responde a la figura de jefe de recepción y el 2 al segundo jefe.
- Se cumplen todas las necesidades establecidas de número de personas por turno.
- Los empleados 5 y 6 libran el lunes a cuenta de los festivos no recuperables, cuestión que podríamos sustituir reforzando los turnos de mañana y tarde.
- El empleado 8 es el recepcionista fijo de noche, que es sustituido en sus días libres de esta semana por el número 6.
- El empleado número 9 disfruta de vacaciones de verano.

CUADRO 1.2
*Ejemplo de cuadro horario 2*

| | *L* | *M* | *X* | *J* | *V* | *S* | *D* |
|---|---|---|---|---|---|---|---|
| 1 | T/P | T/P | T/P | T/P | T/P | d | d |
| 2 | T | T | T | d | d | T/P | T/P |
| 3 | M | M | M | M | M | d | d |
| 4 | T | T | T | T | T | d | d |
| 5 | $v_i$ | d | d | M | M | M | M |
| 6 | $v_i$ | d | d | T | T | N | N |
| 7 | M | M | M | d | d | T | T |
| 8 | N | N | N | N | N | d | d |
| 9 | $v_v$ | $v_v$ | $v_v$ | $v_v$ | $v_v$ | $v_v$ | $v_v$ |

T/P: turno partido. M: mañana. T: tarde. N: noche. d: descanso. $V_v$: vacaciones verano. $V_i$: vacaciones invierno.

### 1.10.2. Traspaso de información entre turnos

La estructura organizativa implantada de manera permanente en la mayoría de las empresas de alojamiento se realiza en función de una departamentalización "por tiempo", cuestión que surge no solo para facilitar la realización de las actividades y lograr el cumplimiento de los objetivos, sino también por la simple razón de que el trabajo se realiza de manera continua las 24 horas de día, especialmente en la recepción, si bien las funciones que desarrolla no son necesariamente iguales, sí son en muchas ocasiones coincidentes y, las tareas realizadas en un turno son la base de trabajo del siguiente turno, es decir, la característica de la continuidad en el desarrollo de las tareas es incuestionable. Afirmaciones que han sido explicadas en más de una ocasión en el presente capítulo al hablar de: funciones, subdepartamentos, organigramas, etc.

Sírvanos un simple ejemplo para observar claramente cómo la departamentalización "por tiempo" en el departamento de recepción es un hecho: la reserva de una habitación, el registro, la facturación, la información... son todas cuestiones que desarrolla recepción. ¿Sería posible que todas y cada una de ellas las realizara la misma persona? ¿Sería posible que todas y cada una de ellas se realizaran en un determinado horario? ¿Podría ser que un huésped solicitara algo para que se lo facilitaran al día siguiente? Todas y cada una de estas preguntas tienen una respuesta común: categóricamente no (a no ser que el azar se confabulara en contra).

Por todo lo mencionado anteriormente, la lógica nos indica que debe existir obligatoriamente una coordinación y comunicación inter turnos, para lo cual proponemos tres soluciones que no deberían ser independientes sino coexistir entre ellas:

- La existencia de turno partido, especialmente a desarrollar por el jefe de recepción y el segundo los días de libranza de aquel, de manera que se responsabilice de la mayor parte de las funciones y conexión entre los turnos de mañana y tarde.

- Cuando en el mismo turno tengamos a más de un operario, los horarios de entrada y salida no deben ser coincidentes, de manera que se produzca un determinado tiempo en el que al menos un empleado del turno entrante esté con uno de los empleados del turno anterior. Por ejemplo turno de mañana de 7 a 15 y de 8 a 16, turno de tarde de 15 a 23 y de 16 a 24 y, turno de noche de 23 a 7 y de 0 a 8, de manera que durante las 7 y las 8, las 15 y las 16 y entre las 23 y las 0 horas se dispone de una hora para trasmitir información.
- Implantar un "libro de novedades" en el que se anoten todo tipo de cuestiones que hayan ocurrido y especialmente aquellas tareas que no se hayan podido ejecutar, que estén pendientes o a realizar en el siguiente turno.

### 1.10.3. Control de funciones

El hecho de que la recepción trabaje de manera continua las 24 horas al día, 7 días a la semana, los 365 días del año, así como que la plurifuncionalidad del personal de recepción, obliga a que todas las tareas desarrolladas por el personal deban llevar especificado quién lo ha llevado a cabo. De esta manera ante cualquier incidencia podemos dirigirnos a quien lo llevó a cabo y aclarar todo lo que fuera preciso.

Para ello la mayoría de las tareas que tienen como soporte un documento deberá llevar la firma del recepcionista, y en el caso de la utilización de un sistema informatizado de gestión hotelera el acceso a cualquiera de los menús precise de manera previa la identificación del empleado.

Queremos dejar claro que no se trata de un control sobre las personas, sino un control sobre las funciones, de manera que detectado un error, ante incertidumbres, necesidades de ampliación de información, aclaraciones, etc., podamos dirigirnos de manera directa a la persona que ejecutó la tarea.

## 1.11. Adaptación al contexto a la hora de controlar, organizar e innovar

Si retrocediéramos en el tiempo 10, 20, 30 años o más, observaríamos que el contexto de las empresas ha cambiado de manera radical, con especial incidencia el tecnológico.

Las empresas de alojamiento no han quedado fuera de esa realidad, especialmente la recepción de un hotel. Nada tiene que ver el departamento de recepción de los años setenta del siglo pasado con la de los ochenta y absolutamente distinta a la actual, no en lo referente a sus funciones básicas, sino que los cambios sufridos son consecuencia de la entrada de la tecnología como herramienta en el desarrollo de las funciones. Simplemente recordemos algunos hechos:

- Todas las funciones se llevaban a cabo de manera manual, desde la reserva, al control de disponibilidad, la facturación…

- Se pasa a un sistema mecanizado de facturación, con lo que se mejora la presentación de las facturas y se logra evitar errores en la suma de los apuntes de las facturas, pero no se evitaba el típico error en la toma del saldo anterior, con lo que se mantenía el descuadre entre la suma de los saldos finales de todas facturas y el de la suma de los saldos de la producción por conceptos (véase capítulo de facturación y caja).
- Se incorporan (años noventa) las máquinas de facturación con memoria, con lo que es la propia máquina de facturación la que tiene en memoria el saldo anterior, de forma que en gran medida se evitan los descuadres. Pero con respecto a las demás funciones de la recepción se mantiene el sistema manual.
- La telefonía móvil es una realidad y la mayoría de los huéspedes son usuarios de ella. La aparición de las centralitas de última generación y los tarificadores automáticos hacen disminuir el volumen de trabajo de teléfonos.
- La gestión informatizada hotelera es una realidad, con ella la velocidad, precisión, repetitividad, conexiones interdepartamentales, análisis, etcétera, son una realidad. Por ejemplo, hoy introduciendo los datos de una reserva en el sistema tenemos todo hecho (control de disponibilidad, libro de reservas, listado de llegadas, previsiones de ocupación y régimen, búsqueda, anulaciones, cambios, tarifas, segmentos…), o lo que es aún más ventajoso con respecto al sistema tradicional: posibilidad de que los intermediarios accedan a nuestro sistema de reservas (SCR sistema computerizado de reservas) sin la intervención de un operario, que los apuntes hechos en recepción se anoten directamente en la contabilidad, desde los terminales de punto de venta (TPV) se cargan los consumos en la factura sin la participación del recepcionista, que un lector de DNI nos haga el parte de viajeros y en parte el registro, la sustitución de las llaves metálicas de las habitaciones por tarjetas, comunicación con otras áreas funcionales, cargo automático de servicios con una tarifa predeterminada y un largo etcétera.

Todo lo mencionado, junto con otras innovaciones ha hecho que la recepción del siglo XXI haya variado, no con respecto a sus funciones sino a la carga, pesadez y la alienación de ciertas tareas. Con ello el control y la organización han dado un cambio espectacular, ya que el apoyo de la informática y otras innovaciones han hecho que en la mayoría de los establecimientos haya desaparecido el departamento de teléfonos y el de conserjería, siendo asumidas las funciones por la propia recepción. Igualmente los controles, los listados, el cierre diario y las liquidaciones tradicionales son facilitados con un simple "clic" por el programa informático, pudiendo dedicar más tiempo los empleados de recepción a la atención a los clientes, amén de alcanzar una mayor precisión y la de disminución de errores.

En los capítulos siguientes haremos constante mención a la gestión informatizada, sin descartar y olvidar la gestión manual, ya que esta es la base sobre la que se apoyan los programas de gestión. Entendemos que conocer con profundidad las funciones y cómo estas se llevan a cabo es lo fundamental, y la gestión informatizada es una herramienta, la cual de poco nos servirá si no alcanzamos a comprender el porqué y el cómo de los procesos productivos.

# 2

# Reservas

## Optimización de la ocupación del establecimiento

### 2.1. Plantilla

Las empresas de alojamiento están obligadas las 24 horas del día a atender peticiones de reservas, ello implica que de manera permanente en la recepción se debe tener personal capacitado para atender una solicitud, una información, cambios, cancelaciones y similares. Dependiendo de la hora, las gestiones de reservas serán ejecutadas de manera definitiva, mientras que en otras simplemente se podrán recoger datos y posteriormente dar una confirmación. Es evidente que en el turno de noche o simplemente cuando el personal específico de reservas no esté presente en el establecimiento no se podrá atender con la misma efectividad las funciones de reservas al carecer del soporte de información necesario.

El número de personas para atender el subdepartamento de reservas está totalmente ligado a diferentes circunstancias, entre las que destacan:

- Oferta de plazas. El número de habitaciones de un establecimiento hotelero es el factor de mayor peso a la hora de determinar el volumen de trabajo. Cuanta más capacidad de plazas tenga un hotel o similar supondrá que precisará de mayor número de peticiones de reservas para alcanzar un porcentaje de ocupación, como mínimo idóneo.
- Volumen de ocupación. Es evidente que dos hoteles con el mismo número de plazas tendrán diferente volumen de trabajo en reservas si el porcentaje de ocupación de uno es de un 60% y en el otro de un 80%.
- Grado de tecnología. Un extremo sería el que todas las tareas se realizasen de manera manual y, el otro, que el establecimiento tenga un soporte infor-

matizado dotado con un sistema computarizado de reservas (SCR) mediante el cual un usuario realiza en tiempo real su petición sin la intervención del personal del hotel (igualmente el hecho de estar conectado a un sistema global de reservas –GDS– tipo Amadeus, Galileo y similares, supondrá que las reservas se registrarán sin necesidad de intervención humana). Entre ambos extremos tendremos situaciones intermedias, al margen de que por muy informatizado que esté el hotel muchas de sus reservas deberán ser recogidas de manera personalizada (correo electrónico, llamadas telefónicas...) que deberán ser introducidas posteriormente en el sistema manual o informatizado.

- Tipología de clientes. Principalmente por la diferencia existente entre las reservas individuales y las reservas de grupo, ya que estas últimas suponen que en un solo acto reservamos, por ejemplo, un número de habitaciones superior a diez, mientras que si son individuales, precisaremos diez reservas para la misma ocupación. Así mismo, ciertas tipologías de clientes suponen una mayor carga de trabajo, por cuanto es necesario crear un expediente de reservas, custodiar documentos soportes, contestar confirmando la reserva, recibir y contabilizar prepagos...
- Estancia media. Cuanta mayor sea la duración de la estancia de un cliente menor será el número de reservas que tenemos que atender para alcanzar la misma ocupación. Por ejemplo, un hotel vacacional tendrá una menor carga de trabajo que otro con el mismo número de habitaciones situado en una ciudad, al ser la estancia media en aquel aproximadamente cinco veces mayor.
- Medio de solicitud. Cuanto mayor sea el tiempo necesario para realizar una reserva mayor será la necesidad de personal que atiende el subdepartamento de reservas. Por lo tanto, una reserva realizada por correo postal supondrá más tiempo que si es telefónica, y si es por correo electrónico aún será menor, y prácticamente cero si se introduce automáticamente en el sistema computarizado de reservas. Todo ello enlazado con el tener contratos de venta libre, cesión de cupos, grupos de circuitos en serie, reservas anticipadas garantizadas, etcétera.

En resumen, son muchas las variables a tener en cuenta y su interrelación. Hoy en día la mayoría de las empresas hoteleras cuentan con un sistema informatizado de reservas, con una página web que da acceso a la petición de reservas y, en un alto grado, con un acceso directo al *planning* de reservas y a una contestación automática de las solicitudes.

Por todo lo anterior, es imposible establecer el número de personas necesarias que han de atender las funciones de este subdepartamento, siendo el subdepartamento de reservas atendido en hoteles de mediana y pequeña oferta de plazas directamente por el personal del propio mostrador de recepción; en hoteles con alto número de habitaciones por personal propio y sin olvidar la existencia en muchos casos de centrales de reservas propias.

No obstante y basándonos en la existencia de un subdepartamento de reservas, proponemos que su plantilla, independientemente del número, cubra un horario acorde a cuando son más demandados sus servicios, es decir, con la mayor coincidencia posible con el horario comercial, ya que nuestros principales clientes (las agencias de viajes, las empresas y los particulares) realizan las peticiones de reservas en dicho horario. Establecemos que el horario ideal sería de 09:00 de la mañana a las 20:00 de la tarde, que en caso de ser atendido por una sola persona tendría una interrupción acorde con la misma que hacen nuestras principales fuentes de reserva, y en el caso de tener en plantilla un número de dos, tres o más personas se establecerían horarios, ya sea con turno partido o jornada continuada, en los que las horas de entrada y salida fueren escalonadas, para de esa forma tener personal propio de reservas que cubra el horario más amplio posible.

Un ejemplo de horarios para dos empleados de reservas es:

Empleado A: de 09:00 a 12:30 y de 13:30 a 18:00
Empleado B: de 11:00 a 14:00 y de 15:00 a 20:00

Otro ejemplo de horarios con un solo empleado es:

de 09:00 a 14:00 y de 16:00 a 19:00

Mediante el primer ejemplo hemos cubierto sin interrupción un horario totalmente comercial desde las 9 de la mañana hasta las 8 de la tarde, y el segundo ejemplo de 9 de la mañana a las 7 de tarde con una interrupción de 2 a 4 que sería cubierta por el personal de mostrador. En el caso de precisar de un tercer, cuarto... trabajador, mantendríamos el criterio racional de seguir escalonando los horarios de entrada, reforzando con más personal los momentos de mayor trabajo y el periodo de descanso (media hora, una hora o más) en los momentos adecuados, pero siempre con alguien especialista en reservas presente durante el mayor tiempo posible del día.

En cuanto a los *descansos semanales y festivos*, lo racional es la adecuación de los mismos a las necesidades de la empresa, es decir, que dichas no asistencias se realicen en los momentos de menor volumen de trabajo. Por ello lo adecuado es que en la mayoría de los establecimientos hoteleros se adapten una vez más a los hábitos de sus clientes (intermediarios turísticos, empresas, organismos,...), siendo lo habitual que el subdepartamento de reservas, cuando tenga un solo emplea-do, esté cerrado los fines de semana y los festivos, trasladando sus funciones al subdepartamento de mostrador (al igual que sucede cuando los empleados de reservas acaban su jornada laboral). En el caso de tener más de un empleado adscrito a reservas estableceremos un horario con turnos y descansos rotativos, de manera que se den las libranzas y que siempre permanezca abierto el subdepartamento.

En referencia a las *vacaciones anuales,* el sentido común nos indica que no todos los empleados de reservas las disfruten a la vez, sino de manera rotativa y teniendo presente que serán cuando menor volumen de trabajo se espere, el cual se produce en los momentos de máxima ocupación. Por ejemplo, en un hotel vacacional el mayor volumen de trabajo será antes del inicio de la temporada, mientras que en los meses de agosto y septiembre pocas serán las peticiones de reservas.

No obstante, la realidad en cada establecimiento hotelero es particular y obedecerá a poseer una estructura capaz de atender de manera satisfactoria a sus potenciales huéspedes.

## 2.2. Objetivos, funciones y tareas del subdepartamento de reservas

De manera muy simple, sencilla y a la vez concreta, declaramos que la razón de ser del subdepartamento de reservas es alcanzar la máxima ocupación diaria, tanto de habitaciones como de personas, y maximizar los ingresos futuros.

Para alcanzar dichos objetivos, el subdepartamento de reservas deberá:

- Poseer un amplio conocimiento del establecimiento.
  - Conocimiento de la oferta hotelera.
  - Conocimiento de contratos.
  - Fuentes y sistemas de reservas.
- Llevar a cabo una serie de funciones y tareas.
  - Informar sobre instalaciones, servicios, precios, horarios, ubicación y accesos al hotel, sistemas aceptados de pago...
  - Venta de habitaciones y servicios complementarios.
  - Control de la disponibilidad.
  - Valorar e informar del importe de las estancias.
  - Elaborar previsiones de ocupación y régimen.
  - Controlar las llegadas y salidas previstas.
  - Confeccionar lista de llegadas previstas.
  - Custodiar documentación.
  - Participar en la elaboración de los "cardex".
  - Realizar comunicación interna y externa.

## 2.3. Conocimiento de la oferta hotelera

Para poder alcanzar el objetivo de vender algo es necesario conocer en profundidad lo que se está ofertando. Imposible no hay nada, pero consideramos que si una persona interesada en pernoctar en un hotel no recibe contestación ante preguntas sencillas de: servicios, instalaciones, ubicación,..., resultará casi imposible que se consolide una reserva. Para vender hay que informar correctamente y con precisión de todo aquello que nos demanden.

Para observar las principales pautas de la oferta hotelera vamos a realizar en primer lugar un recorrido por la típica parametrización que todo programa de gestión informatizada hotelera precisa definir y, posteriormente ampliaremos el conocimiento de la oferta hotelera con todo aquello que queda fuera de la informática de gestión de las empresas de alojamiento, lo cual no deja de ser lo mismo que de manera manual se ha venido haciendo toda la vida.

Mediante la figura 2.1 hacemos la presentación inicial del programa de gestión informatizada hotelera "Suite" de Innovaciones Informáticas, comenzando con la parametrización del establecimiento siguiente:

- Tipos de IVA.
- Grupos de Cargo.
- Tipos de Cargo.
- Tipos de Régimen.
- Tipos de Cobro.
- Distribución de Cargos.
- Nacionalidades/Regiones.
- Tipos de Clientes.
- Segmento del Mercado.
- Grupos de Disponibilidad.
- Tipos de Habitación y Recursos.
- Habitaciones/Recursos.

Alguna de las opciones de la lista de la figura 2.1 no van a ser objeto de comentario ya que pertenecen a la configuración de la centralita telefónica y mostrador de recepción, tales como: departamentos telefónicos (internas y externas), extensiones, "slip" (impresión para "room rack", dar de alta y baja la extensión, servicio despertador), o que han sido concebidos para establecimientos hoteleros con características muy específicas o personalizados.

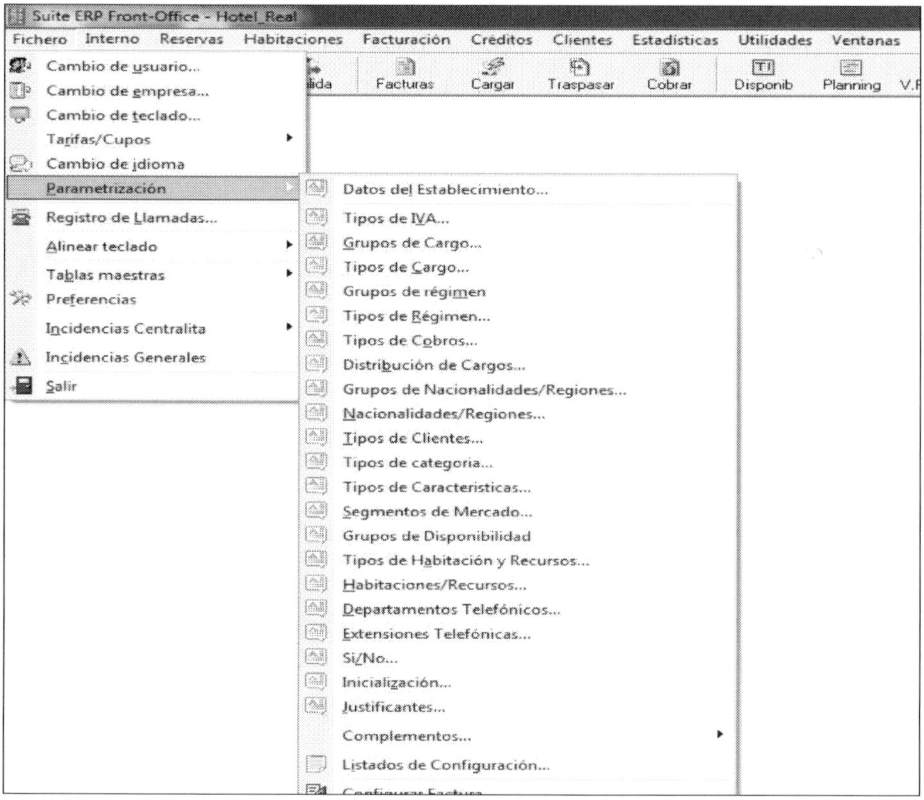


Figura 2.1. Parametrización.

### 2.3.1. Tipos de IVA

A fecha actual los establecimientos hoteleros aplican dos tipos de IVA:

- IVA reducido del 10% sobre los servicios de habitación, desayuno, menú, restaurante, bar, cafetería, lavandería, teléfonos y todos aquellos típicos de las empresas de alojamiento.
- IVA general del 21% sobre los servicios de alquiler de salones, *coffee brea*k dentro de los salones de reunión, alquiler de equipos de megafonía, audiovisual y similares. Si bien decimos que los servicios de café dentro de los salones llevaría un IVA del 21%, en la mayoría de los casos se aplica un 10%, al celebrarlos fuera de los mismos, y en caso de ofertarse dentro del propio salón de reunión suele ser un precio único de alquiler, en el que se incluye autoservicio de café junto con otras prestaciones (bloc de notas, bolígrafo, agua mineral y caramelos). Otra cuestión a comentar es que en algunos hoteles ofertan las suites, las habitaciones con salón o los propios salones de las habitaciones (cuando tienen acceso independiente) para pequeñas reuniones, presentaciones y similares, con lo que sin entrar en la legalidad de ello, supondría un IVA del 10%.
- IVA exento del 0%. Realmente no existe, pero manejamos este tipo para todos aquellos servicios cuyo precio tiene el IVA incluido, de tal forma que cuando un punto de venta emite una factura a cargo de una habitación y en el importe tiene ya el IVA incluido, dicho importe no debe ser tenido en cuenta a la hora de determinar la base impositiva. De manera que a la hora de parametrizar deberemos decir qué servicios del hotel tienen o no tienen el IVA incluido. Por ejemplo si un cliente consume habitación por valor de 120 € (IVA no incluido) y 15 € de bar IVA incluido), el importe total será de 147,00 €, es decir: (120 × 1,10) + 15.

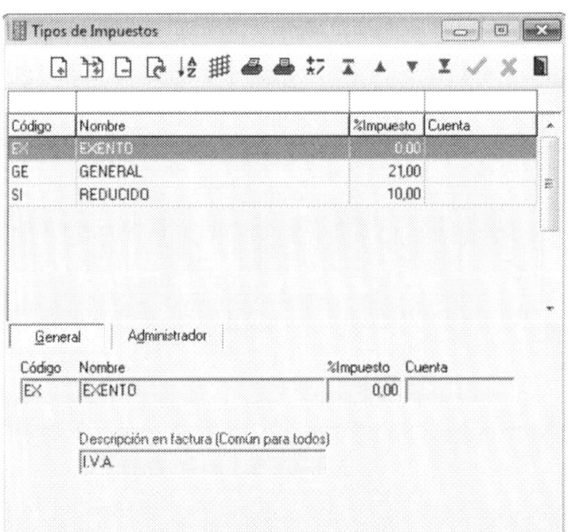


Figura 2.2. Tipos de IVA.

En la figura 2.2 (como en otras que veremos posteriormente) podemos observar que una de las columnas está dedicada a un número de "Cuenta", siendo dicho número el que se haya establecido en la empresa siguiendo el plan general de contabilidad (por ejemplo, 477 Hacienda pública, IVA repercutido), con lo que desde recepción podemos conectar y trasladar la información a contabilidad.

### 2.3.2. Grupos de cargo

Mediante la opción "Grupos de cargo" agrupamos de la manera que se considere más conveniente para el posterior análisis de la explotación las diferentes cuentas utilizadas en la elaboración de las facturas. De manera que cuando definamos las diferentes cuentas a utilizar en la confección de la factura e internamente en el control de la producción (habitación, restaurante, bar, caja,...) estableceremos a qué grupo de cuentas pertenece. Grupos de cargo que son consecuencia de agrupar determinadas cuentas con características muy similares, ya sea por su afinidad en la explotación, poder realizar comparaciones con otros establecimientos, o por tener un "porcentaje ideal de consumo" similar (relación entre el coste y el precio de venta). En nuestra parametrización particular vamos a establecer los siguientes grupos de cargo:

- Abonos automáticos. Aquellos que programaremos para restar importe en las facturas.
- Abonos manuales. Para que sea el propio empleado el que los genere.
- Habitación. Recogerá la cuenta de venta de habitaciones en exclusiva, ya sean ventas ordinarias o de *rappel*.
- Restauración. Todas las ventas del área de comidas y bebidas, tales como: restaurante, desayuno, bar, etc.
- Salones. Las cuentas concernientes al alquiler de salones.
- Varios. A modo de cajón de sastre, agrupa todas aquellas cuentas no incluidas en los grupos anteriores y que de manera generalista tienen poco peso en la explotación.

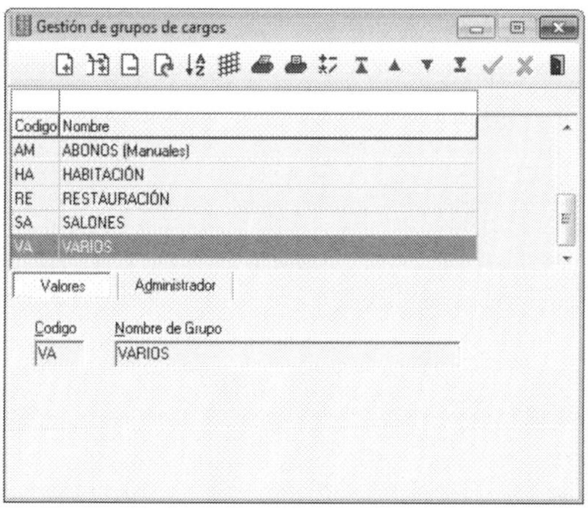


Figura 2.3. Grupos de cargo.

### 2.3.3. Tipos de cargo

Mediante la definición de tipos de cargo recogemos todos aquellos conceptos de servicios que ponemos a disposición de los clientes, en otras palabras, todas y cada una de las prestaciones que el hotel oferta a un determinado precio y que consecuentemente pueden convertirse en objeto de consumo.

Todo hotel, independientemente de la denominación y categoría, tendrá al menos las cuentas de "Habitación" y "Teléfono" por ser servicios obligatorios. A partir de los dos servicios anteriores las empresas de alojamiento pondrán a disposición de sus clientes y huéspedes un variado abanico, tales como desayuno, cafetería, minibar, wifi, etc.

Presentamos en la figura 2.4 las típicas cuentas de una empresa de alojamiento. Como puede observarse diferenciaremos:

- Número de Cargo. Hace referencia a una asignación numérica de un concepto, de forma que nos pueda ser más rápido y cómodo hacer las imputaciones.
- Nombre. La denominación que en cualquier tipo de documento damos a una prestación de servicio, principalmente en la factura del huésped y en los listados que a nivel interno manejemos. Cabe la posibilidad de pasar los nombres de los cargos a un diccionario en diferentes lenguas (inglés, alemán,...), lo que nos permitirá presentar las facturas en el idioma de nuestro cliente.
- IVA. A cada una de las cuentas le asignaremos uno de los tipos de IVA que hemos creado (véase apartado 2.3.1). Se recomienda trabajar con IVA no incluido, pero somos conscientes de que los precios del restaurante, la cafetería y similares son de uso tanto de huéspedes como de clientes externos, por lo que, al margen de la normativa, lo coherente sería trabajar con IVA incluido (EX 0%).
- Incluido. Sería una manera de no utilizar el IVA que denominamos exento (0% de IVA) a aquellas prestaciones que tuvieran el IVA incluido en el precio. Siendo: "F" de (*False*, No o falso) y "T" (*Truth*, Sí o verdad).
- Grupo. A qué grupo de cuenta asociamos la que damos de alta, por ejemplo la cuenta de Bar su asignación lógica es a Restauración.
- Precio. Sistema para cargar por defecto un determinado importe.
- Paquete balneario.
- Con propina.
- Cuenta contable, departamento contable, división contable y proyecto contable. Todas estas ventanas se emplearán para enlazar con el departamento de administración-contabilidad.

### 2.3.4. Tipos de régimen

Entendemos por tipo de régimen aquel que un cliente elige al hacer su reserva y nos confirma en el momento del registro. Cada régimen tiene asociados unos tipos de cargo (véase figura 2.4), de manera que al reservar o registrar una habitación obligatoriamente debe ir asociada a un régimen y a una tarifa y, diariamente y de manera automática se cargarán en factura dichos servicios con sus importes. Por ejemplo, si un cliente nos solicita régimen de habitación y desayuno y le aplicamos el precio de tripulantes de aerolíneas, el sistema de manera automática cargará el precio de la habitación (individual, doble para uso individual...) y el del desayuno establecido en el acuerdo de colaboración de tripulantes de aerolíneas.

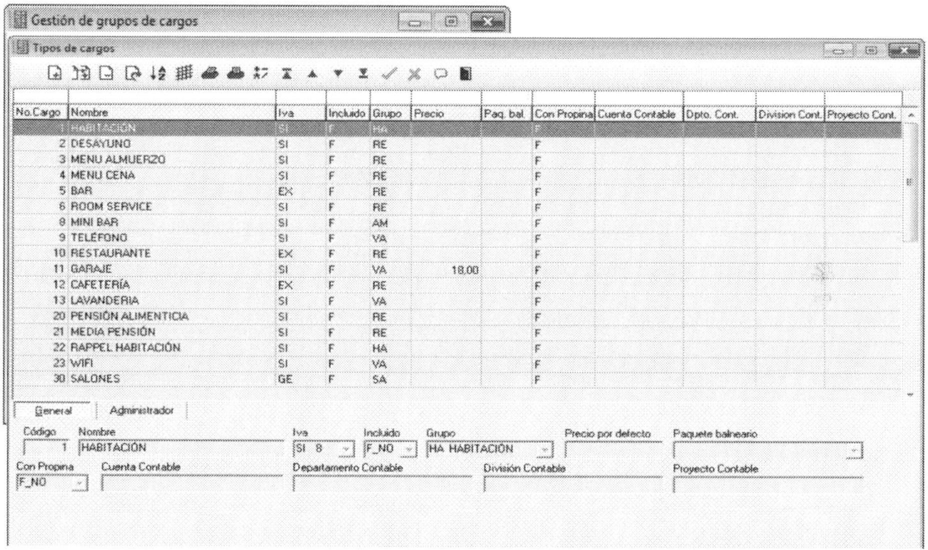


Figura 2.4. Tipos de cargo.

Los tipos de régimen establecidos en las empresas de alojamiento son:

- Solo habitación.
- Habitación y desayuno.
- Media pensión. Comprende la habitación, el desayuno y un menú, ya sea el de almuerzo o el de cena.
- Pensión completa. Comprende la habitación y la pensión alimenticia (desayuno, menú de almuerzo y menú de cena).

En la figura 2.5 podemos observar cómo cada tipo de régimen lleva asociados unos determinados tipos de cargo (definidos en el apartado 2.4), y así mismo podemos establecer el momento de cargo automático de los mismos, de manera que si no ponemos nada en el cuadro "Últ Día" lo imputa el día de llegada y durante la estancia; si ponemos un "1" lo hará al día siguiente de la llegada y los días sucesivos, de manera que, por ejemplo en un régimen de alojamiento y desayuno, facturamos: la habitación el día de llegada y los días de estancia y, el desayuno al día siguiente de llegada, los días de estancia y el día de salida (facturamos los servicios contratados

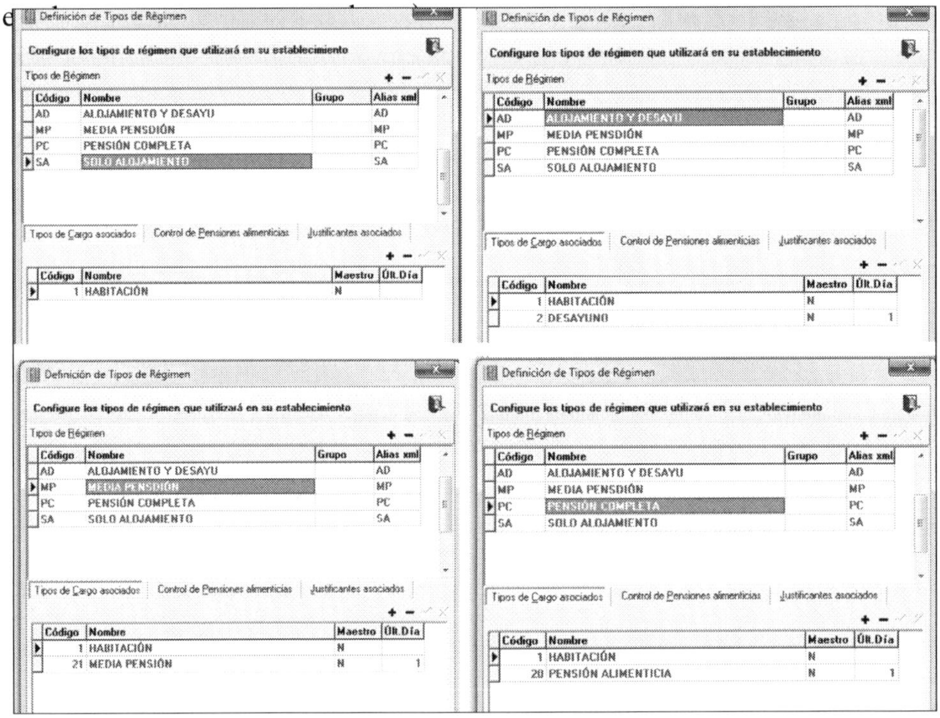


Figura 2.5. Tipos de régimen.

## 2.3.5. Tipos de cobro

A través de la parametrización de tipos de cobro establecemos los diferentes sistemas aceptados en la empresa hotelera para cerrar las facturas. Se pueden establecer tres tipos generales:

1. Contado. Aplicado para los pagos efectuados en metálico, ya sea en euros o en otra moneda aceptada, teniendo en cuenta que en el caso de abonar la factura en moneda extranjera se hará previamente un cambio de billetes o divisas, pero no dejará de ser un pago en efectivo. En determinadas empresas de alojamiento establecen que los pagos con tarjeta de débito se consideran contado por tener el ingreso en nuestro poder en tiempo real, e incluso la tarjeta de crédito VISA por cuanto el tiempo de demora del ingreso en nuestra cuenta bancaria es de muy corto plazo, ahora bien, deberemos tener en cuenta que el sistema de pago con tarjeta no supone percibir en ningún caso el ciento por ciento del importe al incidir un porcentaje de comisión que cobrará la empresa de intermediación financiera al hotel y, no es igual tener el dinero hoy que, por ejemplo, dentro de dos días.
2. Tarjeta. Deberemos distinguir en primer lugar entre tarjetas de débito y tarjetas de crédito. Las tarjetas denominadas de débito suponen para el establecimiento hotelero una entrada de dinero instantáneo en su cuenta bancaria, mientras que

en las de crédito el ingreso se realizará pasado un tiempo (días, semanas, mes vencido,...). Al margen de que dependiendo de cada contrato establecido no solo variará el momento de la recepción del dinero, sino el porcentaje de comisión que dichas empresas financieras nos cobrarán. Por ello es muy importante no solo saber qué tipos de tarjeta son aceptados en el establecimiento, sino cuál es la más ventajosa de aceptar cuando el cliente nos da alternativas.

3. Crédito. El tipo de cobro a crédito es aquel que a la salida del huésped del hotel la factura no queda saldada, es decir, que el original de la factura permanece en posesión del establecimiento y será enviado a quien corresponda para su pago. Para que una factura pase al tratamiento de pago a crédito se precisa previamente haber firmado un acuerdo de colaboración entre la empresa de alojamiento y la empresa exterior, en el que se reflejará entre otras cuestiones: a quién, dónde, cómo, cuándo... se llevará el trámite para su liquidación. Las principales entidades con las que los hoteles firman acuerdos de colaboración con clausula de crédito son las empresas de intermediación turística, así como con empresas en general y organismos públicos.

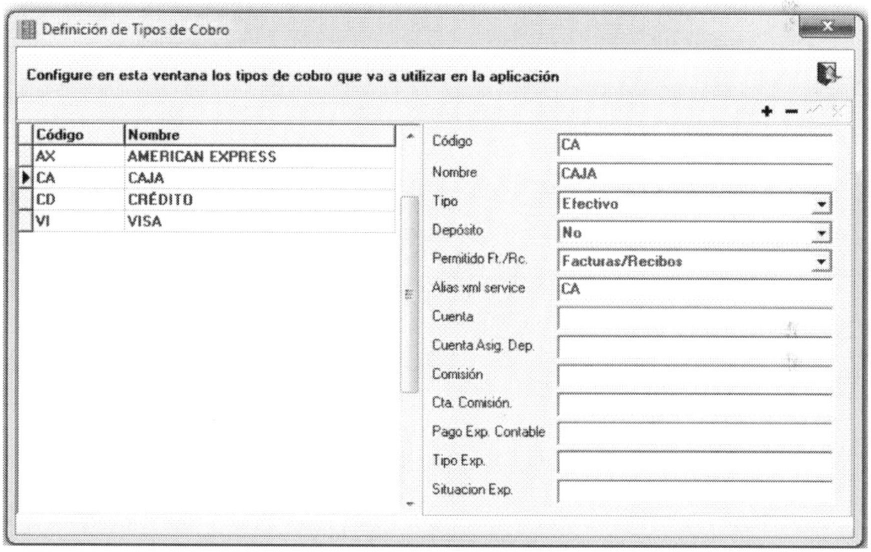


Figura 2.6. Tipos de cobro.

## 2.3.6. Distribución de cargos

Cuando un empleado de recepción lleva a cabo una reserva deberá anotar en la hoja de reservas la manera de distribuir los consumos o cargos en las facturas, diferenciando:

- *Full Credit.* Cuando todo lo consumido será objeto de pago por una empresa exterior y no por el propio huésped. El ejemplo más típico es el que una empresa se haga cargo del importe total de la estancia de un cliente, así como el ya cada vez menos habitual del bono de una agencia de viajes tipo *full credit*. En nuestra parametrización establecemos una sola factura, la del reservador (R), en la que se anotarán todos los consumos que serán pagados por el mismo.

- Pago directo. Es el más común en las empresas de alojamiento, y hace referencia a todas aquellas estancias en las que el propio huésped se hace cargo del pago de la estancia. Se establece para ello que todos los consumos se anoten en la factura "1" (factura 1ª de extras).
- Según bono. Cuando en una reserva el reservador se hace cargo de parte de los consumos. Es típico de agencias que emiten bono, por ejemplo, en régimen de media pensión, o de empresas que indican que se hacen cargo de la habitación y el desayuno, lo que generará dos facturas: una para la agencia o empresa (R) y, una segunda (1) con los consumos que pagará el huésped.

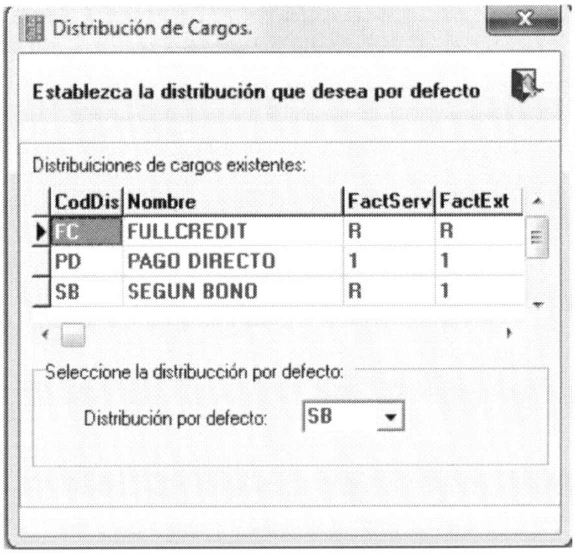


Figura 2.7. Distribución de cargos.

## 2.3.7. Nacionalidades/Regiones

Este recurso de parametrización será utilizado de manera obligatoria cuando: se efectúe una reserva, se haga un registro y cuando se de alta una ficha "cardex", lo que supondrá no solo tener información de la procedencia de los clientes, sino la de poder llevar a cabo una comunicación personalizada en el idioma del huésped, realizar en su momento la estadística obligatoria por nacionalidades, analizar estancias por nacionalidades con otras temporadas y con otros establecimientos, cumplimentar el "parte de entrada de viajeros" (ficha de policía, véase 3.17) y todo aquello que tiene que ver con el concepto de nacionalidad o región, como son los gustos, hábitos y características que le puedan ser propias.

Así mismo, si el establecimiento hotelero lo considera oportuno puede parametrizar grupos de nacionalidades y regiones, por ejemplo: España, Unión Europea, resto de Europa...

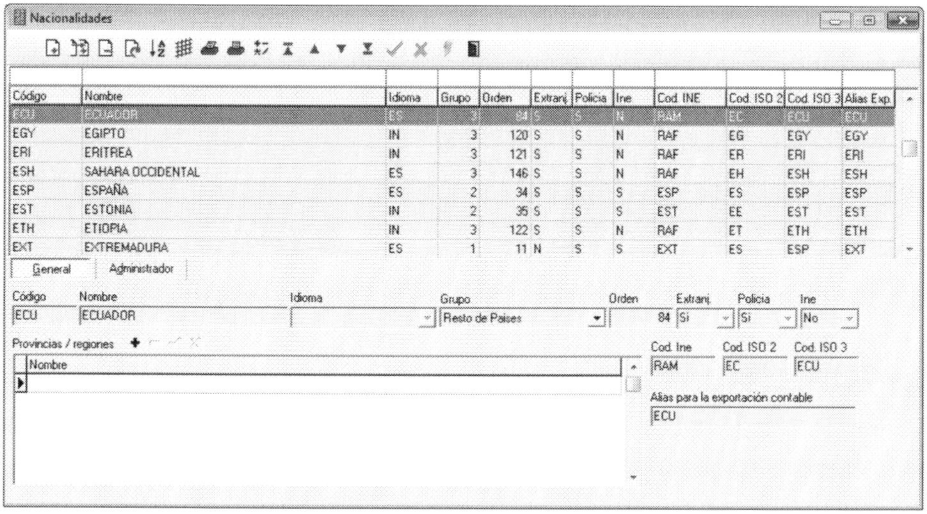


Figura 2.8. Nacionalidades/Regiones.

## 2.3.8. Tipos de clientes (se anota en la ficha del cliente)

La empresa hotelera, como cualquier otra empresa que se precie, debe poseer un archivo de sus clientes, y para que dicho archivo tenga mayor efectividad debe incluir entre sus datos a qué tipo de cliente pertenece, categoría, características... Por lo tanto, la definición de tipos de clientes tiene como objetivo principal cumplimentar las peticiones de reserva y las fichas de cliente (*cardex)* y, fundamentalmente, conocer la producción de cada tipología por cada concepto de cargo diariamente, mensualmente..., así como número de estancias, cantidad de habitaciones, número de personas...

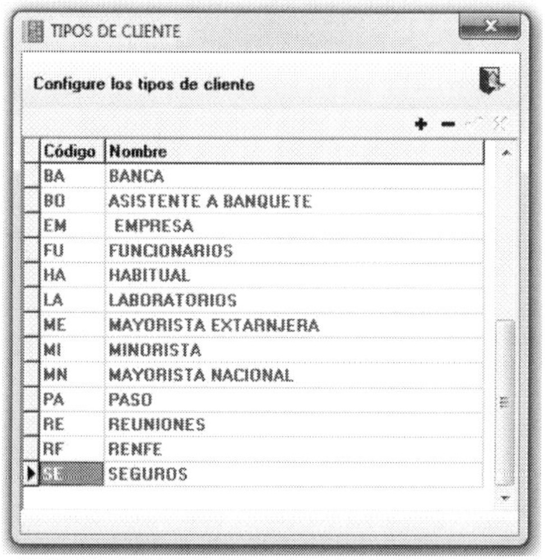


Figura 2.9. Tipos de clientes.

Entre otros muchos, mencionamos los siguientes tipos de clientes: Directo, Empresa, Habitual, Paso, Embajada, Seguros, Agencia mayorista, Agencia minorista, Grupo, Farmacéutica, Banca, Compañía aérea, Fitur, Reuniones, Renfe, Palacio de congresos.

### 2.3.9. Segmentos del mercado (se anota en la hoja de reservas)

Es el medio por el cual definimos grupos afines con características, necesidades... semejantes, permitiendo al establecimiento hotelero realizar análisis, listados y estadísticas de ocupación y producción de cada uno de los segmentos definidos.

Los segmentos más típicos establecidos son: Agencias, Grupos, Reuniones, Empresas y Particulares, que pueden ser ampliados a aquellos que deseemos obtener información puntual sobre su producción, habitaciones y personas del año actual, del año anterior y diferencias. Por ejemplo, si un hotel lanza proyectos de: "habitación doble en media pensión por precio × €", "habitación doble a precio de individual en fin de semana", "siete noches en régimen de alojamiento y desayuno al precio de seis", etc., mediante la definición del correspondiente segmento podremos estudiar de manera aislada el impacto que han supuesto en el hotel dichas campañas comerciales o proyectos.

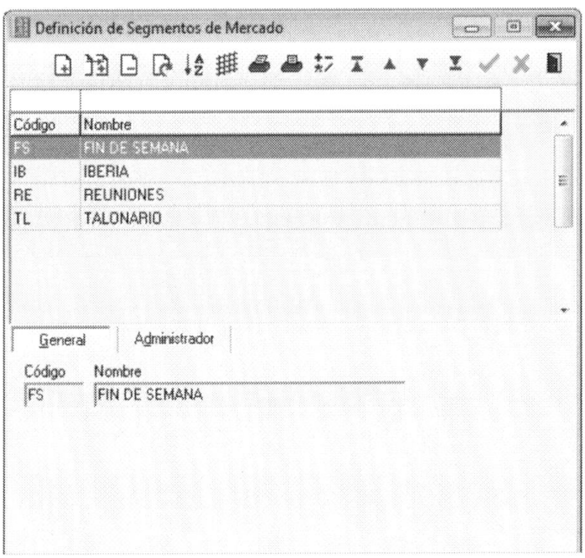


Figura 2.10. Segmentos del mercado.

### 2.3.10. Grupos de disponibilidad

Entendemos por grupos de disponibilidad aquellas ofertas de servicios de las que el establecimiento hotelero desea controlar su ocupación. Consecuentemente, un hotel tendrá tantos grupos de disponibilidad como servicios con necesidad de controlar su grado de ocupación, ya que los mismos tienen una oferta limitada, precede a su consumo una petición de reserva y la obligación de disponer de espacio para poder atender la petición.

De manera precisa y obligatoria todos los establecimientos de alojamiento deben conocer en todo momento si tienen o no espacio para atender una petición de ocupación de habitación, tanto para el día de hoy como para fechas venideras, lo que obliga a tener establecido un sistema mediante el cual pueda responder a dicha demanda. Esta respuesta la dará el "planning de reservas" de habitación.

De igual manera que con las habitaciones, un hotel o similar deberá estar en todo momento capacitado para poder aceptar o denegar una petición de otros servicios, que como antes mencionamos se caracterizan por ser limitados. Concretamente hacemos referencia al alquiler de salones, pero que podemos extender a plazas de restaurante o al control del "spa", pistas de tenis y similares.

Con la creación de grupos de disponibilidad daremos de alta tantos plannings de reservas como ofertas de servicios establezcamos y, dentro de cada uno de ellos, daremos de alta las diferentes denominaciones o tipos, para finalmente enumerar las cantidades. Por ejemplo, grupo de disponibilidad de habitaciones, tipos de habitación y número adscrito a cada una de las habitaciones de cada tipo.

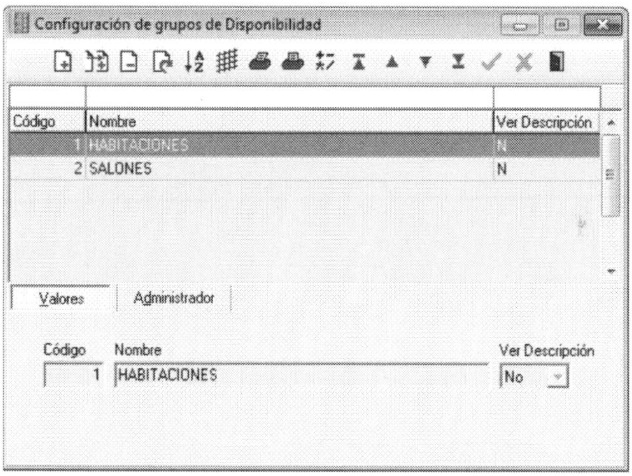


Figura 2.11. Grupos de disponibilidad.

### 2.3.11. Tipos de habitaciones y recursos

Como mencionábamos en el apartado anterior, cubierta la fase de establecer los grupos de disponibilidad, el segundo paso consiste en enumerar los diferentes tipos que vamos a poner a la venta, pudiendo ser tan generalista o específico como le sea conveniente al establecimiento, pero sí se deberán establecer diferentes denominaciones cuando signifiquen diferentes prestaciones o tengan precios distintos.

Por ejemplo, si son diferentes prestaciones y lógicamente con diferentes precios, el de habitación doble con baño y el de habitación doble con ducha, lo que nos obligaría a diferenciarlas como tipos distintos. En cambio seria optativo el establecer habitaciones de tipo doble de manera generalista, o por el contrario especificar distintos tipos de habitación doble si tienen dos camas separadas, juntas o una sola cama matrimonial, es decir, doble sin más o, doble-doble, doble-*twin* y doble-matrimonial.

En la figura 2.12 podemos observar:

- El hotel dispone de dos salones, el salón abeto y el salón ciprés, que pondrá a disposición de manera independiente o unidos, y tanto por día completo, solo mañana, o solo tarde, cuestiones estas que deberemos diferenciar como recursos diferentes a la hora de reservar y llevar su control de disponibilidad. Así mismo, se establece para cada uno de los salones su capacidad mínima y máxima, existiendo posiciones intermedias dependiendo del montaje, cosa esta que no procede establecer al crear los tipos de recursos, ya que el objetivo que estamos persiguiendo es si un salón está o no disponible para una fecha determinada.
- El hotel diferencia los siguientes tipos de habitaciones: individual, doble, matrimonial, triple y doble con salón. De manera que si un cliente solicita una habitación matrimonial se le podría confirmar, cosa que no sería posible si bajo la denominación de tipo doble recogiéramos las dobles y las matrimoniales. Al igual que en los salones se establece la capacidad mínima y máxima de cada tipo. Finalmente, damos de alta a aquellos tipos de habitación que para futuros acuerdos de colaboración puedan ser objeto de "cupo".

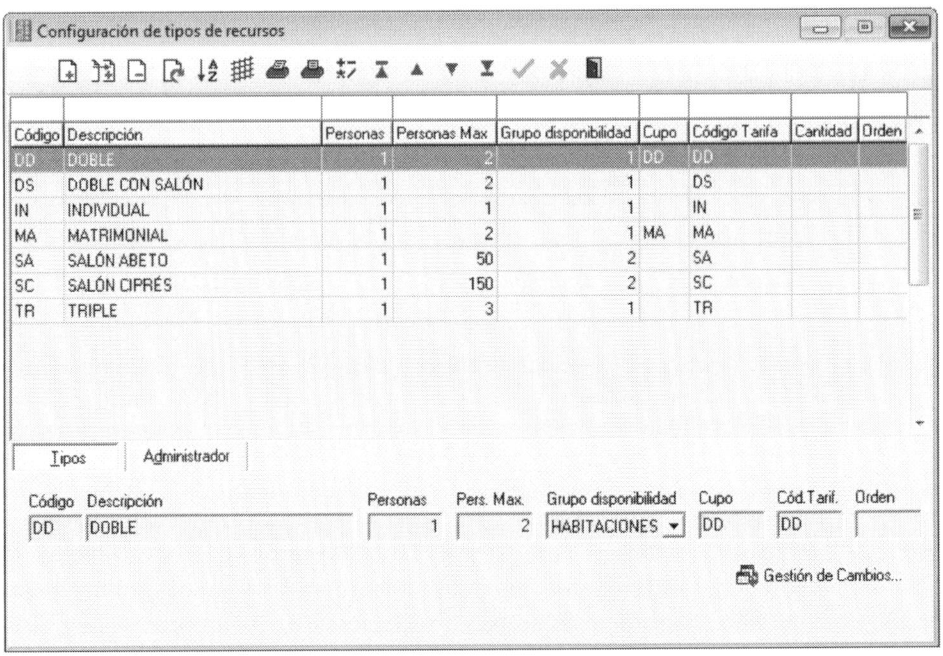


Figura 2.12. Tipos de habitación y recursos.

### 2.3.12. Habitaciones/Recursos

Mediante este apartado de la parametrización determinamos las ofertas de habitaciones y recursos que pone el hotel en disposición de venta, diferenciando lo siguiente:

- Salones. Al disponer de dos salones, Abeto y Ciprés, que pueden ser objeto de ocupación en día completo o medio día (mañana, tarde), hay que otorgar a cada uno de ellos un número o código en función del momento de ocupación. Ello implicará que si un determinado cliente desea por ejemplo ocupar el salón Abeto el día completo, habrá que ver si hay disponibilidad de los recursos "1" y "2"; de igual manera que si deseara los dos salones la consulta de disponibilidad habrá que hacerla sobre los cuatro recursos.

  Otras informaciones que nos ofrece la figura 2.13 son:

  - Tipo de recurso (salón Abeto, salón Ciprés).
  - Zona. En nuestro ejemplo la -1, es decir primer sótano.
  - Estado de limpieza (limpia o sucia).
  - Limpieza informa de que ha sido o no inspeccionada la limpieza.

- Habitaciones. Relaciona todas y cada una de las habitaciones existentes en el hotel, dándoles aquella descripción que consideremos oportuna para ayudar en la asignación en el momento de la reserva o en el del registro (exterior fachada, patio grande, comunicada con la 113...), tipo de habitación (las definidas en el apartado 2.3.11), zona dentro del hotel (en nuestro ejemplo el hotel tiene dos zonas independientes: A y B) y el estado y la inspección.

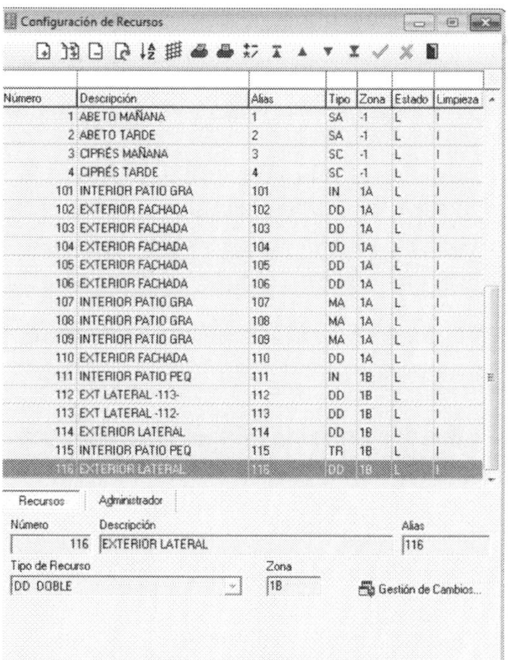


| Número | Descripción | Alias | Tipo | Zona | Estado | Limpieza |
|---|---|---|---|---|---|---|
| 1 | ABETO MAÑANA | 1 | SA | -1 | L | I |
| 2 | ABETO TARDE | 2 | SA | -1 | L | I |
| 3 | CIPRÉS MAÑANA | 3 | SC | -1 | L | I |
| 4 | CIPRÉS TARDE | 4 | SC | -1 | L | I |
| 101 | INTERIOR PATIO GRA | 101 | IN | 1A | L | I |
| 102 | EXTERIOR FACHADA | 102 | DD | 1A | L | I |
| 103 | EXTERIOR FACHADA | 103 | DD | 1A | L | I |
| 104 | EXTERIOR FACHADA | 104 | DD | 1A | L | I |
| 105 | EXTERIOR FACHADA | 105 | DD | 1A | L | I |
| 106 | EXTERIOR FACHADA | 106 | DD | 1A | L | I |
| 107 | INTERIOR PATIO GRA | 107 | MA | 1A | L | I |
| 108 | INTERIOR PATIO GRA | 108 | MA | 1A | L | I |
| 109 | INTERIOR PATIO GRA | 109 | MA | 1A | L | I |
| 110 | EXTERIOR FACHADA | 110 | DD | 1A | L | I |
| 111 | INTERIOR PATIO PEQ | 111 | IN | 1B | L | I |
| 112 | EXT LATERAL -113- | 112 | DD | 1B | L | I |
| 113 | EXT LATERAL -112- | 113 | DD | 1B | L | I |
| 114 | EXTERIOR LATERAL | 114 | DD | 1B | L | I |
| 115 | INTERIOR PATIO PEQ | 115 | TR | 1B | L | I |
| 116 | EXTERIOR LATERAL | 116 | DD | 1B | L | I |

Figura 2.13. Habitaciones/Recursos.

## 2.4. Conocimiento de contratos

El subdepartamento de reservas tiene como razón de ser buscar de manera constante la máxima ocupación y al precio más elevado posible. Consecuentemente, reservas por un lado deberá conocer la situación de ocupación o disponibilidad del hotel y, por otro lado, tiene que tener conocimiento de todo tipo de tarifas y precios que el hotel ofrece, por la simple razón de que una de las cuestiones que de manera habitual van a ser objeto de preguntar por parte de un cliente, previo a realizar una reserva, será el precio o importe que le supondrá la estancia.

Con carácter general, el encargado de celebrar acuerdos de colaboración es el departamento comercial, que habrá sido informado por explotación, marketing, presupuestación, administración y aquellos otros departamentos que la estructura organizativa del establecimiento hotelero haya establecido, para determinar con quién, cómo, por cuánto dinero, durante cuánto tiempo...

La mayoría de los acuerdos de colaboración celebrados por un hotel con una empresa exterior, sea o no del sector turístico, tiene su razón de ser básica en pactar un precio especial. Ello no significa que sea lo más importe para ambas partes, ya que los compromisos de volumen de ocupación, sistema de pago, producción... son importantes en todo tipo de acuerdos. Por ejemplo, para un hotel vender una habitación doble en régimen de alojamiento y desayuno por 70 € no tiene interés, pero si el compromiso firmado establece una media de diez habitaciones diarias, estaremos hablando de una producción anual de aproximadamente 255.500 €.

Los acuerdos de colaboración recogen, entre otros, los siguientes apartados:

- Precios. Cantidad acordada sobre el importe a pagar al establecimiento hotelero por la prestación de unos servicios, habitualmente sobre un tipo de habitación y régimen, pero extensible a: alquiler de salones, *coffee break*, bolsa de *picnic*, etc. Precios que se establecen sobre los siguientes términos:

  – Tipo de moneda. En términos generales será la local (euros).
  – IVA. Básicamente si está o no incluido y su porcentaje.
  – Si los precios son o no comisionables. En el caso de establecerse una comisión deberemos diferenciar:

    ✓ Si el hotel concede la comisión supone un descuento o deducción a aplicar sobre los precios establecidos y, sobre el neto, aplicar el IVA hotelero –10%–.

    Por ejemplo: el precio acordado para habitación doble es de 140 € (IVA no incluido –10%–) concediendo el hotel una comisión del 10%, supondrá una factura de:

    $$140 \times 0{,}90 \times 1{,}10 = 138{,}60\ €$$

    ✓ Cuando el intermediario actúa como comisionista (cobra un porcentaje de comisión por enviar clientes) supone un cruce de facturas: la del hotel al intermediario (el precio establecido y su IVA correspondiente), y la factura del intermediario al hotel (importe de la comisión más el IVA de la comisión –21%–).

Por ejemplo: el precio acordado para habitación doble es 140 € (IVA no incluido), cobrando el intermediario al hotel una comisión del 10% (más IVA –21%–), supondrá una factura de:

$$[(140 \times 1{,}10)] - [(140 \times 0{,}10 \times 1{,}21)] = 137{,}06\text{ €}$$

– Tipos de precios. Raramente lo pactado es aplicar tarifas oficiales o tarifa "rack" (véase apartado 2.9), a no ser que vaya acompañado de una deducción o una comisión por parte del intermediario. Entre los diferentes tipos de precios destacamos:

✓ Precio neto con o sin IVA incluido. Aplicado a todo tipo de empresas y organizaciones, y susceptibles de comisión por parte del hotel cuando son acuerdos con intermediarios turísticos. Por ejemplo: tarifa de empresa para la agencia XX, tarifa editorial Síntesis, tarifa Embajada Japón, tarifa tripulantes de la compañía aérea YY.
✓ Tarifas especiales y promocionales. Habitualmente consecuencia de un proyecto o un evento especial, por ejemplo: tarifa fin de semana, tarifa fin de año, tarifa convención Azularia...
✓ Tarifas grupo. Caracterizadas por cotizarse en: precio por persona en doble y un determinado régimen, con una cantidad de suplemento por ocupación de habitación individual y, un porcentaje de reducción para tercera persona en habitación triple, así como la aplicación de gratuidades.
✓ Tarifas FIT y DIT. Tarifas aplicables a clientes individuales con la intermediación de una agencia de viajes y aplicada en: anticipo o prolongación de estancias de grupo, "city break" (escapadas de fin de semana) y, muy típico, ofertas en los paquetes dinámicos de las agencias virtuales. La diferencia entre DIT y FIT consiste en que los primeros son para el mercado nacional (*Domestic*) y las FIT para viajes individuales del mercado extranjero (*Foreign*). Su cotización es muy similar a la de grupos, careciendo de cláusula de gratuidades.

• Gratuidades. No debe ser confundido con personas que por circunstancias determine la dirección de un hotel que son invitados en todos o algunos de los consumos, lo que en terminología hotelera recibe la denominación de "invitación casa" o "a cuenta casa". La cláusula de gratuidad es habitual en acuerdos de colaboración para grupos (véase cuadro 2.1), mediante la cual se reduce el importe de la estancia del contingente, debiéndose especificar cómo se calcula, sobre qué tipo de cama se ha de aplicar (de doble, de individual, supletoria,...) y en qué régimen (SA, AD, MP, PC), siendo lo más común que sea en el mismo régimen en el que se aloja el grupo. Se diferencian dos criterios para la determinación de las gratuidades:

CUADRO 2.1

*Acuerdo de colaboración de Grupos y FIT*

| | | |
|---|---|---|
| **01 de Noviembre al 31 de Marzo** | GRUPOS | FIT |
| **Alojamiento y Desayuno por persona en doble** | 36,00 € | 41,00 € |
| **Media Pensión** | 49,00 € | |
| **Pensión Completa** | 61,00 € | |
| **Suplemento habitación individual** | 30,00 € | 33,00 € |
| **01 de Abril al 31 de octubre** | GRUPOS | FIT |
| **Alojamiento y Desayuno, por persona en doble** | 45,50 € | 51,00 € |
| **Media Pensión** | 58,50 € | |
| **Pensión Completa** | 70,50 € | |
| **Suplemento habitación individual** | 35,00 € | 40,00 € |
| TEMPORADA ESPECIAL JULIO/AGOSTO | GRUPOS | FIT |
| **Alojamiento y Desayuno, por persona en doble** | 36,00 € | 39,00 € |
| **Media Pensión** | 49,00 € | |
| **Pensión Completa** | 61,00 € | |
| **Suplemento habitación individual** | 30,00 € | 32,00 € |
| PRECIOS IVA INCLUIDO. | | |

IVA INCLUIDO. Precios netos no comisionables. Precios FIT válidos exclusivamente para mercado extranjero.
Solamente se autoriza la venta de Tarifa FIT estando incluida en paquetes de servicios turísticos, en ningún caso como servicio único. No está autorizada su publicación y venta en canales de venta electrónica, Internet o similares.

1 gratuidad en base doble por cada 20 de pago. Niños hasta 4 años gratis. Niños de 4 a 12 años 50% reducc.

Condiciones para grps:

1) Política de cancelaciones para grupos: Sin gastos 30 días antes de la llegada.

2) Gastos de cancelación: con menos de 21 días de la llegada del grupo , 10% de la valoración total.
con menos de 14 días de la llegada del Grupo, 20% de la valoración total.
con menos de 7 días de la llegada del grupo, 30% de la valoración total.

3) Rooming List en Hotel 21 días antes de la llegada

4) Mínimo personas para precio grupo: 20

5) No admitimos estudiantes.

- Proporcional. Un número de personas gratis por cada "x" personas de pago. Por ejemplo, 1 gratuidad por cada 20 personas de pago, implicaría que si un grupo está compuesto por 22 DD y 6 IN (50 pax) las gratuidades serían de 2 pax. Y si el grupo fuera de 9 DD y 2 IN (20 pax) no habría gratuidades.
- Fijo. Cuando, independientemente del número de componentes del grupo, se establecen las gratuidades, siendo muy habitual para grupos en serie y que suele aplicarse al guía o, al guía y al conductor (habitaciones individuales).

- Temporalidad. Mediante la temporalidad se establece la vigencia del acuerdo de colaboración con carácter general y de manera específica de las diferentes tarifas a aplicar en cada una de las temporadas establecidas, así como las excepciones (por ejemplo, no aplicables en Semana Santa) (véase cuadro 2.1).
- Cupos. Definimos cupo como la cantidad de habitaciones que se ceden a un intermediario turístico o a una empresa en general. Lo que implicará que no deberá ponerse en contacto con el establecimiento hotelero para hacer una reserva hasta alcanzar la cantidad pactada. En otras palabras, el cupo es apartar para una empresa (turística o no turística) un número determinado

de habitaciones para que las pueda vender sin necesidad de consultarnos si tenemos o no espacio, por lo que en el planning de reservas no estarán en venta libre. Un ejemplo de nuestra vida habitual es ir a un comercio y solicitar que nos guarden un par de pantalones, que ya pasaremos a por ellos, pero sin pagarlos; el dependiente lo sacará del expositor y nos los guardará en el almacén. En conclusión, un cupo es un determinado número de habitaciones que apartamos para una empresa que tiene la intención de venderlas y que se las cedemos para que tenga la seguridad de que en nuestro establecimiento tiene espacio a modo de prerreserva, debiendo informarnos cuando materialice la venta (véase cuadro 2.2).

CUADRO 2.2

*Acuerdo típico con intermediario turístico*

CUPO / CONTINGENT: **VENTA LIBRE SUJETA A CIERRE DE FECHAS VIA FAX POR EL HOTEL. AL CIERRE DE LA VENTA LIBRE, SE ACTIVARÁ UN CUPO DE 2 HABITACIONES CON 48 HORAS DE RELEASE.**

| PRECIOS POR HABITACIÓN | A |
|---|---|
| DOBLE | 140 € |
| DOBLE USO INDIVIDUAL | 126 € |
| INDIVIDUAL | 126 € |
| TRIPLE | 161 € |
| DESAYUNO (C: ____ B: _X_ ) | 10 € |

OBSERVACIONES / REMARKS:

A: TODO EL AÑO

TIPOS DE TARIFAS / TYPE OF RATES: **CON DESCUENTO**
DESCUENTO / DISCOUNT: **20%**
I.V.A. / V.A.T. **NO INCLUIDO**

Niños 2 / 12 años compartiendo habitación con dos adultos ,en cama supletoria.
Children 2 / 12 years sharing with two adults
Descuento / Discount 1º: **50%**

CUADRO 2.3

*Acuerdo típico con intermediario turístico*

TARIFAS ESPECIALES 20

| | VIAJES TRAVEL BUSINESS | | |
|---|---|---|---|
| | TARIFA OFICIAL | TARIFA EMPRESA | TARIFA GRANDES CUENTAS |
| Habitación doble | 195 € | 130 € | 117 € |
| Hab. doble uso individual | 156 € | 117 € | 104 € |
| Desayuno Buffet por persona | 11 € | 9 € | 9 € |
| Comisión | 12% | 12% | 12% |

IVA no incluido

La Tarifa Grandes Cuentas se aplicará mediante acuerdo de concentración de reservas y con un volumen superior a 250 noches año.

CUADRO 2.4

*Acuerdo típico con una empresa*

| | |
|---|---|
| **Habitación doble** | ***137,00 €*** |
| **Habitación doble - uso indv.** | ***123,00 €*** |
| **Desayuno buffet** | ***9,50 €*** |
| | |
| **Precio especial VIERNES Y SÁBADOS** | ***80,00 €*** |
| **Desayuno buffet** | ***9,50 €*** |
| | |
| **Especial largas estancias feb./mar** | |
| **Habitación doble** | ***110,00 €*** |
| **Habitación doble - uso indv.** | ***100,00 €*** |
| **Habitación Triple** | ***120,00 €*** |
| **Desayuno buffet** | ***sin cargo*** |

- *Release.* Va siempre unido al concepto de cupo, y podemos definir *release* como el tiempo que concedemos para que la empresa a la se concedió un cupo disponga del mismo; es decir, el tiempo del que dispone para vender las habitaciones cedidas, con lo que vencido el tiempo, aquellas habitaciones no vendidas pasan a ser recuperadas por el hotel para su venta directa. Los tiempos de *release* serán determinados de acuerdo con la capacidad del hotel para buscar otros clientes, por lo que en hoteles de vacaciones el *release* es amplio (1 mes por ejemplo) y en los hoteles urbanos es de menor tiempo (24, 48 horas). Por ejemplo, un cupo acordado con un *release* de 24 horas supondrá que las habitaciones de cupo que la empresa externa no haya utilizado pasarán a disposición del hotel con un día de anticipación a la fecha de llegada, hoy no tiene cupo para llegadas con fecha de hoy. Siguiendo el ejemplo anterior de los pantalones, el dependiente nos habrá dicho que con mucho gusto nos guarda los pantalones, pero que si mañana no venimos a retirarlos los sacará de nuevo al expositor (nos ha concedido un *release* de 24 horas).
- Tiempos y forma de pago. Determinará el tiempo concedido y el sistema de pago a cumplir en el acuerdo de colaboración. En el caso de concesión de crédito, los tiempos concedidos para el pago de la factura van desde los 30 a los 90 días desde la emisión de la factura y, de manera frecuente, mediante transferencia bancaria. En el caso de pago directo, las políticas suelen ser variadas y adaptadas a cada circunstancia, pero de manera habitual se solicita una garantía de pago en el momento de la reserva, o con un determinado número de días previo a la llegada, por un importe en torno al 50% y, el otro 50%, en el momento del registro o a la salida.

## 2.5. Fuentes de reservas

Las empresas de alojamiento tienen un amplio abanico de fuentes para alcanzar el objetivo de máxima ocupación. Son de especial relevancia en el sector hotelero las siguientes fuentes o yacimientos:

- Particulares. Son los llamados clientes directos, es decir, que sin ningún tipo de intermediarios se ponen en contacto con la empresa de alojamiento. Pueden ser tanto clientes habituales como esporádicos, pero descartando a los clientes de paso o *walking* (clientes que se alojan sin reserva previa).
- Agencias de viajes. Son la fuente más importante de reservas, especialmente en los hoteles vacacionales por cuanto suponen un alto porcentaje de reservas, y también en los hoteles urbanos, ya que a través de los portales de internet suponen un importante grueso de ventas. Con las agencias de viajes los establecimientos hoteleros no solo llegan a acuerdos comerciales sino que como consecuencia de ellos se producen posteriormente las reservas. Conviene diferenciar: agencias de viajes con trato directo con los clientes (minoristas, minoristas-mayoristas), las receptivas o *incoming* (actúan en nombre de otra agencia), las *implant* (ubicadas en una empresa) y las virtuales (*online*) con su oferta de paquetes fijos, paquetes dinámicos y servicios sueltos, siempre que intervenga una empresa de alojamiento.
- Touroperadores. Reciben esta denominación las grandes agencias de viajes, ya sean extranjeras o nacionales (agencias mayoristas), con las cuales se firman acuerdos de colaboración (tarifas de grupo, tarifas FIT, cupos,...) y posteriormente controlan el *booking* y realizan el pago (en ocasiones las reservas y el pago se llevan a cabo mediante una agencia de viajes receptiva).
- Empresas y organismos públicos. A nivel de hoteles urbanos suponen un porcentaje próximo al 50% de la ocupación, con lo que no solo se establecen importantes acuerdos de colaboración, sino que son una gran fuente de reservas de lunes a viernes.
- Centrales de reservas. Dedicadas de manera expresa a conectar a particulares y empresas de intermediación con las empresas de alojamiento. Conviene diferenciar tres tipos:

  - Central de reservas independiente. Han tenido y aún mantienen un importante posicionamiento sobre el movimiento de huéspedes al controlar a nivel mundial un alto número de hoteles y ser más cómodo para los intermediarios turísticos realizar las reservas en los hoteles a través de ellos. Entre otras tenemos: Keytel, Utell, Transhotel.
  - Central de reservas propias. Departamento típico de las cadenas hoteleras que da cobertura a todos los establecimientos pertenecientes a la cadena, con independencia de que cada uno de los establecimientos posea su propio departamento de reservas.
  - Asociación a un consorcio de marketing. Son centrales de reservas que dan servicios a los hoteles asociados, por lo que no son propias, sino compartidas por todos aquellos establecimientos que se hayan asociado. Destaca por su notoriedad Best Western.

- Representantes. La figura del representante en la actualidad prácticamente ha desaparecido. Su función es actuar en nombre de un hotel o cadena hotelera en un país o zona emisora de turistas como comercial con poderes para contratar, cobrar...

## 2.6. Sistemas o canales de reservas

Independientemente de las fuentes de reservas, la comunicación con un hotel se establece mediante diversos sistemas, entre ellos destacamos los siguientes:

- Teléfono. El teléfono es el canal más tradicional junto con la carta postal y los ya desaparecidos télex y telegramas. Su pérdida de peso es notable pero se sigue manteniendo, sobre todo en pequeños establecimientos y para aclaraciones o confirmaciones especiales.
- Fax. Sistema que posee la ventaja para el reservador de tener constancia por escrito de la solicitud de reserva y, en caso de respuesta, de su confirmación. De especial atención como soporte escrito es su utilidad cuando se acepta como documento de pago.
- Internet. Prácticamente la totalidad de las empresas hoteleras disponen de su propia página web, permitiendo a cualquier persona (particular, empresa...) acceder a todo tipo de información, siendo prioritario en el caso que nos ocupa la disponibilidad, los precios y realizar una reservar de alojamiento. La página web puede tener una conexión con el sistema informatizado de gestión anotando las reservas automáticamente, o generar un e-mail que obligaría a un empleado a cargarlo manualmente en el sistema informatizado o en el sistema manual de reservas. Este canal de reservas es muy útil para las empresas hoteleras ya que da la posibilidad de anotar automáticamente una reserva y, lo que es más importante, establecer una garantía de pago en el caso de no presentarse (*no show*) o no anular en tiempo la reserva.
- Correo electrónico. No deja de ser actualmente el medio de comunicación por excelencia, permitiendo una comunicación rápida y con soporte en papel para realizar reservas en los hoteles.
- GDS. Mediante un *Global Distribution System* todas las empresas hoteleras (también compañías aéreas, coches de alquiler...) que se agreguen a este tipo de sistema de distribución permiten el acceso a su sistema informatizado de reservas (CRS) a las agencias de viajes que estén dadas de alta. Consecuentemente, una agencia de viajes ubicada en cualquier lugar puede acceder a hoteles de cualquier sitio del mundo, ver condiciones, servicios, tarifas... y hacer la reserva en tiempo real y de manera automática. Los GDS más importantes son Amadeus, Galileo, Sabre y Worlspan, siendo Amadeus el de mayor uso en España.

## 2.7. Tipos de reservas

En un afán de completar y aunar los dos apartados anteriores, presentamos de manera gráfica los principales tipos de contacto de un cliente con un hotel para solicitar una reserva. En el concepto cliente no solo se engloba a las personas individuales sino también a grupos, lo que implicará en el caso de contingentes a la intervención de agencias especializadas, por ejemplo en: circuitos turísticos, incentivos, convenciones…, sin olvidar a las OPC (organizaciones profesionales de congresos).

Cliente ➛ Hotel
Cliente ➛ Central de reservas propia ➛ Hotel
Cliente ➛ web hotel/cadena ➛ Hotel
Cliente ➛ Agencia de viajes virtual ➛ Hotel
Cliente ➛ Agencia de viajes tradicional ➛ Hotel
Cliente ➛ A. viajes tradicional ➛ Central de reservas externa ➛ Hotel
Cliente ➛ A. VV. emisora ➛ T.O. ➛ A. VV. receptiva ➛ Hotel
Cliente ➛ A.VV. emisora ➛ T.O. ➛ A.VV receptiva ➛
➛ Central reservas externa ➛ Hotel

Consecuentemente observamos que son múltiples y amplios los pasos que se pueden producir para que una persona física pernocte en un hotel, desde la simpleza de que se realice de forma directa *B to C* (*Business to Consumer*) a una complicada red de varias empresas intermediarias entre el huésped y el establecimiento hotelero *B to B* (*Business to Business*).

## 2.8. Otras informaciones sobre el establecimiento hotelero

Superados los apartados anteriores, los empleados del departamento de reservas están en disposición de poder atender y contestar a la mayoría de las cuestiones que un futuro huésped, empresa o empresa intermediaria pueda plantear ante una futura estancia en un alojamiento turístico; así mismo están resueltos muchos de los datos a incluir en la página web, en el sistema computarizado de reservas y se tienen establecidas las bases para llevar a cabo otras funciones tales como: recogidas de petición de reservas y el control de disponibilidad, con la salvedad de tener que establecer las tarifas a aplicar en cada momento y a cada cliente.

En este momento el subdepartamento de reservas tiene establecidos los servicios que ofrece (habitación, desayuno, bar, *room service*,…), los tipos de IVA a aplicar a cada uno de ellos, los regímenes ofertados, los tipos de habitación, la cantidad de habitaciones, sistemas de pago…, pero la gestión de reservas precisa estar preparados para contestar a muchas otras preguntas que factiblemente serán objeto de cuestionar al hotel. Destacando:

- Instalaciones. Tales como: ascensor, aire acondicionado, wifi, piscina, jardines, etc. Una de las cuestiones que mejor debe manejar el personal de reservas son las instalaciones de las habitaciones, tanto del dormitorio como del cuarto de baño, por ejemplo: número de camas, decoración, ubicación dentro del hotel, si hay televisión interactiva parabólica, bañera o ducha, albornoz, secador de pelo, minibar, balcón, mesa de trabajo, carta de almohadas, funda nórdica, si hay habitaciones comunicadas, adaptadas para discapacitados, tipo de *amenities*...

- Otros servicios. Por ejemplo: maleteros, consigna, cambio de moneda extranjera, cajas de seguridad, información turística, secretariado, *baby sitter*, tiendas...
- Horarios. De todos y cada uno de los servicios que oferta el establecimiento, como es el horario de desayunos, del servicio exprés de lavandería, del restaurante... junto con la oferta completa de los mismos y sus tarifas correspondientes. Para ello lo más habitual es que el departamento de reservas tenga a su disposición los listados de precios de cada servicio y sus horarios de funcionamiento.
- Ubicación del establecimiento. Principalmente el poder informar con máximo detalle de cómo se accede al mismo mediante los medios de transporte público y por medios propios del futuro huésped. Sin olvidar distancias a terminales de transporte, lugares de interés turístico... y cuánto tiempo se tarda en llegar a ellos.
- Precios. De cada tipo de habitación de acuerdo con la fecha de estancia, al número de ocupantes, a acuerdos de colaboración firmados... Cuestión esta que será objeto de explicación en el siguiente apartado.

## 2.9. Precios

Hoy en día hablar de precios en las empresas de alojamiento es tanto como decir que existen tantos como clientes existan, es decir, la adaptación al mercado, a la demanda, a las circunstancias de cada momento... es constante, es diaria, por no decir cambiante por minutos. Pensemos en la cada vez más extendida tarifa BAR (*Best Available Rate*) que prácticamente la totalidad de los hoteles ofrecen (véase apartado 2.9.3, letra G)).

Se ha pasado de un siglo XX y anteriores donde solo existía la tarifa oficial (tarifa *rack*), junto con acuerdos puntuales de colaboración con un porcentaje de descuento o un porcentaje de comisión y los acuerdos para grupos y grandes contingentes, a la situación actual en la que las empresas de alojamiento tienen y manejan infinidad de tarifas para poder atender y atraer a todo tipo de clientes y empresas.

En los cuadros 2.1, 2.2, 2.3 y 2.4 hemos tenido ocasión de presentar acuerdos típicos de colaboración, los cuales responden a la realidad de las empresas intermediarias y no a la hotelera, por lo que hay que traducirlos a la propia gestión hotelera, es decir acomodarlos a su realidad. Por ejemplo el precio de la habitación doble con dos personas y el precio por cada desayuno, en vez de precio por persona en habitación doble y régimen de alojamiento y desayuno; el precio de la habitación individual neto (IVA no incluido) a una determinada empresa, en vez del precio de habitación individual IVA incluido y con una comisión que concede el hotel del x%.

Para todo ello proponemos trabajar en las empresas hoteleras en cinco grandes campos:

- Precio oficial.
- Precio especial, corporativo, promocional...

- Precio a intermediarios turísticos.
- Precio de grupo.
- Precio *BAR* (mejor precio disponible).

### 2.9.1. Precio oficial

Entendemos por precio oficial, denominado en terminología hotelera precio *rack*, aquel que de manera libre establece la empresa hotelera como máximo (IVA incluido), con una vigencia de un año, que puede ser el natural o el específico por su propia temporada (caso de estaciones de alta montaña –del 1 de diciembre hasta 30 de noviembre– y en la Comunidad de Canarias –del 1 de noviembre hasta 31 de octubre–) y con la simple obligación de tener que notificarlo a la autoridad turística pertinente y darle la máxima publicidad.

Dentro del precio rack obligatoriamente figurará:

- Precio de cada uno de los distintos tipos de habitación (doble, individual, doble con salón y suite).
- Precio del desayuno.
- Precio del menú de almuerzo.
- Precio del menú de cena.
- Precio de la pensión alimenticia (desayuno, menú de almuerzo y menú de cena).

Igualmente es obligatorio notificar y publicitar el precio de aquellas habitaciones que con la misma capacidad de personas tengan precios diferenciados por razón de ubicación, instalaciones... Por ejemplo: habitación doble con vistas al mar, habitación doble con vistas al jardín, habitación doble con ducha, habitación doble con baño... Mención especial tiene la denominación de *uso diurno,* en cuanto a que si bien el precio de la habitación se computa por días o jornadas, el establecimiento hotelero puede quedar autorizado a ocupar y facturar más de una vez por día o jornada cada habitación, típica situación de clientes que precisen la habitación solo para unas horas para ducharse, cambiarse de ropa o descansar de un viaje, así como aquellos que prolongan su estancia más allá de la hora habitual de salida de las 12 horas (véase por ejemplo el Decreto 159/2003, artículo 17, de la Comunidad de Madrid).

De la anterior referencia de precios por tipos de habitación nos ha quedado sin declarar el precio oficial de las habitaciones que con capacidad para dos personas sea ocupada por una sola, así como la tarifa de las camas supletorias que incrementan la capacidad inicial de una habitación. Es decir, la tarifa oficial de la habitación doble para uso individual, la habitación individual con una o dos camas supletorias y la habitación doble con una o dos camas supletorias.

Si bien va a ser objeto en este apartado de un recorrido de cómo se determinan las diferentes alternativas del precio rack, remitimos al lector al enlace www.sintesis.com (véanse detalles de esta publicación), en el que se recoge la orden de 15 de septiembre de 1978, sobre régimen de precios y reservas en los alojamientos

CUADRO 2.5

*Lista de precios*

**LISTA DE PRECIOS**

**Nombre, clasificación y categoría del establecimiento**

Nombre del establecimiento.................................... Especialidad ............................

Clasificación ...........................Categoría .......... Dirección...............................................

Localidad...........................Provincia.................. CP.................. Teléfono.......................

| Precio de Alojamiento | | HABITACIONES | | |
|---|---|---|---|---|
| | | DOBLE | SENCILLA | OTRAS |
| Temporada Alta | Día | | | |
| | Fin de Semana | | | |
| | Semana | | | |
| | Quincena | | | |
| Temporada Baja | Día | | | |
| | Fin de Semana | | | |
| | Semana | | | |
| | Quincena | | | |

En el precio de alojamiento se incluyen todos los servicios incluidos en el artículo 40 del Decreto 65/2015, de 8 de octubre, por el que se regulan los establecimientos turísticos de alojamiento hotelero en la Comunidad de Castilla y León

Precios de otros servicios:.......................................................................................

.......................................................................................................................

.......................................................................................................................

turísticos. Igualmente aconsejamos la consulta de la legislación propia de cada Comunidad Autónoma (recomendamos ver: http://mesadelturismo.com).

Para determinar el precio oficial de una habitación doble para una sola persona, es decir, el precio de la *habitación doble de uso individual,* recurrimos a la citada orden en su artículo 8, en la que se nos indica que el importe máximo no podrá ser superior al 80% del precio de la habitación doble (descuento mínimo del 20%). Lo que supone que si, por ejemplo, una habitación doble en tarifa oficial es de 120 € (IVA no incluido), el precio de la habitación doble para uso individual será como máximo de 96 €.

El importe de las *camas supletorias* colocadas en habitación individual o doble queda recogido en el artículo 9 de la citada orden, que resumimos en el cuadro siguiente:

| | *1ª cama* | *2ª cama* |
|---|---|---|
| Individual | 60% | 40% |
| Doble | 35% | 25% |

Lo cual indica que si en una habitación individual se coloca una cama supletoria (cuestión esta que debe tener la oportuna autorización –artículo 9.c–) el importe total será: el precio de la individual más el 60% del precio de la individual. En el caso de colocar una segunda cama supletoria será: el precio de la individual, más el 60% del precio de la individual por la primera cama y, más el 40% del precio de la individual por la segunda cama. Por ejemplo, si el precio de una habitación individual es de 70 € (IVA no incluido), el precio máximo de dicha habitación con una cama supletoria (capacidad para 2 personas) es: 70 × 1,60 = 112 €. Si lo que se colocan son dos camas supletorias, el precio máximo será de: 70 × 2,00 = 140 €. Siguiendo el ejemplo, la determinación del precio de una habitación doble con una cama supletoria (la típica habitación triple) será: 120 × 1,35 = 162 €, y en el supuesto caso de colocar dos camas supletorias sería: 120 × 1,60 = 192 €.

En ningún caso la citada orden sobre régimen de precios y reservas indica importes sobre la colocación de camas supletorias en la habitación doble con salón ni en la suite. Así mismo, el precio de la habitación doble con salón y suite no es susceptible de precio reducido cuando sea ocupada por menor número de personas de las máximas autorizadas (artículo 8.3 y artículo 9). Y finalmente la instalación de cunas para menores de dos años tendrá carácter gratuito (artículo 9.c).

Entendemos por *pensión alimenticia* (artículo 5) la contratación de los servicios alimenticios de desayuno, almuerzo y cena. Siendo lo habitual que el primer servicio sea el almuerzo y el último el de desayuno, pero cualquier combinación es válida siempre y cuando se consuman de manera consecutiva. Por ejemplo:

| | |
|---|---|
| Día n: almuerzo y cena<br>Día n + 1: desayuno | Día n: nada<br>Día n + 1: desayuno + almuerzo + cena |
| Día n: cena<br>Día n + 1: desayuno + almuerzo | Día n: desayuno + almuerzo + cena<br>Día n + 1: nada |

La *media pensión* sería aquel régimen en el que se contrata el desayuno y una de las dos comidas principales, cuyo precio se obtiene mediante la simple suma de cada uno de sus integrantes, es decir, no se aplica ninguna reducción.

El importe por persona de la pensión alimenticia se obtiene de la suma de los precios del desayuno, más del menú de almuerzo, más del menú de cena, debiéndose aplicar un descuento mínimo del 15%, o lo que es lo mismo, el importe de la pensión alimenticia no podrá exceder del 85% de la suma de los servicios sueltos. Por ejemplo, si el precio del desayuno es de 15 € (antes de IVA) y el del menú de almuerzo o cena de 25 € (antes de IVA), el importe de la pensión alimenticia será como máximo de: (10 + 25 + 25) × 0,85 = 51 €.

El régimen de *pensión completa* es la contratación de habitación y pensión alimenticia, por lo tanto su importe será el de la habitación (individual, doble, triple...) y el de tantas pensiones alimenticias como personas ocupen la habitación. Por ejemplo, el importe de una habitación triple (doble más una cama supletoria) en régimen de pensión completa será: (120 × 1,35) + (51 × 3) = 315 €.

Ejemplo. Determinar el importe de la estancia de una reserva en habitación triple (doble con cama supletoria) con los siguientes servicios:

1$^{er}$ día: Cena + Alojamiento
2º día: Desayuno + Almuerzo + Cena + Alojamiento
3$^{er}$ día: Desayuno + Cena + Alojamiento
4º día: Desayuno

Sabiendo que los precios oficiales (sin IVA) son:

Precio habitación doble: 120
Precio desayuno: 10
Precio menú de almuerzo o cena: 25

Las 3 noches de estancia se traducen en una pensión completa y dos medias pensiones ya que la cena y el alojamiento del primer día junto con el desayuno y el almuerzo del segundo día es una pensión completa, la cena y el alojamiento del segundo día junto con el desayuno del tercero una media pensión, y la cena y el alojamiento del tercer día junto con el desayuno del cuarto otra media pensión. En ningún caso es válido como pensión completa la cena y alojamiento del segundo día junto con el desayuno y la cena del tercer día, ya que son dos cenas y no un almuerzo y una cena. En cambio si es válido como pensión completa el desayuno, el almuerzo, la cena y el alojamiento del segundo día, dejando como medias pensiones los servicios del tercer día, y la cena y el alojamiento del primer día junto con el desayuno del cuarto.

Importe de la habitación triple: 120 × 1,35 = 162 €
Importe de la pensión alimenticia: (10 + 25 + 25) × 0,85 = 51 €
Importe pensión completa: 162 + (51 × 3 pax) = 315 €
Importe media pensión: 162 + (10 + 25) × 3 pax = 267 €

*Importe total estancia: 315 + (267 × 2 veces) = 849 €*

Finalmente la citada Orden de 15 septiembre de 1978 recoge en el artículo 11 lo concerniente a la garantía de una reserva, especificando que el establecimiento hotelero podrá exigir un anticipo de precio en concepto de señal, lo que en términos hoteleros se conoce con la denominación de *arras*. La cuantificación de dicha señal se establece en un día por cada diez o fracción y la misma se entenderá a cuenta del importe resultante para los servicios prestados.

Hoy en día la mayoría de las empresas hoteleras solicitan para que una reserva quede garantizada los datos de una tarjeta de crédito y, así mismo, la aceptación por parte del cliente de que en el caso de no presentarse o anular fuera del plazo convenido quedará a disposición de la empresa de alojamiento la cantidad establecida en concepto de señal.

Para la introducción del precio oficial en un *sistema informatizado* de gestión hotelera deberemos llevar a cabo los siguientes pasos.

Primer paso es ir a "Fichero" >> "Tarifas/Cupos" >> "Mantenimiento de Tarifas..." (véase figura 2.14.).

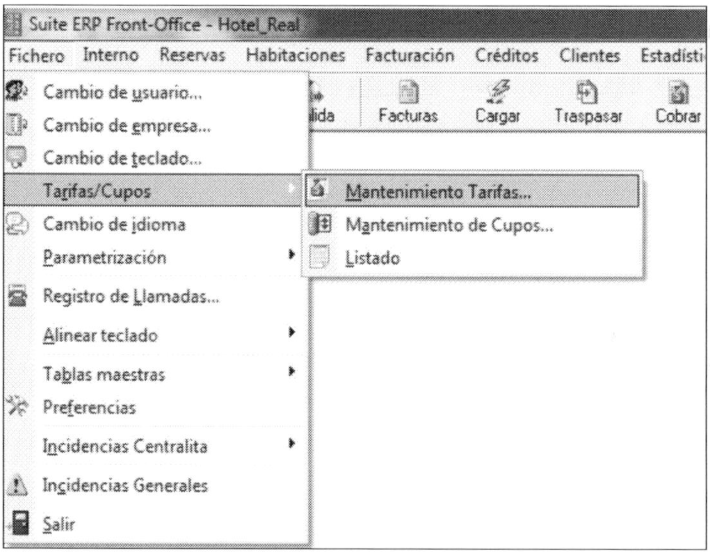


Figura 2.14. Introducción de Tarifas.

Sobre la imagen obtenida hacemos "clic" en "Lista de Precios" y cumplimentamos los siguientes campos (véase figura 2.15):

- Código: aquel que establezcamos y nos sea más cómodo de recordar.
- Descripción: de manera más precisa, el nombre descriptivo de la tarifa que estamos creando.
- Iva/Igc: declaramos si el precio lleva o no incluido el impuesto sobre el valor añadido o el impuesto general Canarias.
- Régimen: si deseamos que el precio esté asociado a un régimen alimenticio específico.

- Cargo: el número de código que establecimos a cada cuenta de cargo.
- Nombre: el nombre del tipo de cargo (al introducir el número de cargo automáticamente nos da la denominación, o buscar en el desplegable que ofrece la ventana de Nombre).
- Días: en qué días de la semana se aplica el precio.
- Tipo: hace referencia a los distintos tipos de habitación existentes.
- Personas: número de personas que ocuparán la habitación.
- Aplicado a: el precio del cargo se puede establecer por habitación o por persona, siendo recomendable en precio oficial aplicar por habitación el importe de habitación y, por persona los conceptos alimenticios, como hemos establecido en los ejercicios anteriores de cálculo de estancias.

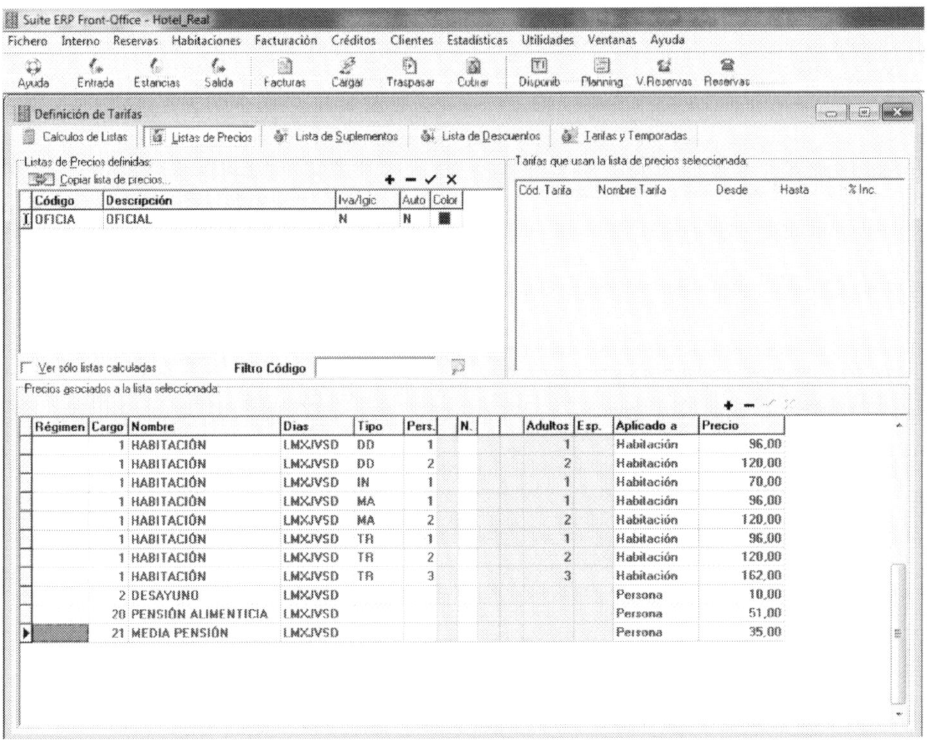


Figura 2.15. Lista de Precios.

El siguiente paso (véase figura 2.16) es establecer la vigencia del precio, es decir, asociar el precio a una temporada, definir la tarifa. Para ello marcamos "Tarifas y Temporadas", introducimos Código y Descripción, establecemos si es o no Genérica (genérica cuando es aplicable a cualquier cliente y no genérica cuando queremos que se aplique solo a los que la tengan asociada a su ficha de cliente –cardex–), declaramos en Activa que "sí" para que esté en vigor, a continuación pasamos a la ventana de Temporadas, definir desde y hasta qué fecha se aplicará, pudiendo crear para el mismo precio diferentes temporadas (no es el caso al tratarse de la tarifa oficial) y, finalmente, a qué Lista de Precios hacemos referencia (en este caso a la tarifa oficial). Una vez cumplidos todos los pasos, el sistema nos ofrece en la parte inferior de la pantalla la tarifa.

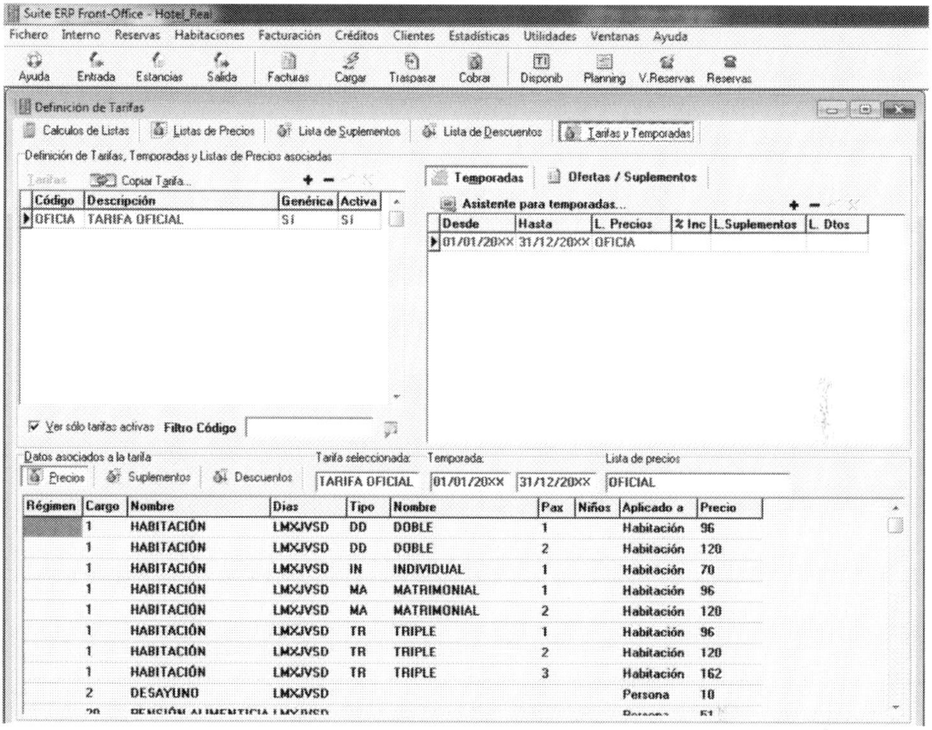

Figura 2.16. Tarifas y temporadas.

## 2.9.2. Precios especiales, corporativos y promocionales

Como se indicó anteriormente (véase 2.9.1), los precios en los alojamientos turísticos son libres, sin mayor obligación que la de su notificación a la autoridad turística. Lo que implica que un hotel podrá aplicar aquella política comercial que considere más oportuna y básicamente esta será la de llevar a cabo amplios acuerdos de colaboración, en los cuales uno de los factores determinantes será el de fijación de un precio inferior al de la tarifa oficial.

Al hablar de tarifas especiales, de empresas…, reflejamos los contratos que el establecimiento hotelero acuerda con terceros, principalmente empresas, organismos públicos y organizaciones con y sin ánimo de lucro. Con carácter general las empresas de alojamiento establecen unos precios para estas fuentes de reservas en función del precio oficial de la habitación (raramente extensible a servicios alimenticios y nunca a otros servicios), aplicando un porcentaje de reducción o descuento distinto en virtud de la cantidad de reservas esperadas, sistema de pago, volumen de producción… Por ello las empresas de alojamiento tienen tantas listas de precios como contratos establezcan y, bien es cierto que suele ser habitual que empresas con las mismas características tengan precios iguales.

Por ejemplo, el hotel establece acuerdos de colaboración en los que si indica un 10% de descuento del precio oficial en el importe de la habitación, es decir, la habitación doble para 2 personas es de: 120 × 0,90 = 108 €, la individual: 70 × 0,90 = = 63 €, la doble con una sola persona: 96 × 0,90 = 86,40 €… Quedando sin variar los importes del desayuno, la media pensión y la pensión alimenticia.

- *Tarifa de empresa mediante gestión*

La aplicación informatizada es muy similar a la que hemos visto en el apartado anterior, crear un precio con una denominación específica (véase figura 2.17), por ejemplo "EMPRESAS 10%" y cada vez que se firme un contrato con una empresa (por ejemplo Sintéticos, S. L.), con dicho porcentaje de descuento, se la da de alta en tarifa/temporada (véase figura 2.18) con su correspondiente código, por ejemplo SINT y descripción, por ejemplo SINTÉTICOS, S. L., a continuación establecemos la vigencia (desde y hasta), y la asociamos a la lista de precios específica EMP 10 (véase figura 2.18).

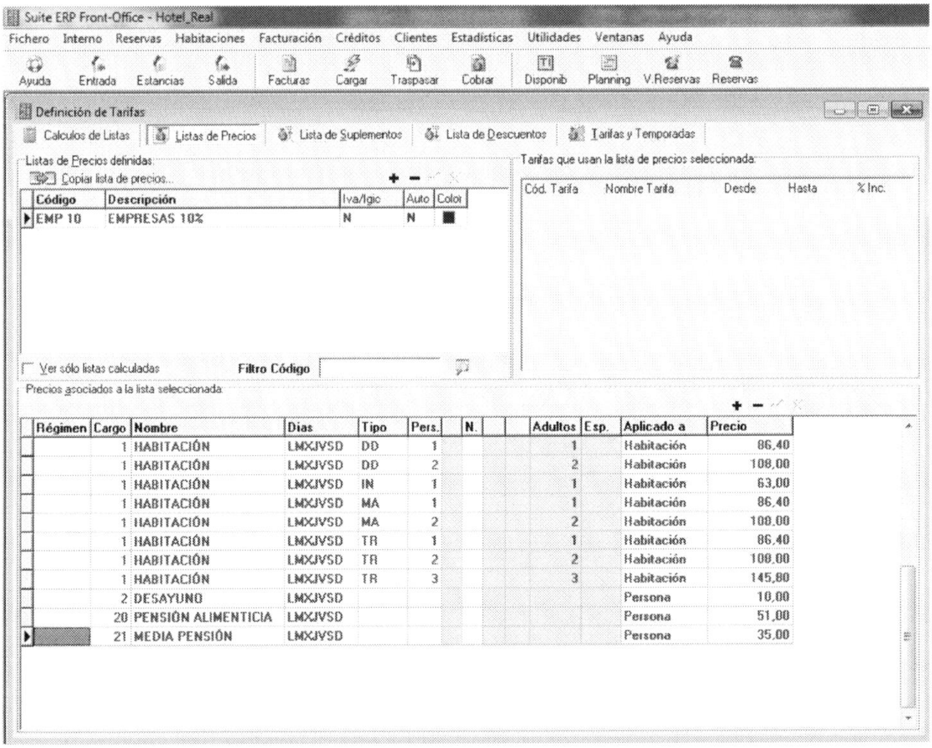


Figura 2.17. Lista de precios empresas 10%.

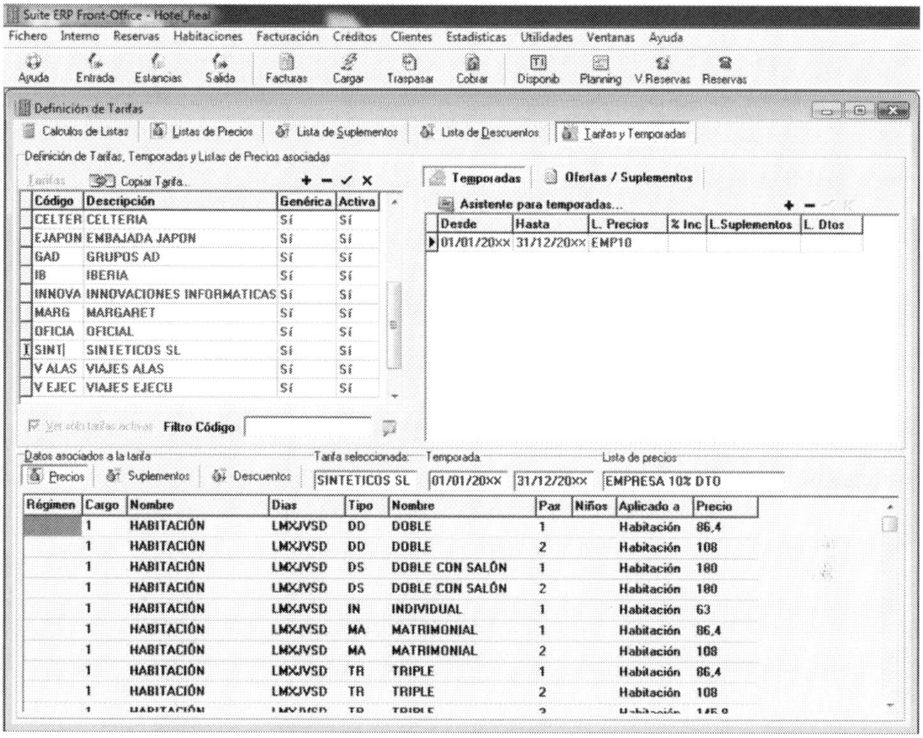


Figura 2.18. Tarifa Sintéticos, S. L.

En ocasiones los contratos de colaboración con empresas van mucho más allá de un simple porcentaje de descuento, estableciéndose unas tarifas muy reducidas. Utilicemos para una mejor comprensión el siguiente ejemplo: tarifa para tripulantes de la compañía aérea Iberia en habitación doble uso individual, régimen de alojamiento y desayuno, 50 €. Ello implica que manteniendo el precio oficial del desayuno en 10 €, la habitación tendrá un importe de 40 €.

A nivel informático, si dicho precio también se aplicara a otras compañías, daríamos de alta un nuevo precio específico (AÉREAS) y posteriormente en tarifas/temporadas se dará de alta cada uno de los acuerdos (véase figura 2.19).

### 2.9.3. Precio a intermediarios turísticos

En primer lugar deberemos diferenciar siete tipos de acuerdos posibles:

*a)* Precio oficial con un descuento o comisión que otorga la empresa de alojamiento.
*b)* Precio oficial con una comisión que cobra la agencia de viajes o similar.
*c)* Precio especial con una comisión que da la empresa de alojamiento.
*d)* Precio especial con una comisión que cobra la agencia de viajes o similar.

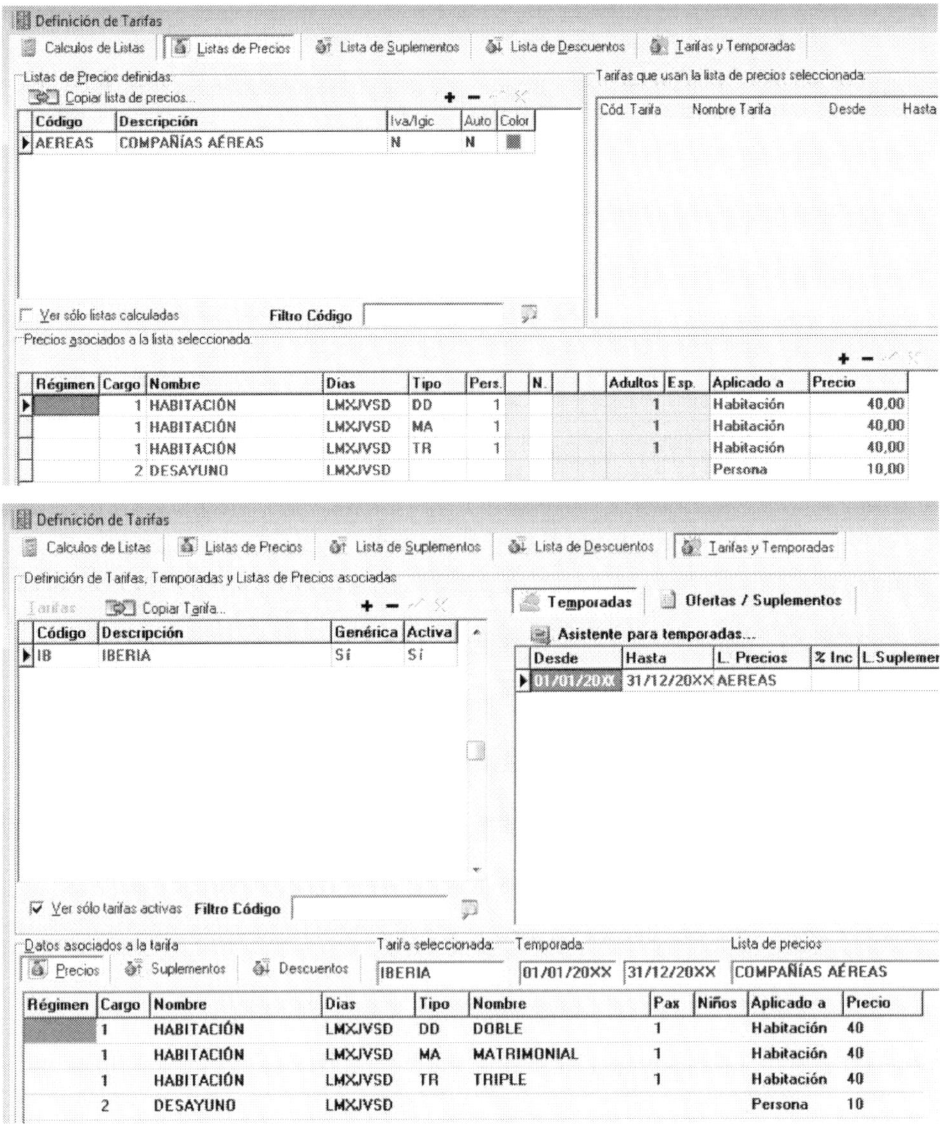


Figura 2.19. Precio compañías aéreas y tarifa Iberia.

*e)* Precio especial neto.
*f)* Precio especial para grupos.
*g)* Precio *BAR* (con o sin descuento o comisión).

Recordando que una comisión otorgada por el hotel es un porcentaje de reducción o descuento sobre un determinado precio. Mientras que la comisión que cobra un intermediario (comisionista) al establecimiento hotelero es un porcentaje sobre un determinado importe (comisión) más el IVA del importe de la comisión (véase el apartado 2.4).

### *A) Precio oficial con descuento*

Mediante esta fórmula una empresa hotelera y una empresa de intermediación turística acuerdan la aplicación de los precios de la lista oficial con una reducción de los mismos en un determinado porcentaje.

Estos tipos de acuerdos están prácticamente obsoletos ya que ambas partes (hoteles y agencias) manejan otras fórmulas en su negociación; no obstante, no deja de ser una realidad que aún se mantiene cuando la agencia de viajes vende los servicios del hotel a precio oficial, lo cual le resulta de sumo interés al obtener un mayor beneficio por su intermediación. Así mismo lo es para el hotel al vender sus servicios al precio máximo menos la cantidad porcentual que obtiene la agencia.

Manteniendo los precios oficiales (sin IVA) establecidos en los apartados anteriores, exponemos los siguientes supuestos:

*a)* Hallar el importe que va a facturar un hotel a una agencia de viajes con la que tiene suscrito un acuerdo del 20% de descuento sobre habitación, desayuno y menús, para una estancia de 2 noches en una habitación doble en régimen de alojamiento y desayuno.

Importe de la estancia: (120 + 20) × 2 noches = 280 €
Comisión que otorga el hotel a la agencia: 280 × 0,20 = 56 €
Neto sin IVA: 280 – 56 = 224 €
Neto con IVA que la agencia debe pagar al hotel: 224 × 1,10 = 246,40 €

*b)* Hallar el importe que va a facturar un hotel a una agencia de viajes con la que tiene suscrito un acuerdo del 15% de descuento sobre habitación, desayuno y menús, para una estancia de una noche en una habitación triple (doble con cama supletoria) en régimen de alojamiento y desayuno.

Importe de la estancia: (162 + 30) × 1 noche = 192 €
Comisión que otorga el hotel a la agencia: 192 × 0,15 = 28,80 €
Neto sin IVA: 192 – 28,80 = 163,20 €
Neto con IVA que la agencia debe pagar al hotel: 163,20 × 1,10 = 179,52 €

La *aplicación informática* ante este tipo de acuerdo entre hotel y agencia de viajes es muy sencilla de establecer, ya que como hemos podido observar en los ejercicios expuestos anteriormente se trata de reducir el precio oficial en un determinado porcentaje y haber dejado marcado que el IVA no está incluido.

Para ello lo único que hay que hacer es abrir la pantalla de "Tarifas y Temporadas", dar de alta con código y descripción la denominación de la agencia de viajes con la que se ha suscrito el contrato, la vigencia del contrato (desde y hasta) y, asociarla a la lista de precios oficial con indicación del porcentaje establecido expresado con un signo menos.

En la ventana inferior de la figura 2.20 observamos que las tarifas oficiales han sido reducidas en un porcentaje del 20% en aplicación al contrato suscrito con la agencia de viajes Alas. El importe de una habitación doble con 1 persona cambia de

96 € a 76,80 €, la habitación doble con 2 personas de 120 € a 96 €, el desayuno de 10 € a 8 €..., que se incrementarán cuando hagamos la factura en un 10% por el IVA.

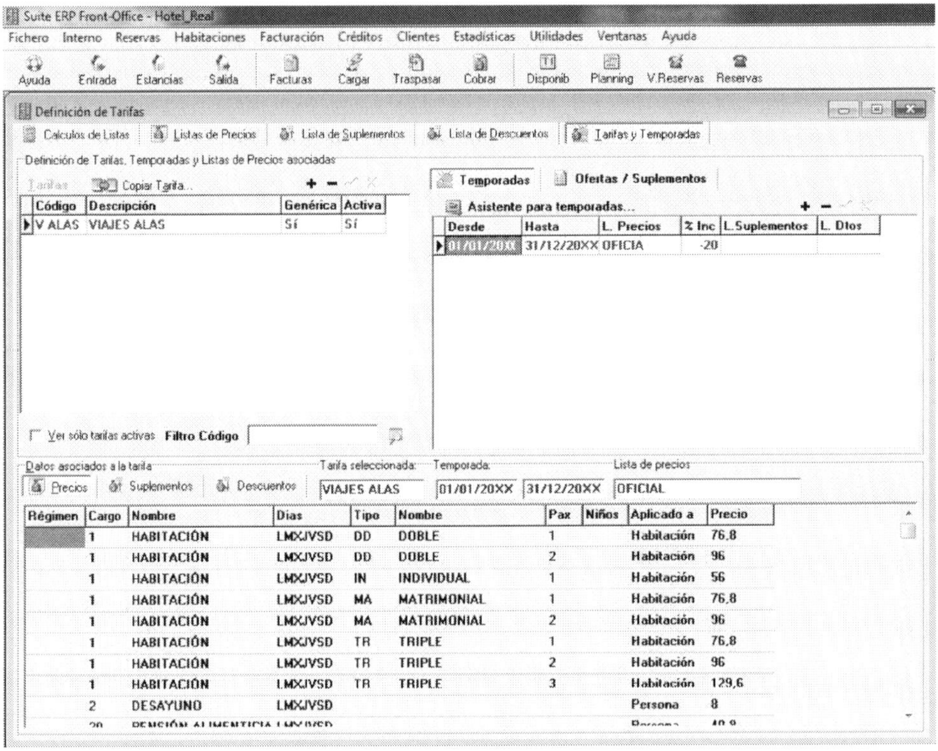


Figura 2.20. Precio oficial con descuento.

*B) Precio oficial con comisión*

Este tipo de contrato establece que la agencia de viajes o similar actúa como comisionista, lo que supone que el hotel factura los servicios a precio oficial más su IVA correspondiente y, por otra parte la agencia de viajes factura al hotel un porcentaje sobre el importe de los servicios contratados más el IVA (21%) del importe de la comisión. Claramente es una factura de compensación entre lo que el hotel cobra y lo que la agencia cobra, o en otros términos, cruzamos la deuda de la agencia con el hotel, y la del hotel con la agencia.

Veamos un par de ejemplos aclaratorios (mantenemos los precios oficiales declarados con anterioridad):

*a)* Hallar el importe que va a facturar un hotel a una agencia de viajes con la que tiene suscrito un acuerdo del 20% de comisión (la agencia cobra al hotel), para una estancia de 2 noches en una habitación doble en régimen de alojamiento y desayuno.

Importe de la estancia: (120 + 20) × 2 noches = 280 €
Importe de la factura del hotel a la agencia: 280 × 1,10 = 308,00 €
Importe de la factura de la agencia al hotel: 280 × 0,20 × 1,21 = 67,76 €
Importe a pagar por la agencia al hotel: 308,00 – 67,76 = 240,24 €

*b)* Hallar el importe a facturar el hotel a una agencia de viajes con la que tiene suscrito un acuerdo del 15% de comisión (la agencia cobra al hotel), para una estancia de una noche en una habitación triple (doble con cama supletoria) en régimen de alojamiento y desayuno.

Importe de la estancia: (162 + 30) = 192 €
Importe de la factura del hotel a la agencia: 192 × 1,10 = 211,20 €
Importe de la factura de la agencia al hotel: 192 × 0,15 × 1,21 = 34,85 €
Importe a pagar por la agencia al hotel: 211,20 – 34,85 = 176,35 €

La *aplicación informática* de esta modalidad de contrato de colaboración nos obliga a tener que crear una ficha de la agencia (cardex) e introducir en la misma el porcentaje de comisión que cobra al hotel, así como establecer la generación del IVA del apunte de la comisión. Para ello vamos en este apartado a indicar cómo se genera el IVA del 21% del importe de la comisión, dejando la exposición de la ficha de cliente en un apartado específico dedicado al "cardex".

Los pasos a seguir para generar el IVA de la comisión son: Fichero >> Preferencias >> Balance/Facturación >> desmarcar "Aplicar IVA después del cálculo de comisión y, marcar "Generar IVA del apunte de la comisión" (véase figura 2.21).

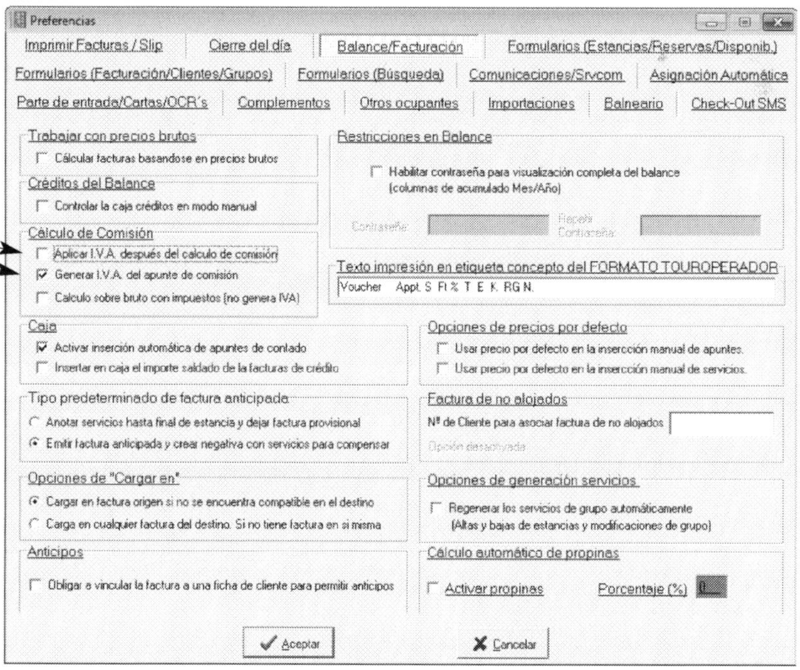


Figura 2.21. Generar IVA de comisión.

*C) Precio especial con comisión que da la empresa de alojamiento*

El hecho de que un alojamiento turístico celebre un contrato con una empresa exterior con un precio especial (por debajo de la tarifa rack), implica simplemente que partimos de un precio específico, que en el caso del presente apartado supone además una reducción a modo de descuento que concede el hotel al intermediario.

Este tipo de contrato o acuerdo se celebra de manera muy habitual con las agencias de viajes, ya sea para sus clientes de empresa, una reunión, un evento..., lo que facilita a las agencias de viajes u organizador de eventos ofrecer a sus clientes un precio atractivo (por debajo del oficial) y beneficiarse de la comisión otorgada por el hotel.

En resumen se trata de la misma acción que la vista en el apartado 2.9.3A, con la diferencia de que en vez de partir del precio oficial, partimos de un precio especial.

Por ejemplo, un hotel acuerda con una agencia de viajes un precio para clientes de empresa de 70 € en habitación doble uso individual en régimen de alojamiento y desayuno y, con una deducción (comisión que entrega el hotel) del 10% antes de IVA. Ello implica que el importe de la estancia de una noche a pagar por la agencia de viajes al hotel será:

$$70 \times 0{,}90 \times 1{,}10 = 69{,}30\ €$$

Siguiendo el acuerdo recogido en el cuadro 2.3 para tarifas de empresa, el importe para una noche de estancia de una habitación doble uso individual en régimen de alojamiento y desayuno sería:

$$(117 + 9) \times 0{,}88 \times 1{,}10 = 121{,}97\ €$$

La *parametrización* del precio especial con descuento en un programa de gestión informatizada es muy similar al ya visto de tarifa especial para empresas (véase 2.9.2), con lo que se deberá crear un precio específico generalista, por ejemplo: agencias empresa, y en tarifas y temporadas dar de alta cada una de las agencias con las que se firme un acuerdo de colaboración de este tipo y establecer su porcentaje particular de descuento que se les concede ("% Inc"). Como podemos observar en la figura 2.22, establecemos un precio generalista de agencias empresa, y de manera particular en tarifas y temporadas se da de alta a viajes Alas con un descuento del 10%.

*D) Precio especial con comisión que cobra el intermediario*

La aplicación de este tipo de convenio sigue el mismo patrón que los vistos en el apartado 2.9.3, con la diferencia de que en vez de emplear el precio oficial se utiliza uno específico.

Ejemplo: si un hotel acuerda con una agencia de viajes un precio de habitación doble en régimen de alojamiento y desayuno 90 €, y el intermediario cobra una comisión de 10%, el importe a pagar por el intermediario turístico al alojamiento turístico es:

$$(90 \times 1{,}10) - (90 \times 0{,}10 \times 1{,}21) = 88{,}11\ €$$

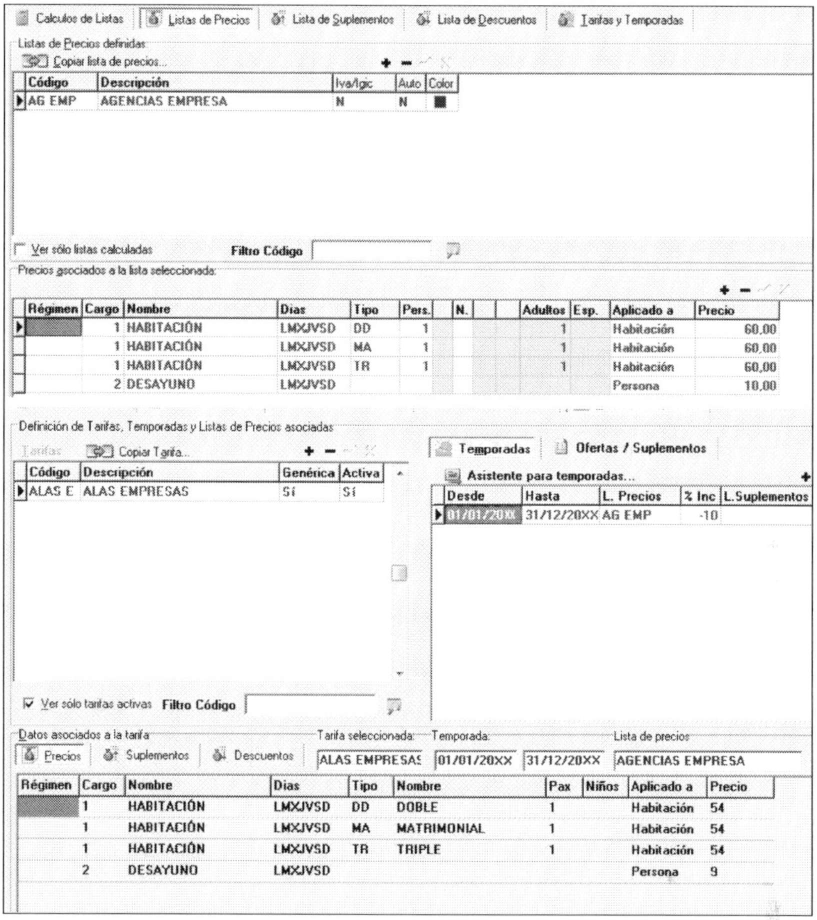


Figura 2.22. Precio especial con comisión concedida por el hotel.

En cuanto a la *parametrización informática* recordamos que deberemos establecer en el cardex de la agencia el porcentaje de comisión acordado, y el establecimiento del precio acordado en la lista de precios y la vigencia y asociación a la lista de precios en tarifas y temporadas.

### *E) Precio especial neto*

Un precio especial neto tiene el simple matiz diferenciador con respecto a los anteriores precios en que no existe en el acuerdo o contrato un epígrafe de comisión que concede el hotel ni el intermediario (comisionista) cobra. Lo que supone en gran medida la misma concepción que la establecida en el aparatado 2.9.2, pero que es concedido por las empresas de alojamiento a las agencias de viajes para la creación de paquetes turísticos, es decir, el clásico *forfait* o *inclusive tour* en el que a un determinado precio se oferta un viaje en el que el elemento de alojamiento, junto con otros servicios, por ejemplo el transporte, constituyen una oferta cerrada. Por ejemplo:

siete días en hotel de 4 estrellas en régimen de alojamiento y desayuno, más transporte en avión y traslado del aeropuerto al hotel y viceversa.

De manera muy específica el precio especial neto hace referencia a las denominadas tarifas individuales para el mercado extranjero y para el mercado nacional, cuyo acrónimo responde a las siglas FIT y DIT (véase cuadro 2.1).

Su parametrización en un programa de *gestión informatizada* hotelera responde a los mismos pasos ya comentados de crear un precio generalista de tarifa FIT, por ejemplo, y en tarifas y temporadas dar de alta a aquellas agencias a las que se les ha concedido.

### *F) Precio especial para grupos*

Las empresas de alojamiento establecen contratos con agencias de viajes y con empresas en general especiales cuando se trata de contingentes, que de manera generalista obedecen a un número de integrantes mínimo de 20 personas. La expresión de este tipo de precios responde a:

- Precio base establecido por persona en habitación doble, que varía en función de los servicios contratados (solo alojamiento, alojamiento y desayuno, media pensión y pensión completa).
- Un porcentaje de reducción sobre el precio base para la tercera persona en doble (cama supletoria). Porcentaje que suele ser diferente si se trata de adulto, de niño (con expresión de edad máxima) y de bebé (habitualmente sin cargo).
- Suplemento sobre el precio base por la ocupación de habitación individual o por doble de uso individual.
- Gratuidades concedidas mediante un porcentaje, en cuyo caso se expresa en una gratuidad por cada x personas de pago, o una cantidad fija independiente del número de componentes del grupo. Asimismo deben quedar especificado sobre qué tipo de cama régimen se aplican.

Ejemplo. Nos vamos a basar en los precios recogidos en el acuerdo del cuadro 2.1 correspondientes a la temporada noviembre-marzo.

Grupo compuesto por 10 habitaciones dobles, 3 habitaciones triples (ocupadas por 2 adultos y 1 niño mayor de 4 años) y 4 individuales, con los siguientes servicios:

Día 1: cena y alojamiento.
Día 2: desayuno, cena y alojamiento.
Día 3: desayuno.

1$^{er}$ paso. Determinar el número de personas y gratuidades del grupo:

10DD2 + 3TR3 + 4IN1 = 33 pax. ➤ 32 + 1 gratuidad (en base de doble).

2$^{o}$ paso. Determinar el régimen o regímenes de la estancia:

2 medias pensiones (2MP)

3$^{er}$ paso. Hallar el importe en cada régimen y multiplicarlo por el número de veces.

32 pax de pago × 49 € (precio base)
- 3 pax (niños) × 49 € × 0,50
+ 4 pax (individuales) × 30 €

= 1.614,50 €

× 2 noches = *3.229 € con IVA*
3.229/1,10 = *2.935,46 € sin IVA*

El procedimiento más adecuado para introducir en el *sistema informatizado* un precio especial para grupos es crear tantas listas de precios de grupos como ofertas tengamos, asociando en tarifas/temporadas a cada acuerdo de colaboración firmado la oferta que corresponda.

Por ejemplo, el hotel establece una oferta para grupos con los siguientes precios:

- Precio por persona en habitación doble en:
  - AD: 40,00 €.
  - MP: 55,00 €.
  - PC: 68,00 €.
- Suplemento habitación individual: 30,00 €.
- Reducciones para tercera persona en triple:
  - Menores de 14 años: 25 %.
  - Mayores 14 años: 10 %.

En primer lugar crearemos tres listas de precios correspondientes a los regímenes de: AD, MP y PC, teniendo en cuenta que el importe a aplicar al desayuno será de 10,00 €, a la media pensión 35,00 € y a la pensión alimenticia 51,00 € y, aplicando los cargos de habitación a Habitación y los desayuno, media pensión y pensión alimenticia a Persona.

1. *Grupos en alojamiento y desayuno*

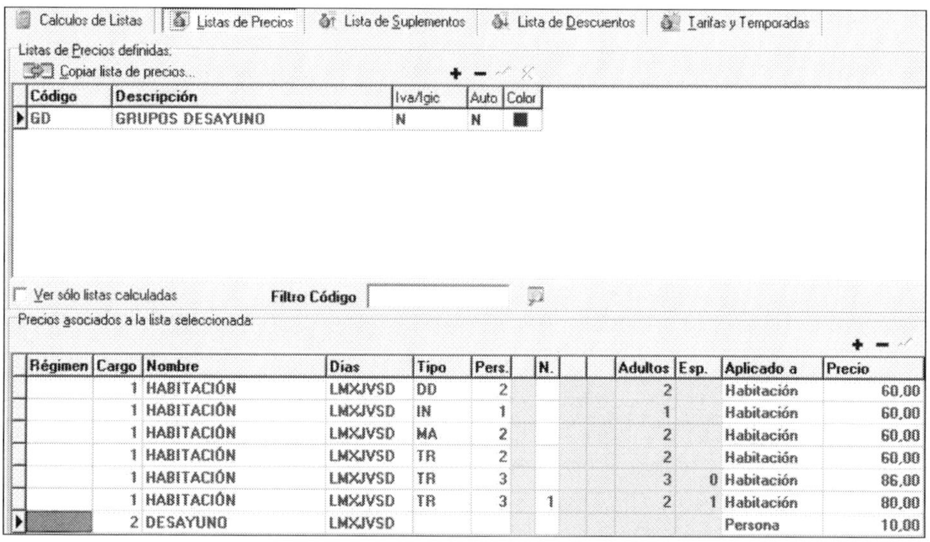


Figura 2.23. Precio grupo en régimen de AD.

Analizando la figura 2. 23 comentamos:

– Habitación DD, MA y TR con 2 personas:

40 € × 2 pax = 80 €, de los cuales 60 son para habitación y 10 € por cada desayuno (2 persona × 10 € = 20 €).

– Habitación IN:

40 € + 30 € de suplemento = 70 €, de los cuales 60 € son para habitación y 10 € para el desayuno.

– Habitación TR con 3 adultos:

40 € × 3 pax = 120 €; – 40 € × 0,10 = –4 €
120 € – 4 € = 116 €, de los cuales son para habitación 86 € y 10 € para cada desayuno (3 personas × 10 € = 30 €).

– Habitación TR con 3 personas de las cuales 1 es un niño:

40 € × 3 pax = 120 €; – 40 € × 0.25 = –10 €
120 € – 10 € = 110 €, de los cuales son para habitación 80 € y 10 € para cada desayuno (3 personas × 10 € = 30 €).

2. *Grupos en media pensión*

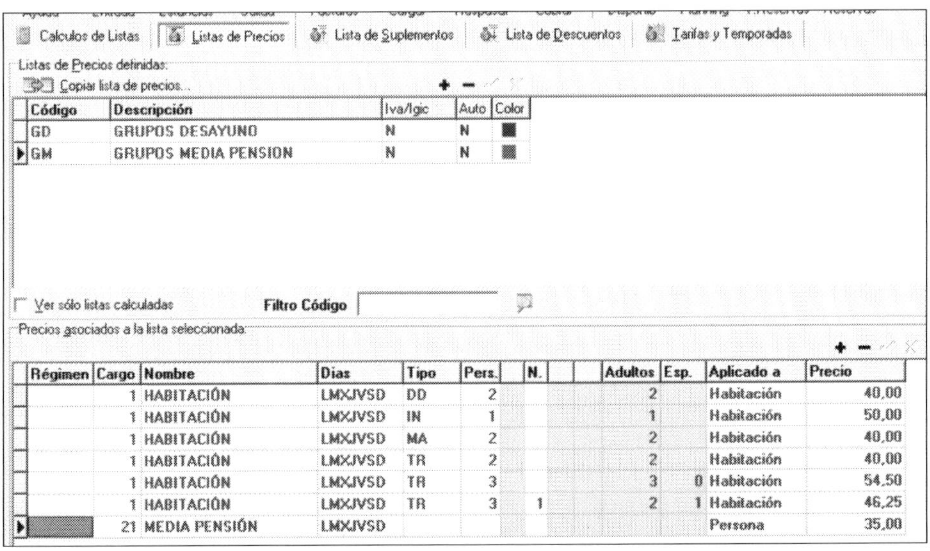


Figura 2.24. Precio grupo en MP.

Analizando la figura 2.24 comentamos:

- Habitación DD, MA y TR con 2 personas:

  55 € × 2 pax = 110 €, de los cuales 40 € son para habitación y 35 € por cada media pensión (2 persona × 35 € = 70 €).

- Habitación IN:

  55 € + 30 € de suplemento = 85 €, de los cuales 50 € son para habitación y 35 € para la media pensión.

- Habitación TR con 3 adultos:

  55 € × 3 pax = 165 €; –55 € × 0,10 = –5,50 €
  165 € – 5,50 € = 159,50 €, de los cuales son para habitación 54,50 € y 35 € para cada media pensión (3 personas × 35 € = 105 €).

- Habitación TR con 3 personas, de las cuales 1 es un niño:

  55 € × 3 pax = 165 €; – 55 € × 0,25 = –13,75 €
  165 € – 13,75 € = 151,25 €, de los cuales son para habitación 46,25 € y 35 € para cada media pensión (3 personas × 35 € = 105 €).

3. *Grupos en pensión completa*

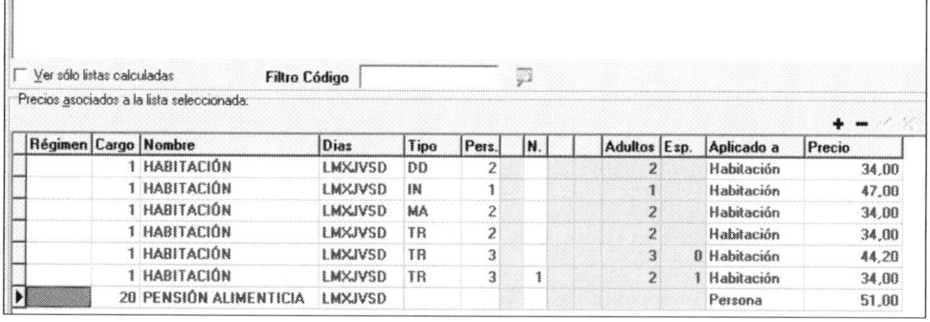


Figura 2.25. Precio grupo en PC.

Analizando la figura 2.25 comentamos:

- Habitación DD, MA y TR con 2 personas:

  68 € × 2 pax = 136 €, de los cuales 34 son para habitación y 51 € por cada pensión alimenticia (2 persona × 51 € = 102 €).

- Habitación IN:

  68 € + 30 € de suplemento = 98 €, de los cuales 47 € son para habitación y 51 para la pensión alimenticia.

- Habitación TR con 3 adultos:

  68 € × 3 pax = 204 €; –68 € × 0,10 = –6,80 €
  204 € – 6,80 € = 197,20 €, de los cuales son para habitación 44,20 € y 51 € para cada pensión alimenticia (3 personas × 51 € = 153 €).

- Habitación TR con 3 personas de las cuales 1 es un niño:

  68 € × 3 pax = 204 €; –68 € × 0.25 = –17 €
  204 € – 17 € = 187 €, de los cuales son para habitación 34 € y 51 € para cada pensión alimenticia (3 personas × 51 € = 153 €).

*G) Precio BAR*

Las siglas *BAR* responden a *Best Available Rate*, que traducimos por mejor precio disponible. Este tipo de precio se está imponiendo de manera generalizada en todos los alojamientos turísticos para el público en general, es decir, es el precio que ofrece el establecimiento hotelero fuera de contratos de colaboración. Es pues el precio que cualquier persona ve al acceder a la página web de un establecimiento y está basado en lo que en terminología turística recibe la denominación de *revenue management*.

*El revenue management* (Dorado, 2011: 193) "no es un método de cálculo de precios, sino un sistema para optimizar la gestión de la facturación de servicios perecederos, para mejorar los ingresos. Es decir, se trata de maximizar las ventas en cada momento (hora a hora, día a día, etc.), aplicando un precio diferente en función de la demanda prevista, de manera que una bajada de precios estimulará la demanda cuando el nivel de ocupación se presenta bajo, y en aquellos momentos que se prevé una alta ocupación se ofertarán las habitaciones a un precio superior. Lo importante es que el importe de la facturación diaria sea el máximo combinando diferentes precios y cantidad de habitaciones para cada uno de ellos. El criterio por lo tanto, de manera simplista, es: cuando a las 10 de mañana tengo una sola habitación libre la ofreceré al precio máximo, pero si a las 7 de la tarde sigue libre la tendré que poner a un precio mínimo, ya que de lo contrario se quedaría vacía. Las habitaciones son un servicio perecedero, no las podemos almacenar y, los clientes están dispuestos a pagar diferentes precios por el mismo servicio. La idea, simple pero aclaratoria, es: vender un determinado número de habitaciones a un precio reducido que me cubra el total de los costes (los fijos del hotel y los variables de dichas habitaciones), y el resto de habitaciones disponibles venderlas al precio más alto posible para obtener beneficios. Por lo tanto, debemos fijarnos primero en la ocupación y posteriormente en la tarifa; el buen manejo de tarifas será aquel que cuanto más próximo sea el día de llegada la tarifa deberá ser mayor".

De todo lo anteriormente expresado sacamos una conclusión: cuando una persona accede a un alojamiento turístico con la aplicación del precio *BAR*, es muy factible que el precio de cada día de estancia pueda ser diferente, consecuencia de que sea parte de semana, fin de semana, festivo, máxima ocupación del hotel, evento…, lo que supone que de manera anticipada la empresa de alojamientos ha establecido precios para cada tipo de habitación y día, lo cual no es inalterable, ya que un cambio en las previsiones de ocupación supondrá inmediatamente una revisión de precios al alza o la baja, con lo que deducimos que este tipo de precios tiene una variación continua.

La *parametrización informática* de los precios *BAR*, supondrá establecer todos los precios como consideremos necesarios, y traducirlos a tarifas con una vigencia (fechas de su aplicación) de acuerdo a cuándo los queremos aplicar, tal como podemos ver en la figura 2.26.

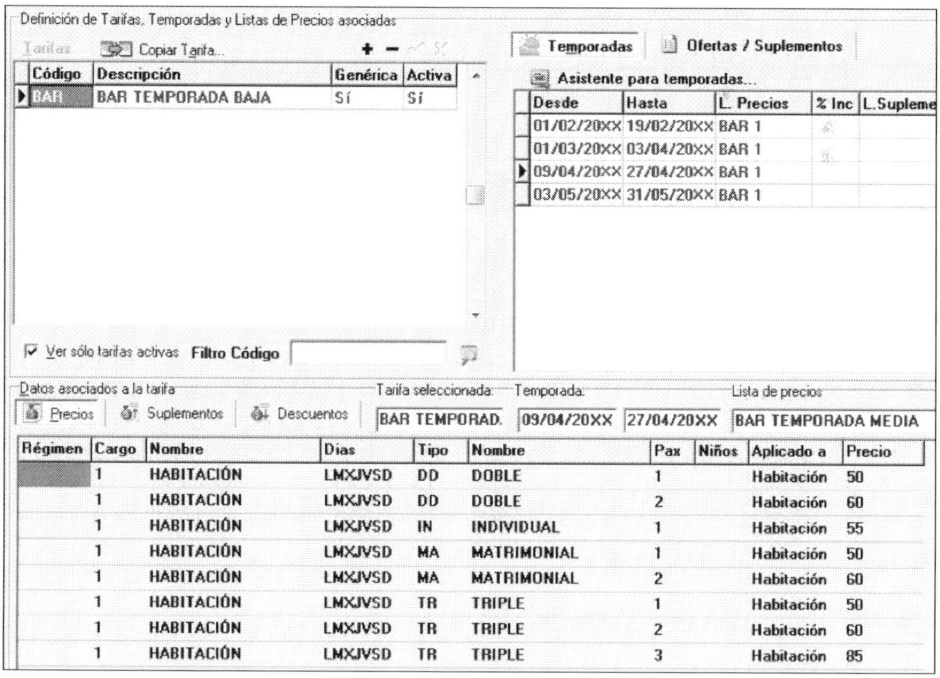


Figura 2.26. Tarifas BAR.

## 2.10. Cupo

En el apartado 2.4 al hablar de conocimiento de contratos hemos tratado el concepto de cupo. En el presente apartado no vamos a definir el concepto sino de su tratamiento a nivel de gestión hotelera, una vez que ha sido pactado con una empresa exterior un acuerdo o contrato de un cupo.

La primera cuestión a tener en cuenta cuando se firma un cupo es que la empresa hotelera a partir de ese momento deja de disponer de la cantidad de habitaciones que haya pactado. En otros términos, el hotel deja de controlar en su disponibilidad una determinada cantidad de habitaciones que ha cedido y, por otro lado, cuando la empresa con la que el hotel ha pactado el cupo solicite una reserva, esta será a cuenta del cupo, de forma que va consumiendo la cantidad de habitaciones apartadas.

En una gestión manual de disponibilidad, la empresa de alojamientos sacará de venta libre las habitaciones apartadas para cada empresa con firma de un cupo, debiendo controlar cuando se produzca una confirmación de reserva que la misma es a cuenta del cupo (el compromiso del hotel de garantizar una cantidad de habitaciones se ha materializado), y teniendo presente que vencido el *release* el hotel recupera las habitaciones de cupo no utilizadas.

En el sistema de gestión informatizado Suite, los pasos a seguir son:

- Fichero >> Tarifas/Cupos >> Mantenimiento de Cupos… (figura 2.27)
- Dar de alta el cupo, cumplimentando los siguientes campos (figura 2.28):

  – Empresa.
  – Vigencia. Pudiendo establecer tantas vigencias como se hayan pactado, combinándolas con diferentes cantidades, días a aplicar…
  – Tipo de habitación, días de la semana, cantidad de habitaciones y release.

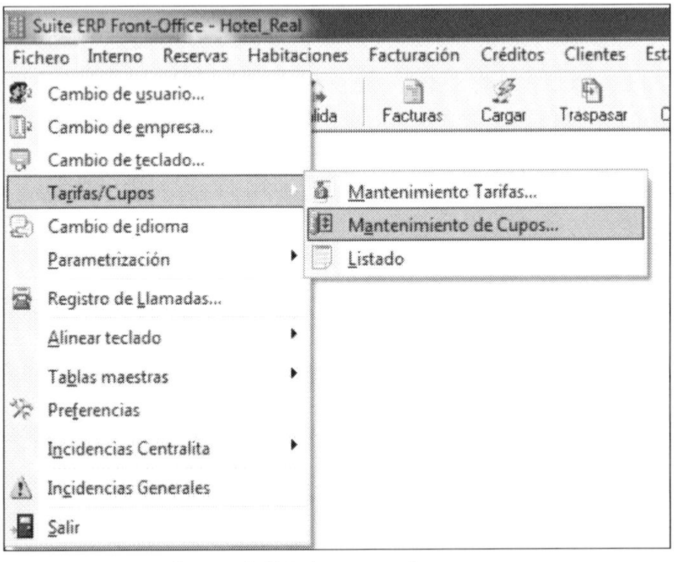


Figura 2.27. Apertura de cupos.

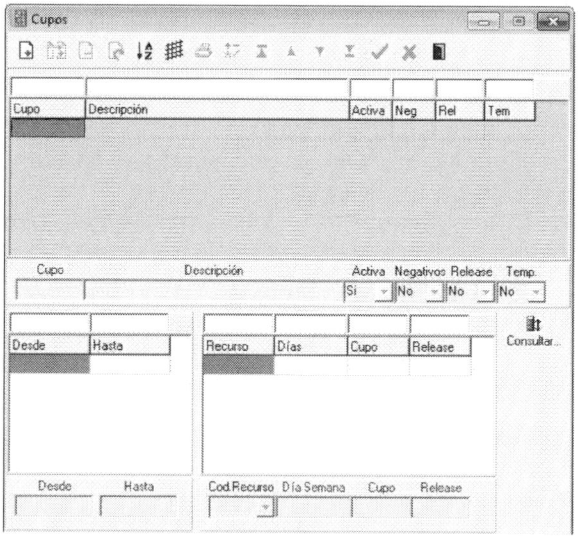


Figura 2.28. Alta de un cupo.

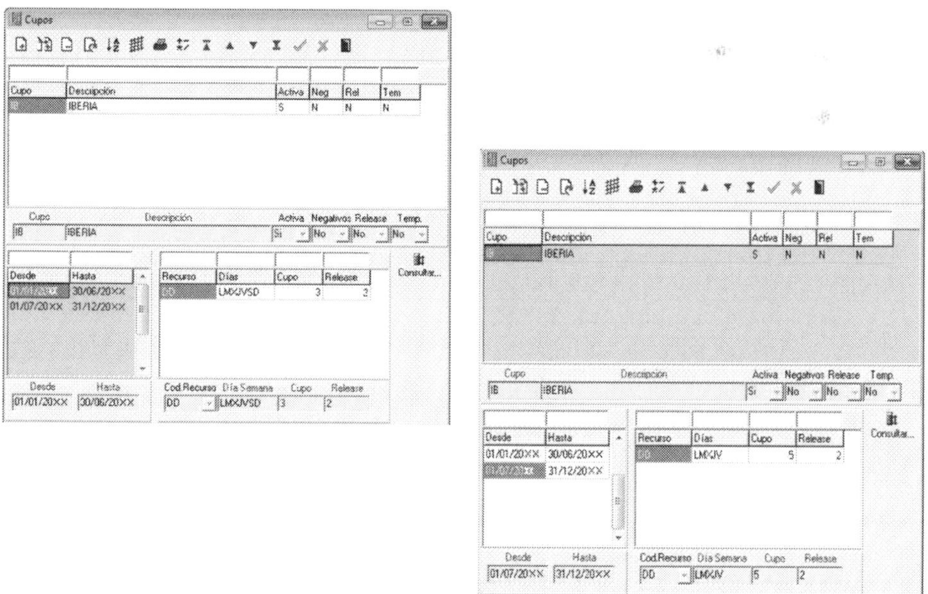


Figura 2.29. Alta del cupo de Iberia.

Dando un resultado final como el recogido en la figura 2.30, en el que observamos que se han dado dos cupos, el primero de 01/01/2012 a 30/06/2012 con 3 habitaciones dobles, para todos los días de la semana y un release de 2 días y, un segundo cupo desde el 01/07/2012 al 31/12/2012 con 5 habitaciones dobles para días de diario (L, M, X, J, V) y un release de 2 días. Al consultar el planning de disponibilidad las habitaciones de cupo quedan marcadas, nos informa para cada día de las que han sido gastadas, las que quedan libres y el vencimiento de las habitaciones (véanse figuras 2.30 y 2.41).

Para completar la operativa de cupo se deberá anotar en la ficha (cardex) de la empresa el cupo pactado.

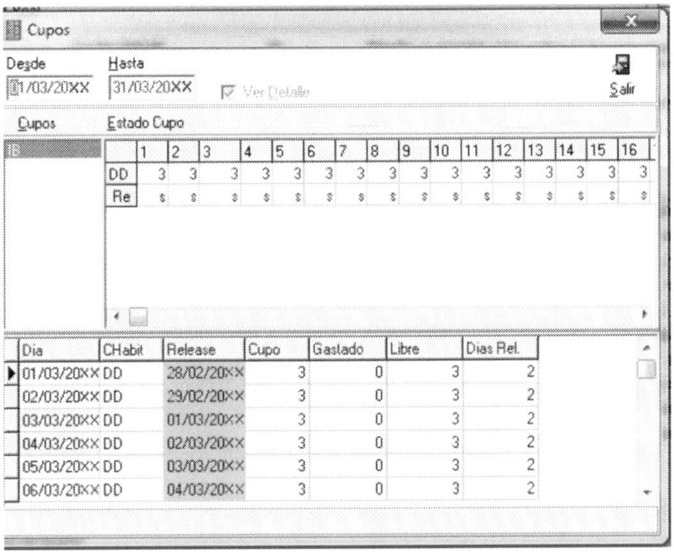


Figura 2.30. Control de cupo.

## 2.11. Cardex

Parece ser que la idea de la ficha de cliente o cardex nace de la mano del Cesar Ritz, concebido en su momento para seleccionar a los clientes, es decir, medio para aceptar o rechazar una solicitud de hospedaje dependiendo de la tipología del solicitante (pensemos que estamos hablando del siglo XIX y hoteles de gran lujo).

El término cardex (*card desk*) responde a ficha de recepción, por lo que su manejo se realiza en el departamento de recepción del hotel y la participación directa o indirecta de la mayoría de los departamentos productivos, siendo su objetivo el tener información detallada de los clientes, en un principio de quién era y su nivel de importancia para el establecimiento, de ahí que también reciba el nombre de *history card*, pasando en la actualidad a recoger todo tipo de datos que ayuden en el futuro a personalizar los servicios y cumplir los acuerdos pactados.

Esa idea inicial de medio para seleccionar huéspedes no ha desaparecido, pero hoy el cardex tiene objetivos mucho más ambiciosos que el simple saber: quién es y cuánto consume. La ficha de clientes es un instrumento de amplio carácter comercial, no solo de los huéspedes sino de todo tipo de clientes, es decir, de los que pernoctan, de los que consumen en el establecimiento sin pernoctar y, de todo tipo de empresas con las que celebramos acuerdos comerciales y potencialmente proporcionarán clientes al hotel.

Toda empresa que se precie, independientemente del sector al que pertenezca, debe tener recogida de forma sencilla, precisa y efectiva la mayor información posible de sus clientes, clientes que en el caso hotelero no solo son los huéspedes, sino clientes en general que consumen en el restaurante, alquilan los salones, celebran reuniones y, todos aquellos con los que hemos celebrado un acuerdo de colaboración, tanto las agencias de viajes, como las empresas, organismos públicos, asociaciones...

Los objetivos de la ficha de clientes son múltiples, pero todos ellos están en el entorno de comercializar el establecimiento, dar servicios lo más personalizados posible y cumplir con los acuerdos firmados. En resumen, satisfacer a los clientes.

El sistema de cardex puede ser llevado a cabo de manera manual o informatizada. La diferencia entre ambos es enorme. En el manual supone: lentitud, un enorme esfuerzo de tiempo, compleja comunicación, alto coste de mano de obra, los datos son difíciles de tener actualizados, su archivo y utilización es complejo, la participación por diferentes departamentos del hotel es casi imposible, los consumos y estancias son difíciles de incorporar..., por lo que siempre el empleo de cardex manuales ha sido poco operativo y enfocado solo a huéspedes muy habituales. La gestión de fichas de clientes informática es sumamente sencilla al formar parte intrínseca de la propia gestión, es decir, el simple hecho de que el hotel realice un acuerdo o contrato con una empresa exterior implicará abrir un cardex, cuando una persona se hospeda en el hotel y le damos de alta, el consumo de un salón nos empujará a abrir un cardex... El hecho de que el cardex como ficha de clientes sea una herramienta de alto nivel comercial, implica que la empresa de alojamiento esté obligada a abrir o tener cardex de todos sus clientes, más bien el hecho de tener cardex ayudará a gestionar el establecimiento, desde facilitar la toma de datos en una reserva (del huésped y del reservador), tarifas, cupos, asignación de la habitación adecuada, conocer los gustos del cliente... A su vez, mediante el empleo de la informática facilita poder obtener listados de todos los cardex, listados específicos por producción, estancias, volumen de ventas, tipos de consumo, nacionalidad, segmento, fecha de nacimiento..., de forma que las campañas de promoción y similares se realizarán de manera concreta, sin olvidar que se convierten en una base de datos de alto valor para el departamento de comercialización por cuanto informan de volumen de producción, estancias, habitaciones vendidas...

En el momento actual la existencia de escáner o lector de datos de pasaportes y de DNI hace que con un simple gesto los datos de dichos documentos se vuelquen y creen una ficha de cliente con los datos básicos, lo cual implica que solamente habrá que hacer las conexiones oportunas para introducir en el cardex los datos relativos a estancias, precios, gustos...

Los datos de los cardex pueden ser tan amplios como deseemos, siendo habituales los siguientes:

- Datos de DNI, pasaporte (en el caso de personas).
- Número de CIF para empresas y agencias de viajes.
- Dirección.
- Contactos.
- Tarifas y cupos.
- Datos tarjeta de crédito.
- Comisiones y descuentos, tanto para el primer reservador como para el segundo.
- Tipo de cliente.
- Facturas.
- Preferencias.
- Notas a enviar a distintos departamentos para un servicio personalizado.
- El histórico, recogiendo la producción para una fecha concreta, un periodo, el año actual, el año anterior... por los conceptos de producción, estancias, habitaciones ocupadas, producción media por habitación...
- Pudiendo incorporar foto mediante el uso de webcam.

En el sector hotelero se diferencian tres tipos de fichas de clientes:

- Personas. Este tipo de cardex hace mención específica a las personas que consumen en el establecimiento hotelero, con especial relevancia a los huéspedes. Su gran valor es, al margen de las comunes a todo tipo de cardex, el de poder confeccionar de manera muy sencilla el parte de viajeros o ficha de policía sin tener que demandar el DNI o pasaporte.
- Empresas. Su principal aplicación es la de incorporar todo lo relativo a acuerdos de colaboración suscritos con las mismas, en especial tarifas, cupos y seguimiento de la importancia económica que tiene la empresa para el hotel.
- Agencias. No deja de ser un cardex de empresa, pero diferenciándolas de estas por conceptos que le son propios, principalmente las comisiones, cupos y tarifas.

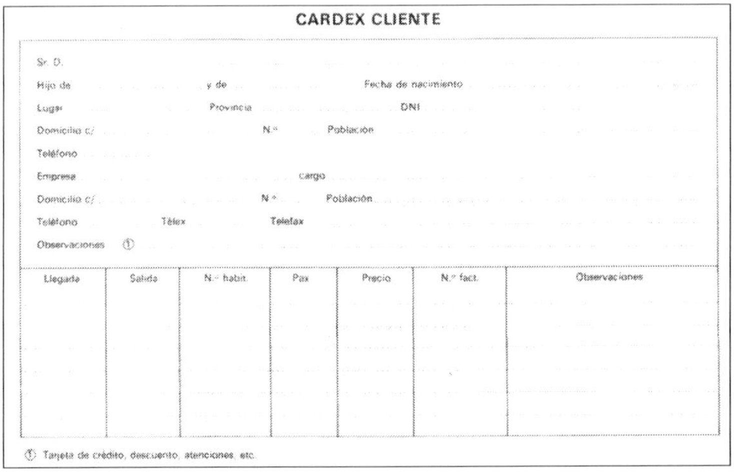
**CARDEX CLIENTE**

Sr. D.
Hijo de y de Fecha de nacimiento
Lugar Provincia DNI
Domicilio c/ N.º Población
Teléfono
Empresa cargo
Domicilio c/ N.º Población
Teléfono Télex Telefax
Observaciones ①

| Llegada | Salida | N.º habit. | Pax | Precio | N.º fact. | Observaciones |
| --- | --- | --- | --- | --- | --- | --- |
| | | | | | | |

① Tarjeta de crédito, descuento, atenciones, etc.

Figura 2.31. Cardex manual.
*Fuente:* Cerra, Dorado, Estepa, García, 1999.

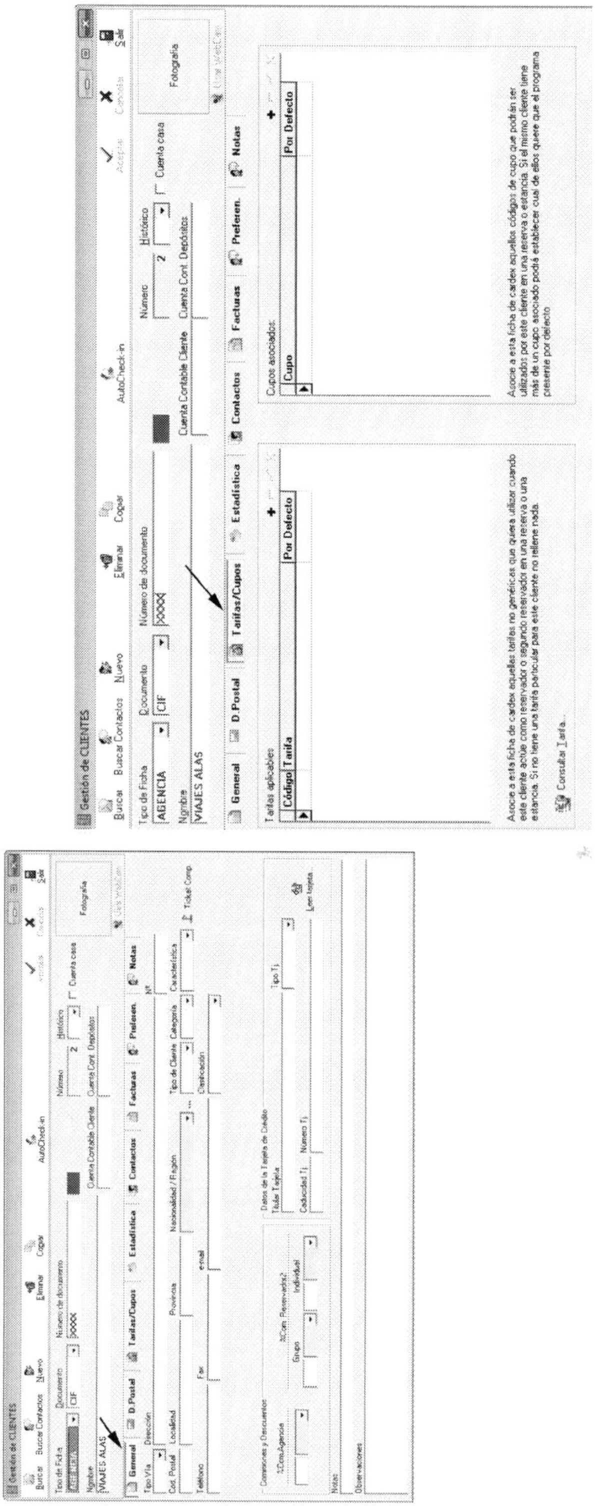


Figura 2.32. Cardex de agencia, con vista de Tarifas/Cupos.

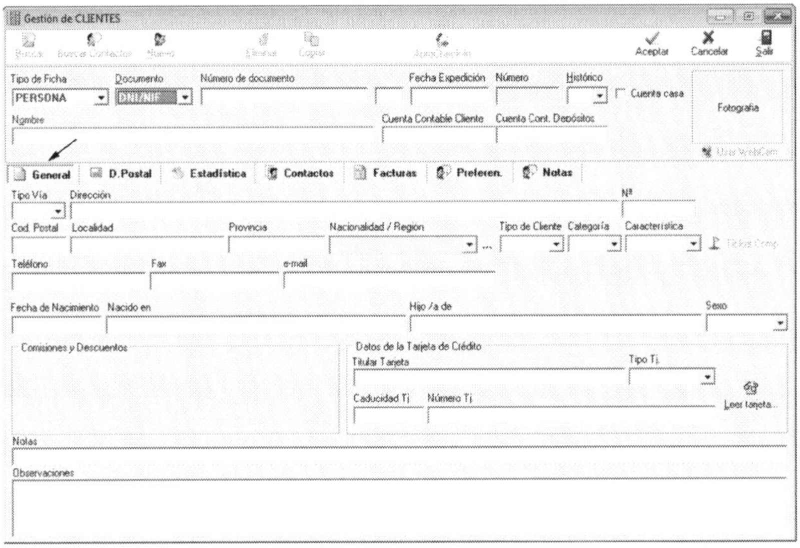


Figura 2.33. Cardex informático de persona.

## 2.12. Diagrama de reserva de una plaza hotelera

En el momento que recibe el hotel una petición de habitación, el subdepartamento de reservas solicita para cuándo y qué tipo de habitación, acto seguido consulta la disponibilidad en el planning de reservas si hay espacio, en caso positivo y sin confirmar aún la petición, demanda para quién es la reserva y quién la realiza, consulta datos en el cardex de cliente, de empresa o de agencia de viajes que hace la petición con el objeto de conocer y anotar en la reserva sus características, hábitos, tarifa, contrato... Si no hay ningún tipo de inconveniente se aceptará la reserva, dejando anotados todos los datos en la hoja de reservas, ya sea manual o informatizada. En el caso de ser informatizada, al introducir los datos de para quién y quién hace la reserva y de existir cardex, los datos de los mismos aflorarían automáticamente, evitando tener que demandarlos.

Por otro lado suele ser muy habitual que la reserva no se efectúe por teléfono, es decir, se utilice por otro medio de petición (correo electrónico, fax...), lo que implicará que crearemos un expediente en el que se introducirá dicho documento, así como: documento de depósito, carta de pago, bono de agencia...

Una vez que haya sido cumplimentada y cerrada la reserva, esta se archiva por orden de fecha de llegada, habiendo previamente anotado los datos en el planning y en el libro de reservas. En el caso de ser una reserva mediante gestión informatizada el acceso o consulta de la misma se puede hacer por apellidos, fecha de llegada/salida (libro de reservas manual), número de reserva... y la anotación en el planning y en el libro es automática.

Finalmente, un día antes de la llegada se confeccionará la lista de llegadas, que será enviada (en el caso informatizado no se envía físicamente) al subdepartamento de mostrador, junto con toda la documentación soporte. Recordando que si la empresa de alojamientos tiene un sistema de reservas con acceso directo al CRS, la intervención del personal de reservas es nula al incorporarse las peticiones automáticamente al sistema, o una intervención similar a la anteriormente mencionada cuando la reserva queda confirmada y se recibe un correo electrónico, el cual será el documento soporte para introducir los datos en el sistema informatizado de gestión.

## 2.13. La hoja de reservas

La hoja de reservas es el documento de mayor importancia inicial de la relación entre el hotel y el cliente, ya que mediante la misma el hotel se compromete a una prestación de servicios futuros y, en ocasiones, el pago de los mismos por el cliente aunque no se presentara. La hoja de reservas es una especie de albarán de petición, que pasará a ser un compromiso firme (apertura de factura) en el momento en el que el huésped se presenta en el hotel y firma la tarjeta de registro, cuestión que matizaremos cuando comentemos el estado de la reserva.

Se diferencian por su tratamiento dos tipos de hojas de reservas:

- Hoja de reserva individual. Aquella que está destinada a clientes o personas en viaje individual, independientemente de que sean una o más habitaciones, e incluso que siendo más de una habitación se haga una sola factura o varias.
- Hoja de reserva de grupo. Hace referencia a contingentes organizados, habitualmente consecuencia de viaje de circuito de agencias de viajes, viaje para asistencia a un congreso, reunión o similar. La hoja de reserva de grupo es para un determinado número mínimo de habitaciones o personas a las que se aplica tarifa de grupo, se abre habitualmente una sola factura para todas las habitaciones independientemente de que su llegada a la empresa de alojamientos sea colectiva o de manera independiente.

La hoja de reservas recoge todos los datos de la petición de un servicio de alojamiento y servicios complementarios, lo que implica un contacto estrecho y permanente con el planning de disponibilidad, por cuanto este informa de disponer o no de espacio para las fechas y tipo de habitación solicitada. Igualmente, la hoja de reservas debe tener un sistema de acceso y consulta de los cardex, ya que los mismos nos informan de datos a tener en cuenta en la futura prestación y en la gestión de facturación y cobro (habitación preferida, hábitos, teléfono, tarifa…, sin olvidar cuestiones más delicadas como: tiene factura pendiente, no dar crédito, no aceptar reserva…).

Como se ha indicado en el aparatado anterior, la cumplimentación de la hoja de reserva debe ser exquisita y escrupulosa en la toma de datos y, seguir un protocolo de recogida de los mismos que resumimos en los pasos siguientes:

- *Departamento de Reservas. Buenos días/tardes... Le atiende... ¿En qué puedo ayudarle?*

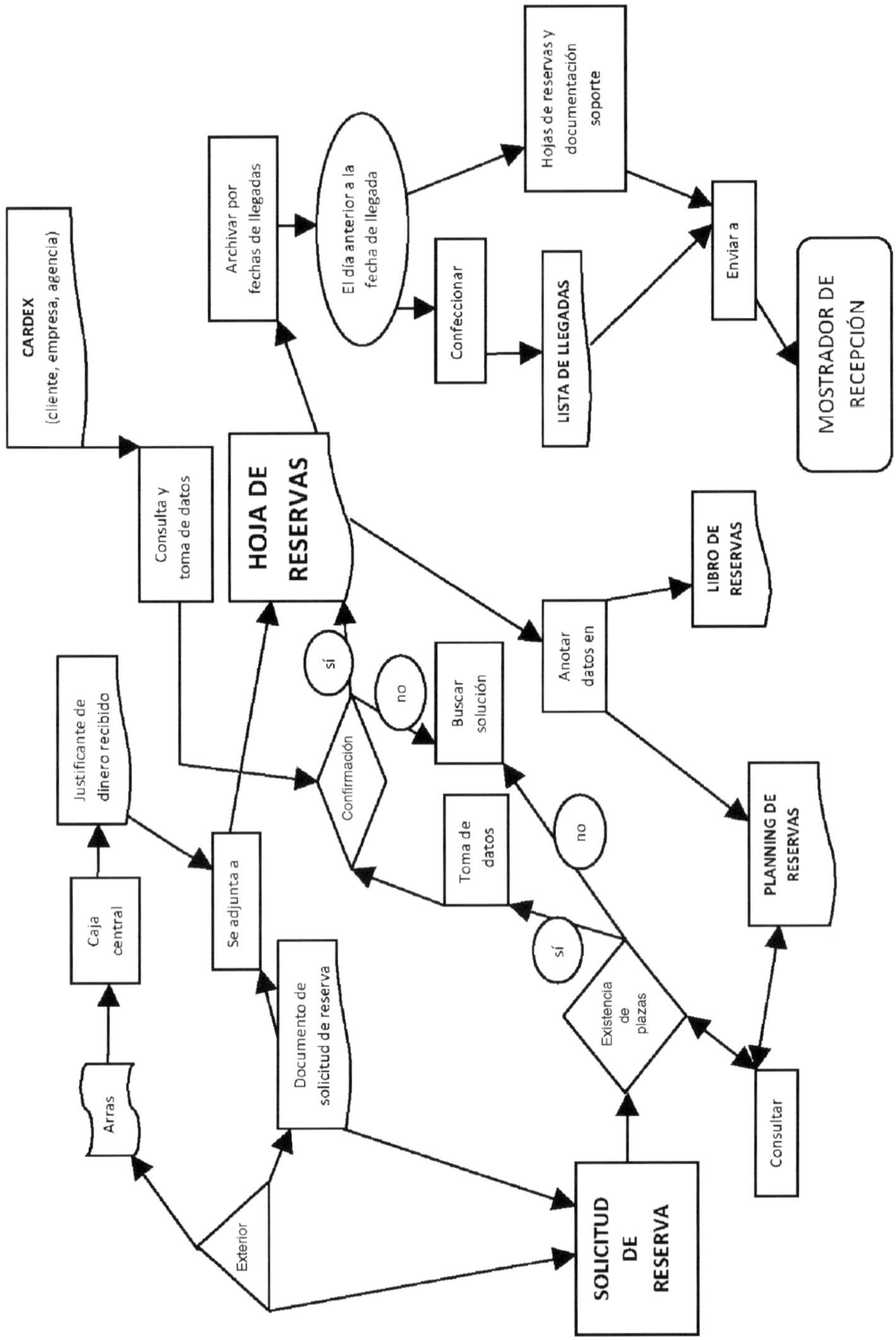


Figura 2.34. Diagrama de la hoja de reservas.

- *¿Cuál será la fecha de llegada y de salida?*
- *¿Qué tipo de habitación desea? ¿Para cuántas personas?* Se consulta el planning, en caso de haber disponibilidad.
- *¿A nombre de quién es la reserva?* Se consulta cardex de persona. En caso de existir se le recuerdan los datos al cliente y se vuelcan a la hoja de reservas, en caso de no existir se solicitan el resto de datos.
- *¿Me llama de alguna empresa?* Se consulta cardex de empresa o agencia. En caso de existir se confirman los datos y se vuelcan a la hoja de reservas.
- *¿Qué tipo de régimen desea durante la estancia. Habitación, habitación y desayuno, media pensión, pensión completa?*
- *¿Qué sistema de pago va a utilizar?*
- *¿Desea alguna cosa más?* Se confirma la reserva repasando los datos anotados y se informa al cliente de la política del hotel sobre hora de llegada, garantía de la reserva...

Los datos de la hoja de reservas se componen de cinco grandes bloques:

1. *Fechas*

   *a) Fecha de entrada y salida.* Es el primer dato a demandar o a examinar cuando la solicitud es por escrito, ya que en el caso de estar completo el hotel denegaremos la petición y buscaremos una solución, o en el caso de tener espacio seguiremos solicitando más datos de la petición de reserva. La disponibilidad de habitaciones para unas determinadas fechas la encontramos mediante la consulta del planning, el cual deberá en todo momento informar de cuántas habitaciones y de qué tipo quedan aún sin comprometer.

   Se debe tener presente que las fechas solicitadas son la del día de llegada y la del día de salida, o lo que es lo mismo: fecha de llegada y número de noches, es decir, la estancia (diferencia entre la fecha de salida y la de entrada).

   Es así mismo muy recomendable solicitar tanto la hora de llegada como la de salida. Con respecto a la de entrada podemos por un lado informar al cliente sobre la política del hotel con respecto a la hora a partir de la que se puede ocupar la habitación, la política de hora máxima de mantenimiento de la reserva y, por otro lado, informar a todos los departamentos afectados en la prestación de servicios (incluido el de recepción) de la hora en que los clientes van a llegar para la organización de sus tareas. En cuanto a la hora de salida los motivos de demandarla es muy similar a la de llegada: informar de hora máxima de permanencia en la habitación e informar a los departamentos afectados de dicha circunstancia para organizar su departamento.

   *b) Fecha de la reserva.* Al margen de ser un dato más que puede ayudar en un momento dado a la localización de la reserva, tiene como principal razón de ser la de observar el *gap* entre la fecha de llegada y la de la reserva, ya que cuanta más distancia exista entre una y otra más probable es que falle, fundamentalmente cuando no se establece una garantía de pago o unas arras y, sobre todo, en hoteles de ciudad para la tipología de clientes de empresa.

2. *Cantidad y tipo de habitación.* Es junto con las fechas de estancia el dato imprescindible para la aceptación o denegación en primera instancia de una solicitud de reserva. La confirmación de una reserva no solo depende de tener espacio, sino que dicho espacio sea en el tipo de habitación demandada. Sirva un simple ejemplo: un cliente demanda pernoctar en el hotel del 7 al 10 de febrero, el hotel tiene habitaciones disponibles para esos días, pero si la solicitud es de una habitación doble con salón, puede que de ese tipo en concreto no disponga.

   Los tipos de habitaciones que los hoteles ofrecen son (véase 2.3.11):

   *a)* *Individual.* Aquella habitación dotada de una sola cama, cuya medida habitual es desde 0,90 × 1,90 cm a 1,10 o 1,20 × 1,90 cm (camas de cuerpo y medio) y con capacidad en principio para una sola persona, pero que previa autorización de la autoridad turística (véase orden de 15 de septiembre de 1978 y disposiciones autonómicas) puede ser susceptible de incorporar una o dos camas supletorias, para lo cual fundamentalmente se requiere tener más metros cuadrados de los que reglamentariamente se exigen como mínimos y, con el correspondiente incremento de precio (véase 2.9.1).

   *b)* *Doble.* Habitación con capacidad máxima de dos personas, pero como en el caso de la habitación individual puede ser susceptible de añadir una o dos camas supletorias, previa autorización y variación de precio (véase 2.9.1).

   Entre las diferentes denominaciones que reciben las habitaciones dobles destacamos las siguientes:

   - Doble o *double.* Compuesta por dos camas individuales separadas por una mesilla, muy recomendables por su versatilidad para atender tanto a amigos como a parejas.
   - *Twin.* Compuesta igualmente por dos camas individuales pero juntas.
   - Matrimonial o *full size.* Con una sola cama de tamaño mínimo de 1,35 × 1,90 cm.
   - *Queen size.* Con cama de dimensión típica de 1,50 × 1,90 cm.
   - *King size.* Responde a la habitación dotada de cama con unas dimensiones en torno a 2,00 × 2,00 cm. En ocasiones se usan dos camas individuales uniéndolas mediante una banda que impida el hundimiento entre los colchones y el empleo de sábanas de tamaño especial.
   - *Basquet o x long twin.* Habitación dotada de cama extralarga, habitual en hoteles que atiendan a una tipología de clientes deportistas.

- Doble uso individual. No es en sí un tipo de habitación, sino que la habitación doble en cualquiera de sus especificaciones es ocupada por una sola persona.
- Triple. La clásica habitación triple es consecuencia de colocar en una habitación doble una cama supletoria o cama plegable o turca (de 0,70 a 0,80 × 1,90 cm) y raramente por la colocación de dos camas en una habitación individual por la cantidad de metros cuadrados extras que debería tener dicha habitación.

c) *Doble con salón*. Es aquella habitación compuesta por tres módulos: dormitorio con capacidad para dos personas, cuarto de baño y un salón, pudiendo este estar separado del dormitorio por un tabique de obra, una celosía o similar. En la mayoría de los establecimientos hoteleros recibe la denominación de semi-suite, junior suite, suite nupcial o suite acompañado con un nombre comercial. Este tipo de habitación es exigible en los establecimientos hoteleros de 4 estrellas.

d) *Suite*. Una habitación suite es aquella compuesta como mínimo de dos habitaciones dobles con sus respectivos cuartos de baño más un salón común. Su capacidad máxima es de cuatro personas, pero puede ser mayor con la incorporación de un mayor número de habitaciones. En ocasiones la suite de algunos hoteles ocupa una gran cantidad de metros cuadrados para llegar a albergar a 8 o incluso más personas y dotada de comedor, pequeña cocina, varias salas de estar, sauna, *jacuzzi*...

Las nuevas construcciones de habitaciones suites se planifican de manera que tengan acceso desde el pasillo a cada uno de los dormitorios, así como al salón, de manera que puedan ser alquiladas cada una de las habitaciones dobles de forma independiente, una de ellas con el salón, e incluso, el salón de manera independiente.

CUADRO 2.5
*Plano de habitación suite*

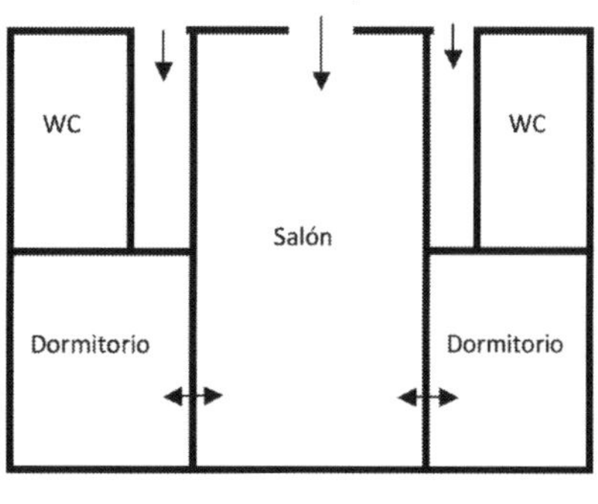

CUADRO 2.6
*Requisitos mínimos habitaciones* (D. 159/2003, C. Madrid).
Hoteles de 5 a 1 estrella, Hostales/Pensiones de 3 a 1 estrella y Casas de Huéspedes.
*Fuente:* Dorado, 2011.

| Habitaciones | | | | | | | | | |
|---|---|---|---|---|---|---|---|---|---|
| – Altura | 2,70 m | 2,60 m | 2,60 m | 2,50 m | 2,50 m | 2,50 m | 2,50 m | 2,50 m | 2,50 m |
| – Caja fuerte | En habitación y general | En habitación y general | General | General | General | General | No | No | No |
| – Minibar | Sí | Sí | No | No | No | No | No | No | No |
| – $m^2$ individual | 10 | 9 | 8 | 7 | 7 | 7 | 7 | 7 | 7 |
| – $m^2$ doble | 17 | 16 | 15 | 14 | 12 | 12 | 11 | 11 | 10 |
| – $m^2$ doble salón | 15 + 12 | 14 + 10 | No obliga 13 + 10 | No | No | No | No | No | No |
| – $m^2$ suite | indiv 10 + 12 doble 17 + 12 | No | No | No | No | No | No | No | No |
| Cuarto de baño | 5 $m^2$ (inodoro independiente) | 4,5 | 4 | 3,5 | 3,5 | En todas las habitaciones | Uno cada dos habit. Más un baño por planta | Uno cada tres habit. Más un baño por planta | Un baño cada tres habitaciones |

3. *Datos del huésped y reservador.* Obligatoriamente en la hoja de reservas deben figurar los apellidos y nombre de la persona que se hospedará en el establecimiento hotelero, debiéndose ser muy escrupuloso en su recogida ya que cualquier fallo supondría que cuando se presentara el cliente en el mostrador de recepción no se encontraría fácilmente su reserva, dando lugar a un grave fallo de calidad. Igualmente es de gran importancia recoger del cliente datos de contacto, tales como: teléfono, domicilio, e-mail... con el objeto de poder contactar con él por cualquier motivo relacionado con la reserva.

   Cuando la reserva no la hace directamente el futuro huésped (*self*) es necesario recoger, al margen de para quién es la reserva (nombre del huésped), los datos de quién la realiza (empresa, agencia...), tales como: nombre de la empresa, nombre de la agencia de viajes y sucursal, persona de contacto, teléfono...

   En los hoteles con programa de gestión hotelera informatizado los datos del teléfono, domicilio, tarifa, preferencias... del huésped y del reservador no son necesarios demandarlos si exite cardex (véase 2.11), ya que al introducir el nombre aflorarán de manera automática los mismos.

   Finalmente en relación a nombres es muy recomendable que en la hoja de reservas figure el empleado del hotel que la ha confeccionado, cuestión sencilla en un sistema manual e igualmente sencillo si el acceso a la gestión informatizada requiere un password identificativo. Pensemos que más de una persona del hotel puede tomar una reserva, desde los propios empleados de reservas, a cualquiera de los recepcionistas fuera del horario del departamento de reservas, e incluso el propio director, por lo que si fuera preciso aclarar algo relativo a la reserva sabríamos a quién dirigirnos.
4. *Servicios demandados.* Este apartado principalmente lo dedicamos al tipo de régimen alimenticio que desea el cliente durante su estancia, si bien lo podemos extender a otros tipos de servicios tales como: actividades (piraguas, catamarán...), golf, spa, masaje..., en las que se deberá especificar el día, la hora, la pista...

   En ocasiones la reserva de habitación es consecuencia de otra actividad principal en el hotel, por ejemplo, el caso de un banquete o una reunión. Esta circunstancia en la mayoría de los casos es realizada por el departamento comercial, relaciones públicas..., y será él quien indique todo lo relacionado con la reserva, desde fecha, nombre, tipo de habitación, a otras cuestiones como: poner agua y fruta en la habitación, ser gratuidad, sistema de pago...

   Los regímenes de estancia ofertados por las empresas de alojamiento son (véase 2.3.4):

   *a)* Solo Alojamiento (SA) o Solo Habitación (SH), recibiendo en terminología internacional el denominado *European Plan* (EP).
   *b)* Alojamiento y Desayuno (AD), debiéndose concretar el tipo de desayuno (continental, buffet frío, buffet caliente...). En terminología internacional recibe el nombre de *Continental Plan* (CP).

*c)* Media Pensión (MP), *Modified American Plan* (MAP): consiste, al margen de la habitación, en la contratación de los servicios de desayuno y el menú de una de las dos comidas principales (almuerzo o cena).
*d)* Pensión Completa (PC), *American Plan* (AP), compuesto por la habitación y la pensión alimenticia (desayuno y menús de almuerzo y de cena).

5. *Otros datos.* La hoja de reservas recogerá todo tipo de datos complementarios con el objeto de personalizar la estancia del cliente y ayudar lo máximo posible en la coordinación interdepartamental y alcanzar así una eficiente prestación de servicios. Entre otros destacamos:

*a)* Situación de la reserva. Entre las que diferenciamos:

- Confirmada, pero pudiendo ser susceptible de alguna restricción, por ejemplo hasta una hora determinada.
- Garantizada (OK), cuando no se ha establecido ninguna restricción y en la mayoría de los casos consecuencia de que está garantizado el pago (transferencia bancaria, tarjeta de crédito, a cuenta de una agencia de viajes...).
- No confirmada u *on request* (RQ), situación de una reserva que precisa ser reconfirmada por parte del cliente, es decir, una reserva solicitada pero pendiente de confirmar, también llamada reserva en tentativa.
- En lista de espera o *waiting list* (WL). Tipo de situación de una petición de reserva que al solicitarla no ha podido ser atendida por estar el hotel completo o no tener disponibilidad del tipo de habitación demandada, incluyéndola en una lista de espera, que pasaría a la situación de confirmada en el momento de producirse espacio.
- Anulada. Cuando por las circunstancias que fuera una petición de reserva es cancelada, lo que implica que a todos los efectos la reserva queda cancelada pero que el hotel no la destruye, simplemente la archiva sin efectos de llegada prevista.
- Otras situaciones. Básicamente hace referencia a situaciones que se producen el mismo día de la llegada. Distinguiendo: llegada (se ha registrado), parcial (cuando siendo más de una habitación, no han llegado todas) y no llegada (cuando pasado el día de llegada el cliente no se ha presentado "*no show*").

*b)* Cambio de fechas. Hacemos esta matización cuando sobre una reserva establecida se produce un cambio en la fecha de llegada, en la de salida o en ambas, quedando registrada la reserva inicial y la incidencia del cambio.
*c)* Variación del tipo de habitación, número de personas, régimen... Al igual que en un cambio de fechas procedemos a anotar los cambios sobre la

reserva primitiva, debiendo constar los datos de la situación inicial con su fecha de reserva y los cambios producidos con su fecha de realización y quién los solicitó. La mayoría de los establecimientos hoteleros utilizan hojas de reserva especiales de cambios, que adjuntarán a la reserva original. En ningún caso, ni en el de cancelación, se recomienda destruir la reserva original.

*d)* Sistema de pago. Dato que cada día está más implantado en todas las empresas de alojamiento como garantía de reserva y vehículo apropiados, para demandarlo en el momento del registro sin causar una situación tensa entre el recepcionista y el cliente, ya que simplemente el empleado recuerda al huésped si su sistema de pago va a ser mediante... y solicita dentro de los trámites normales del registro el mismo, por ejemplo la tarjeta de crédito, como también solicita sin ningún resquemor por parte del cliente el DNI o el pasaporte.

*e)* Tarifa, segmento del mercado, nacionalidad, tipología de cliente, número de bono, a cuenta de cupo, crear cardex..., con el objeto de facilitar el registro, dar información del importe de la estancia, confirmar la reserva en el idioma adecuado, realizar estadísticas por segmentos, nacionalidades...

*f)* Observaciones. Cajón de sastre para todos aquellos datos que no están tipificados en la hoja de reservas, tales como: habitación exterior, primera planta... o poner centro de flores por valor de 30 € a pagar por el cliente.

La gestión de reservas mediante un programa de gestión informatizado, al margen de lo ya comentado de los cardex en el apartado 3 (referente a los datos del huésped y del reservador), recoge otros detalles sumamente interesantes:

- Numera automáticamente la reserva.
- Se archivan y consecuentemente se pueden buscar por: estado (confirmada, anulada...), tipo (individual, grupo), cliente, reservador, fecha de entrada, fecha de salida, número de reserva, bono....
- Recoge la hora prevista de llegada.
- Anotando el número de noches nos da automáticamente la fecha de salida, o al introducir la fecha de salida nos ofrece las noches de estancia.
- Se indica automáticamente el día de la semana de la llegada y de la salida.
- Introducir un porcentaje de descuento sobre un determinado régimen de estancia.
- Recoge automáticamente la fecha en que se hace la reserva, así como de ser anulación o modificación.
- Acceder a confeccionar factura proforma.
- Reservar otros servicios (excursiones, campo de golf...).
- Anotar segundas personas como titulares de la reserva, cuestión muy interesante cuando son llegadas parciales.

- Permite introducir un primer y un segundo reservador, con los respectivos porcentajes que el hotel otorga de comisión y sobre qué régimen de estancia.
- En el momento de introducir nombre del reservador o empresa, el sistema nos ofrece un resumen de su *cardex*.
- Se pueden acceder a la creación y a la consulta de fichas (cardex) del titular y de los reservadores participantes.
- Ver los cupos y anotar la reserva a cuenta de cupo.
- Establecer el tipo de tarifa a aplicar.
- La distribución de cargos (pago directo, *full credit*, según bono).
- Régimen de la estancia, el cual se relaciona con la tarifa y podrá ser objeto de cargo automático.
- Anotación de segmento de mercado, nacionalidad y tipo de cliente, que nos permitirá tener estadísticas de dichos datos.
- Obtener de manera automática el importe de la estancia.
- Introducir en las reservas de grupo la *room list*, lo cual nos facilitará el registro y la localización posterior de los huéspedes.

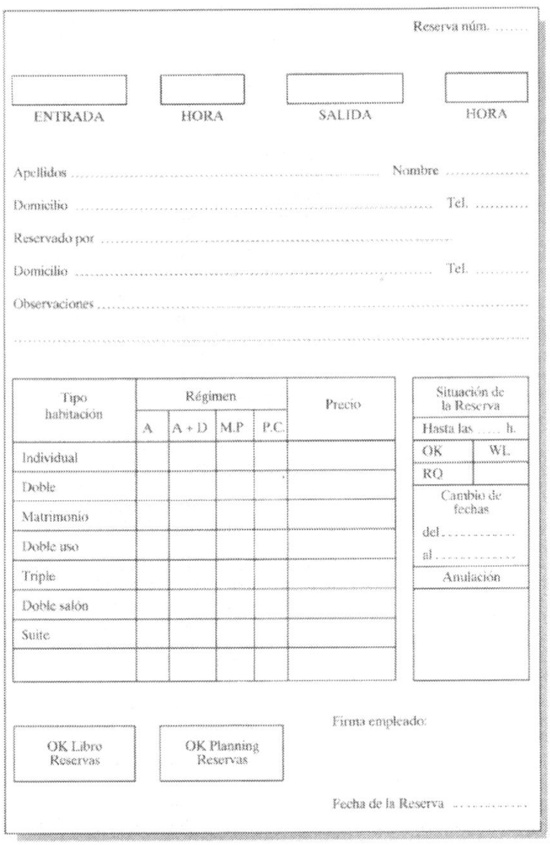

Reserva núm. .......

ENTRADA | HORA | SALIDA | HORA

Apellidos .................................... Nombre ..............

Domicilio .................................... Tel. ..........

Reservado por ....................................

Domicilio .................................... Tel. ..........

Observaciones ....................................

| Tipo habitación | Régimen | | | | Precio |
|---|---|---|---|---|---|
| | A | A + D | M.P | P.C. | |
| Individual | | | | | |
| Doble | | | | | |
| Matrimonio | | | | | |
| Doble uso | | | | | |
| Triple | | | | | |
| Doble salón | | | | | |
| Suite | | | | | |
| | | | | | |

| Situación de la Reserva | |
|---|---|
| Hasta las ..... h. | |
| OK | WL |
| RQ | |
| Cambio de fechas<br>del ..........<br>al .......... | |
| Anulación | |

OK Libro Reservas | OK Planning Reservas

Firma empleado:

Fecha de la Reserva ..........

Figura 2.35. Hoja de reservas individual.
*Fuente:* Dorado, 2000.

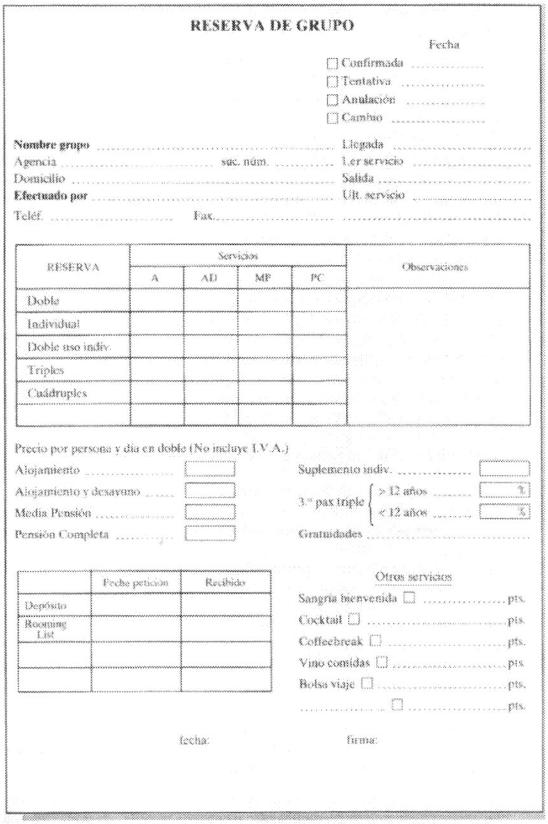

**RESERVA DE GRUPO**

Fecha

☐ Confirmada ..............
☐ Tentativa ..............
☐ Anulación ..............
☐ Cambio ..............

**Nombre grupo** .............. Llegada ..............
Agencia .............. suc. núm. .............. 1.er servicio ..............
Domicilio .............. Salida ..............
**Efectuado por** .............. Ult. servicio ..............
Teléf. .............. Fax. ..............

| RESERVA | Servicios A | AD | MP | PC | Observaciones |
|---|---|---|---|---|---|
| Doble | | | | | |
| Individual | | | | | |
| Doble uso indiv. | | | | | |
| Triples | | | | | |
| Cuádruples | | | | | |
| | | | | | |

Precio por persona y día en doble (No incluye I.V.A.)
Alojamiento .............. ☐
Alojamiento y desayuno .............. ☐
Media Pensión .............. ☐
Pensión Completa .............. ☐

Suplemento indiv. .............. ☐
3.er pax triple { > 12 años .............. %
< 12 años .............. % }
Gratuidades ..............

| | Fecha petición | Recibido |
|---|---|---|
| Depósito | | |
| Rooming List | | |
| | | |
| | | |

Otros servicios
Sangría bienvenida ☐ .............. pts.
Cocktail ☐ .............. pts.
Coffeebreak ☐ .............. pts.
Vino comidas ☐ .............. pts.
Bolsa viaje ☐ .............. pts.
.............. ☐ .............. pts.

fecha: firma:

Figura 2.36. Hoja de reservas de grupo.
*Fuente:* Dorado, 2000.

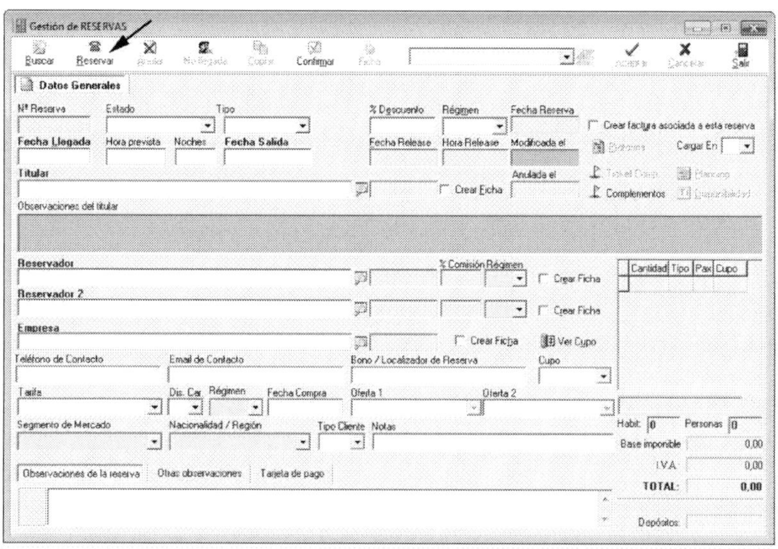


Figura 2.37. Hoja de reservas informatizada (datos generales).

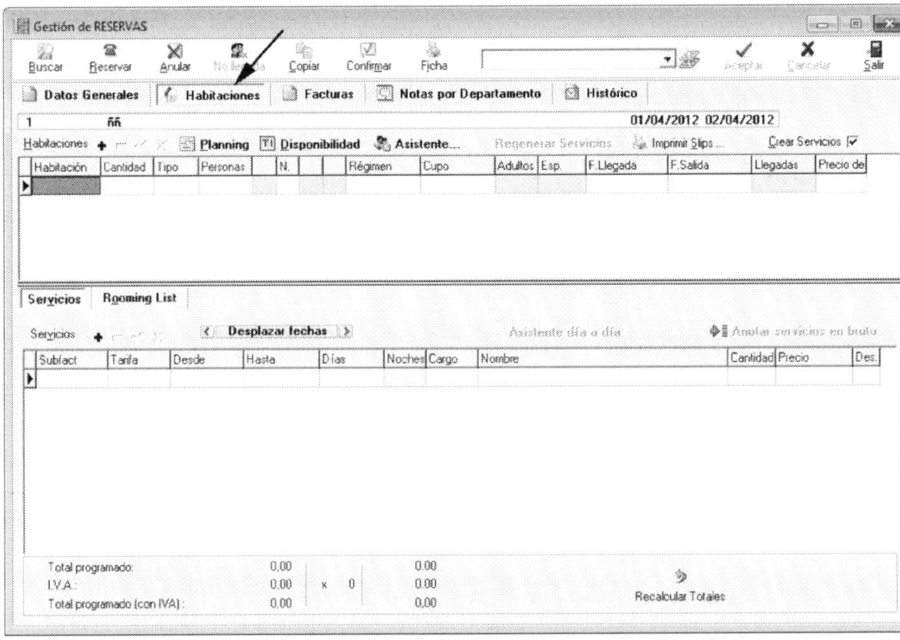

Figura 2.38. Hoja de reservas informatizada (datos tipo de habitación y personas).

## 2.14. Recorrido de la hoja de reservas

Inicialmente debemos hacer referencia a que cuando hablamos de la hoja de reservas informatizada esta no tiene un recorrido físico ya que no existe como documento tangible, es decir, se crea en el programa de gestión informatizado y permanece en el mismo hasta que se crea conveniente borrarla, no obstante debemos tener presente que los documentos soportes (carta, bono...) sí dan lugar a un recorrido.

La hoja de reservas realizada de manera manual tiene el siguiente recorrido:

1. Durante el proceso de cumplimentación de la hoja de reservas se han consultado el planning de reservas para comprobar la existencia o no de plazas y los ficheros de cardex para atender a los compromisos adquiridos en contratos, personalizar al máximo la prestación futura y evitar en la medida de lo posible solicitar datos que estén recogidos en los mismos.
2. Cuando el establecimiento hotelero dispone de un programa de gestión informatizado de reservas el siguiente paso será volcar todos los datos de la hoja de reservas en el programa, archivando la reserva de papel junto con toda la documentación soporte (e-mail, fax, carta...) por orden cronológico de fecha de llegada.
3. En el caso de que la empresa de alojamiento no esté informatizada es obligatorio anotar en el planning de reservas y en el libro de reservas los datos correspondientes.
4. Con un día de antelación a la fecha de llegada se confeccionará la lista de llegadas, adjuntando a la misma las hojas de reservas y toda la documentación

soporte. En el caso de tener gestión informatizada la lista de llegada físicamente no existe, sino que tendremos un listado en el propio programa que contiene los datos de la misma y que en la mayoría de los casos para un mejor manejo debe ser imprimida.

5. Una vez finalizado el día, la documentación soporte que tenga relación con la factura (bono, carta de pago...) se adjunta al expediente de facturación y las hojas de reservas serán objeto de archivo definitivo manteniendo el sistema de orden cronológico por fecha de llegada y a su vez por orden alfabético, con excepción de las hojas de reservas correspondientes a reservas *no show* para su tratamiento especial. No obstante algunos establecimientos hoteleros mantienen las hojas de reservas en un expediente creado para cada habitación o factura, y a la salida de los huéspedes se pasan a un archivo que puede estar organizado por fecha de llegada o por fecha de salida.

## 2.15. El planning

El planning es la herramienta mediante la que todo establecimiento hotelero controla su disponibilidad de espacio, desde el típicamente de habitaciones al de salones, pista de tenis, spa, golf... Mediante el planning, el hotel tiene en todo momento respuesta del nivel de disponibilidad de sus recursos.

La existencia del planning de habitaciones es obligatorio en toda empresa de alojamiento, ya que mediante el mismo se obtendrá respuesta rápida y precisa de si tiene o no espacio ante una solicitud de reserva, pudiendo en cada caso aceptar o denegar la petición de habitación. Así mismo, mediante el planning de reservas el establecimiento hotelero controlará los cupos, el grado de *overbooking* que tiene y, expresado en sentido inverso, el grado de ocupación esperado en el futuro.

Disponibles – Reservadas = Habitaciones libres

Disponibles – Libres = Habitaciones reservadas

Entendiendo por habitaciones disponibles aquellas que se ponen a la venta, es decir, el total de habitaciones existentes en el hotel menos las bloqueadas o fuera de servicio y menos las ocupadas por personal, dirección y similares. Recordando que los cupos son habitaciones comprometidas a falta de confirmar y que en caso de no ser utilizados serán recuperados por el hotel a su vencimiento (release).

Todo planning deberá recoger de manera específica sus diferentes recursos. En el caso del planning de habitaciones deberá distinguir los diferentes tipos de habitación acorde al menos con su capacidad de personas y de instalaciones, prestaciones y ubicación cuando estas últimas supongan diferente tarifa, es decir, habitaciones individuales, dobles, triples, con salón y suite y, así mismo, con vistas al mar, con aseo, con baño... Si bien sería deseable diferenciar de manera más profunda los distintos tipos de habitación, por ejemplo doble-twin, doble-doble, doble matrimonial... Se trata pues de poder confirmar o denegar una petición de tipo de habitación, que evidentemente sería excesivo, pero no imposible, que se concretara con un número de habitación, por ejemplo la número 303, o en poder confirmar una petición de una habitación matrimonial, interior, en la primera planta y cerca del ascensor.

En el caso del planning de salones se deberá diferenciar los distintos salones y la agrupación de los mismos y, a su vez, que la ocupación sea medio día mañana, medio día tarde y día completo. En el caso de planning de otras actividades deberá recoger el recurso concreto y el horario, por ejemplo el número de cada pista de tenis y los tramos horarios.

En un sistema de gestión manual, el establecimiento hotelero elegirá aquel tipo de planning que le sea más operativo entre los diferentes tipos existentes, mientras que en un sistema de gestión informatizada todos los tipos de planning tienen cabida por dar cada uno de ellos respuesta e información complementaria.

Entre los diferentes tipos de planning de habitación destacamos los siguientes:

### 2.15.1. Planning numérico

Es el más básico y da respuesta al objetivo principal de su razón de existir, es decir, un planning numérico es aquel que en todo momento al ser consultado informa al hotel de si dispone o no de un determinado tipo de habitación para unas fechas de estancia.

El planning numérico es el de mayor utilidad en establecimientos grandes y con una estancia media corta, típico de hoteles de ciudad y con mucho movimiento de entradas y salidas, ya que lo importante no es saber quién va a pernoctar, ni quién hace la reserva, ni las condiciones de las mismas, sino saber de manera ágil y precisa para todos y cada uno de los días el año, si la empresa de alojamiento tiene habitaciones libres, distinguiendo los diferentes tipos que se hayan establecido.

| | | | | | | | | | | | | | | | | | | DIA/MES/AÑO | | | | |
|---|---|---|---|---|---|---|---|---|---|---|---|---|---|---|---|---|---|---|---|---|---|---|
| **Doble** | 300 | 299 | 298 | 297 | 296 | 295 | 294 | 293 | 292 | 291 | 290 | 289 | 288 | 287 | 286 | 285 | 28 | 55 | 254 | 253 | 252 | 251 |
| | 250 | 249 | 248 | 247 | 246 | 245 | 244 | 243 | 242 | 241 | 240 | 239 | 238 | 237 | 236 | 235 | 23 | 55 | 204 | 203 | 202 | 201 |
| | 200 | 199 | 198 | 197 | 196 | 195 | 194 | 193 | 192 | 191 | 190 | 189 | 188 | 187 | 186 | 185 | 18 | 55 | 154 | 153 | 152 | 151 |
| | 150 | 149 | 148 | 147 | 146 | 145 | 144 | 143 | 142 | 141 | 140 | 139 | 138 | 137 | 136 | 135 | 13 | 05 | 104 | 203 | 102 | 101 |
| | 100 | 99 | 98 | 97 | 96 | 95 | 94 | 93 | 92 | 91 | 90 | 89 | 88 | 87 | 86 | 85 | 84 | 5 | 54 | 53 | 52 | 51 |
| | 50 | 49 | 48 | 47 | 46 | 45 | 44 | 43 | 42 | 41 | 40 | 39 | 38 | 37 | 36 | 35 | 34 | 5 | 4 | 3 | 2 | 1 |
| | -1 | -2 | -3 | -4 | -5 | -6 | -7 | -8 | -9 | -10 | -11 | -12 | -13 | -14 | -15 | -16 | -17 | 6 | -47 | -48 | -49 | -50 |
| **Matrimonial** | 40 | 39 | 38 | 37 | 36 | 35 | 34 | 33 | 32 | 31 | 30 | 29 | 28 | 27 | 26 | 25 | 24 | | -7 | -8 | -9 | -10 |
| **Triple** | 14 | 13 | 12 | 11 | 10 | 9 | 8 | 7 | 6 | 5 | 4 | 3 | 2 | 1 | -1 | -2 | -3 | | | | | |
| **Individual** | 60 | 59 | 58 | 57 | 56 | 55 | 54 | 53 | 52 | 51 | 50 | 49 | 48 | 47 | 46 | 45 | 44 | | | | | |
| | 9 | 8 | 7 | 6 | 5 | 4 | 3 | 2 | 1 | -1 | -2 | -3 | -4 | -5 | -6 | -7 | -8 | | | | | |
| **Doble salón** | 10 | 9 | 8 | 7 | 6 | 5 | 4 | 3 | 2 | 1 | -1 | -2 | -3 | -4 | | | | | | | | |
| **Suite** | 6 | 5 | 4 | 3 | 2 | 1 | -1 | -2 | -3 | | | | | | | | | | | | | |

Figura 2.39. Planning numérico diario de un hotel compuesto por 300 dobles, 40 matrimoniales, 14 triples, 60 individuales, 10 dobles con salón y, 6 suites.
*Fuente:* Dorado, 2000.

La denominación de numérico responde a un simple contador de consumos, en el que por cada tipo de habitación establecido se tendrá la cantidad de habitaciones existentes y cada vez que se acepte una reserva para un determinado tipo de habitación disminuirá su cantidad disponible, es decir, de la cifra inicial del contador se van restando las reservas efectuadas, dando la cantidad de habitaciones libres o disponibles actualizadas a la venta por cada tipo y para cada fecha. En el caso de un planning manual, como se ve en la figura 2.39 el criterio es ir tachando cada vez que se confirma una reserva, dándonos la cantidad que aún quedan libre, siendo las cifras negativas las habitaciones de overbooking. Así mismo, las habitaciones de cupos se anotarán en último lugar (4, 3, 2, 1…), poniendo la referencia de la empresa, y cuando se produce su confirmación se borran y pasan a ocupar su lugar correspondiente del contador. Los vencimientos de cupos simplemente serán objeto de borrado, quedando el hotel libre del compromiso.

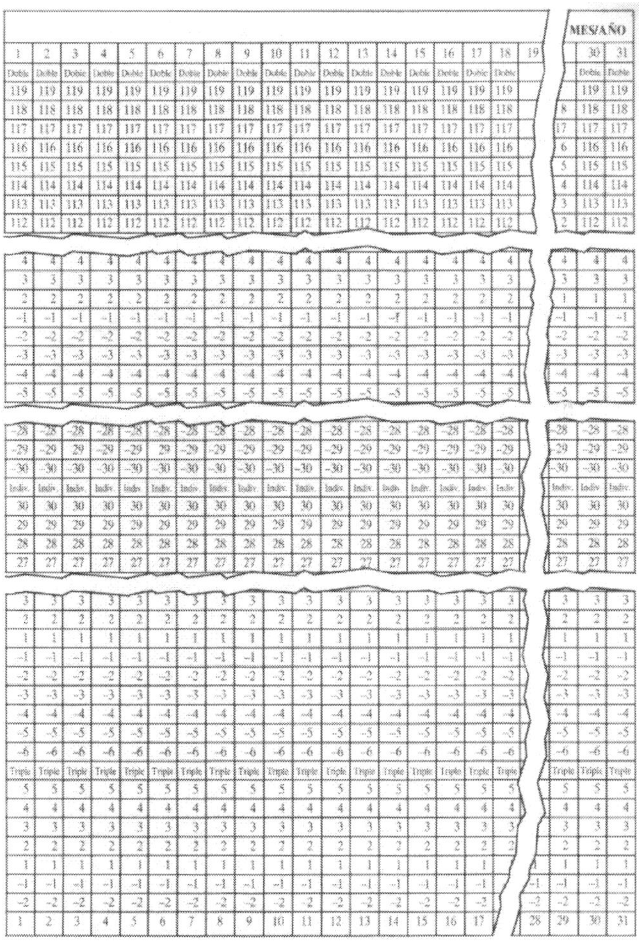


Figura 2.40. Planning numérico mensual de un hotel compuesto por 119 dobles, 30 individuales y 5 triples.
*Fuente:* Dorado, 2000.

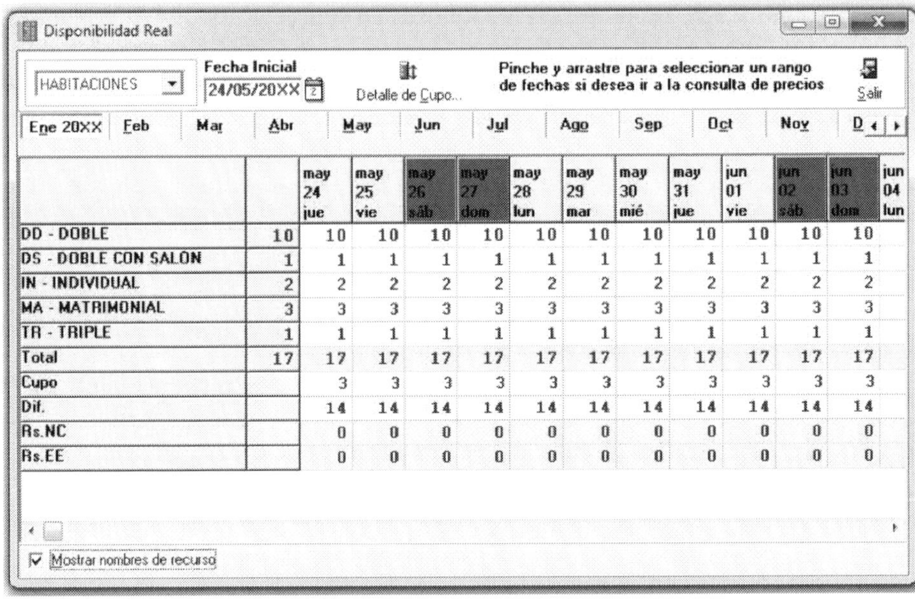


| | | may 24 jue | may 25 vie | may 26 sáb | may 27 dom | may 28 lun | may 29 mar | may 30 mié | may 31 jue | jun 01 vie | jun 02 sáb | jun 03 dom | jun 04 lun |
|---|---|---|---|---|---|---|---|---|---|---|---|---|---|
| DD - DOBLE | 10 | 10 | 10 | 10 | 10 | 10 | 10 | 10 | 10 | 10 | 10 | 10 | |
| DS - DOBLE CON SALON | 1 | 1 | 1 | 1 | 1 | 1 | 1 | 1 | 1 | 1 | 1 | 1 | |
| IN - INDIVIDUAL | 2 | 2 | 2 | 2 | 2 | 2 | 2 | 2 | 2 | 2 | 2 | 2 | |
| MA - MATRIMONIAL | 3 | 3 | 3 | 3 | 3 | 3 | 3 | 3 | 3 | 3 | 3 | 3 | |
| TR - TRIPLE | 1 | 1 | 1 | 1 | 1 | 1 | 1 | 1 | 1 | 1 | 1 | 1 | |
| Total | 17 | 17 | 17 | 17 | 17 | 17 | 17 | 17 | 17 | 17 | 17 | 17 | |
| Cupo | | 3 | 3 | 3 | 3 | 3 | 3 | 3 | 3 | 3 | 3 | 3 | |
| Dif. | | 14 | 14 | 14 | 14 | 14 | 14 | 14 | 14 | 14 | 14 | 14 | |
| Rs.NC | | 0 | 0 | 0 | 0 | 0 | 0 | 0 | 0 | 0 | 0 | 0 | |
| Rs.EE | | 0 | 0 | 0 | 0 | 0 | 0 | 0 | 0 | 0 | 0 | 0 | |

Figura 2.41. Planning numérico informatizado.

### 2.15.2. Planning nominal

El planning nominal, respetando el objetivo básico de todo planning de controlar la disponibilidad de habitaciones, aporta la novedad de identificar la propia reserva y no solamente la cuantificación de habitaciones por cada tipo. Ello implica que en el momento de la reserva hay que asignar un número de habitación.

Este sistema de planning es aconsejable en establecimientos de pequeño tamaño y con una tipología de huéspedes de larga estancia o que son muy habituales y solicitan ocupar una habitación en concreto.

Entre las ventajas de este tipo de planning tenemos:

- Es imposible entrar en overbooking, ya que solo existirán las habitaciones reales.
- Con su visualización se obtiene información de los movimientos diarios, tanto de entradas y como de salidas.
- Se elimina la tarea de asignar habitación en el momento del registro.
- La búsqueda de una reserva es más sencillo.
- El libro de reservas no es necesario.
- No hay que crear la lista de llegadas.
- Es útil para combinar con un planning numérico cuando por diversos motivos se precisa asignar un número concreto de habitación.

El inconveniente principal que presenta el planning nominal es la falta de flexibilidad en el momento del registro al tener la reserva asignado un número concreto de habitación. Por ejemplo, si una reserva tiene asignada la habita-

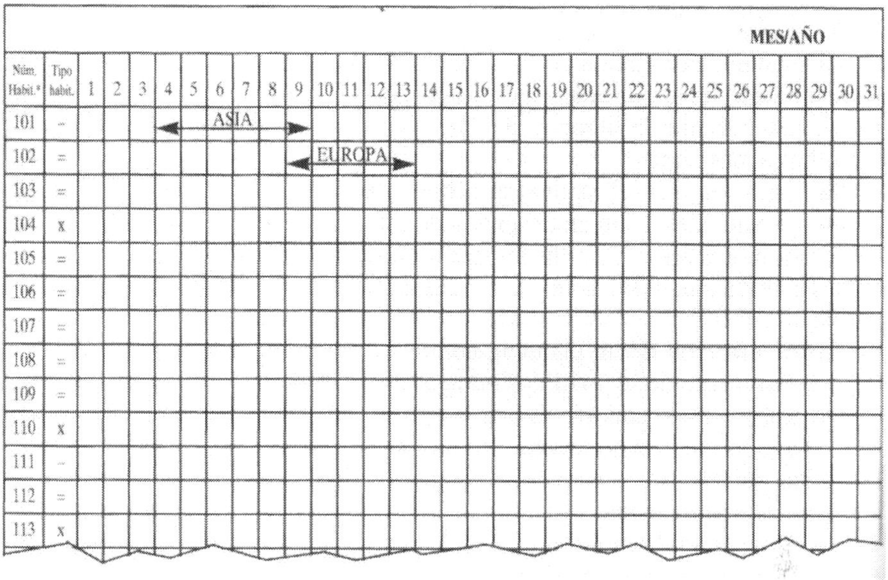


Figura 2.42. Planning manual nominal.
*Fuente:* Dorado, 2000.

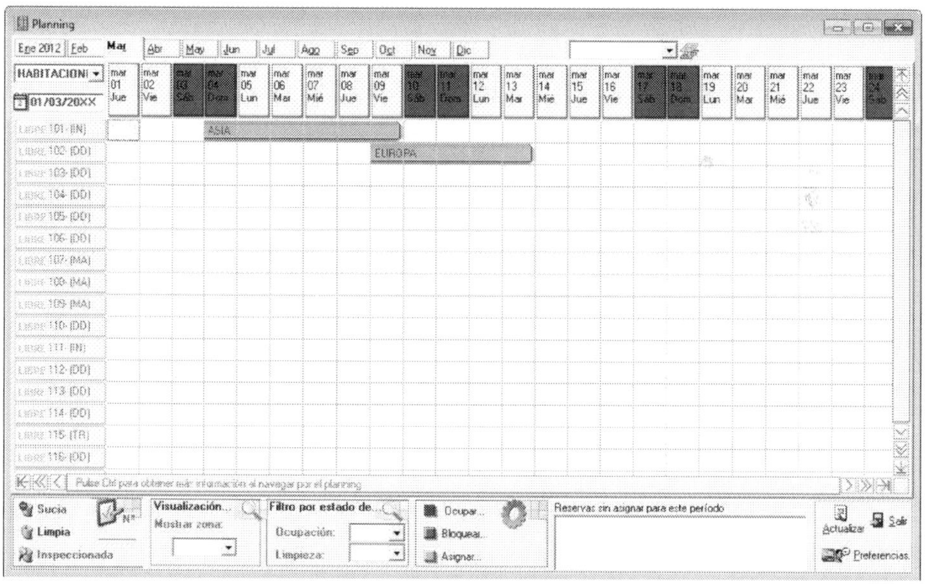


Figura 2.43. Planning nominal informatizado.

ción 308 y en el momento de su llegada aún no ha sido desocupada o no está limpia, implicará que el cliente deberá esperar, cosa que no ocurriría de ser una reserva de una habitación doble, pues se le podría asignar cualquiera de las que estuvieran libres.

Otros inconvenientes que presenta son igualmente consecuencia de su rigidez, como es la situación de no poder dejar huecos entre la fecha de salida de una habitación y la entrada de otra, es decir la ocupación de una habitación se intensifica o debe estar constantemente ocupada, ya que de lo contrario implicaría que una determinada habitación queda libre en días sueltos. Igualmente supone un gran problema la ampliación de estancia de un huésped, ya que se le podría autorizar a estar más días en el hotel pero con la obligación de tener que cambiar de número de habitación.

## 2.16. Libro de reservas

Mediante el libro de reservas las empresas de alojamiento obtienen información de las futuras entradas y salidas diarias de su establecimiento, es decir, del movimiento que tendrá el hotel. Ello nos hace asimilarlo a una agenda personal en la que cada día del año anotamos nuestros compromisos, lo que en el caso de un hotel se traduce a conocer quién llegará (a quién tenemos que recibir) y quién saldrá cada día (a quién tenemos que despedir).

Con el libro de reservas las empresas de alojamiento cierran el ciclo de una reserva. Partimos de la hoja de reservas donde se han tomado todos los datos de una solicitud de hospedaje, se ha consultado para confirmar espacio en el planning, se ha anotado en el planning la reserva confirmada y, finalmente, se han volcado los datos de la reserva en el libro independientemente de que esté confirmada, en lista de espera...

El libro de reservas consta de dos partes: entradas previstas y salidas previstas para cada día del año, anotando en cada una de ellas los siguientes datos extraídos de la hoja de reservas:

- Apellidos y nombre del futuro huésped.
- Cantidad y tipo de habitación (p. ej., 2DD1 –2 dobles de uso individual–).
- Régimen de la estancia (SA, AD, MP, PC).
- Fecha de salida en la anotación de entradas previstas.
- Fecha de llegada en la anotación de salidas previstas.
- Datos del reservador (nombre de la agencia de viajes, persona de contacto...).
- Situación de la reserva (hasta las... h; OK, RQ, WL...).
- Observaciones (cualquier dato relevante para la gestión de reservas).

El manejo apropiado de los datos anteriores permite al establecimiento hotelero obtener variada información que sería imposible o muy costosa de conseguir con los documentos hasta ahora manejados (hoja de reservas y planning), la cual resumimos en las siguientes funciones:

*a)* Sistema más rápido para localizar una reserva que mediante la búsqueda en el archivo de hojas de reservas.
*b)* Adelanto a la futura lista de llegadas.

*c)* Adelanto a la futura lista de salidas previstas.

*d)* Informar con más detalle del futuro volumen de trabajo para las áreas de mostrador de recepción, pisos y mozos de equipajes, ya que no solo conocemos la cantidad de entradas y salidas previstas, sino específicamente qué tipo de entradas y salidas serán. Por ejemplo: es muy diferente que el volumen de llegadas sean 100 habitaciones de particulares a que sean 50 habitaciones de particulares y dos grupos de 25 habitaciones cada uno.

*e)* En caso de *overbooking* es una herramienta inicial para decidir cómo solucionarlo, por ejemplo elegir en primera estancia a quién desviar a otro establecimiento.

*f)* Con sus datos podemos establecer previsiones de régimen alimenticio e información sobre el nivel de movimiento de entradas y salidas.

En un sistema de gestión informatizado el libro de reservas no tiene razón de existir, pero sí en cambio las funciones que persigue. Recordemos que los datos del libro de reservas son en gran medida los básicos u obligatorios de la hoja de reserva, lo cual implica que si esta está informatizada, el manejo de sus datos es muy simple a nivel de programación. Es decir, dentro de los menús de un programa de gestión de reservas informatizado están incluidos sistemas de búsqueda de una reserva por apellidos del huésped, por el reservador, por la fecha de llegada... Las previsiones de ocupación y régimen se crean y actualizan de manera constante, sacar listados de las mismas para las áreas que lo precisen es muy sencillo, la relación de llegadas previstas para cada día está siempre preparada...

| | | | ENTRADAS | | DIA/MES/AÑO | |
|---|---|---|---|---|---|---|
| Apellidos y Nombre | Cantidad y tipo de habitación | Régimen | Situación Reserva | Fecha Salida | Reservado por | Observaciones |
| | | | | | | |
| | | | | | | |
| | | | | | | |
| | | | | | | |
| | | | | | | |

| | | | SALIDAS | | DIA/MES/AÑO | |
|---|---|---|---|---|---|---|
| Apellidos y Nombre | Cantidad y tipo de habitación | Régimen | Situación Reserva | Fecha Entrada | Reservado por | Observaciones |
| | | | | | | |
| | | | | | | |
| | | | | | | |
| | | | | | | |
| | | | | | | |

Figura 2.44. Libro de reservas manual.
*Fuente:* Dorado, 2000.

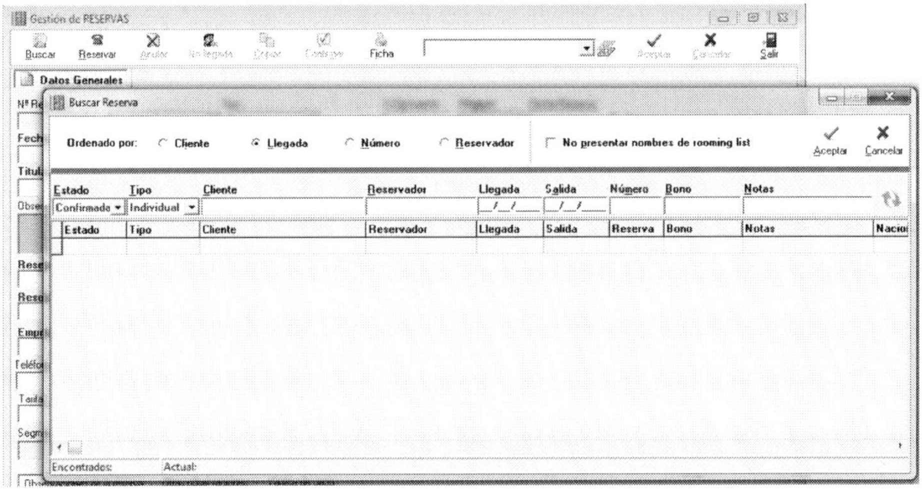


Figura 2.45. Búsqueda de reserva informatizada.

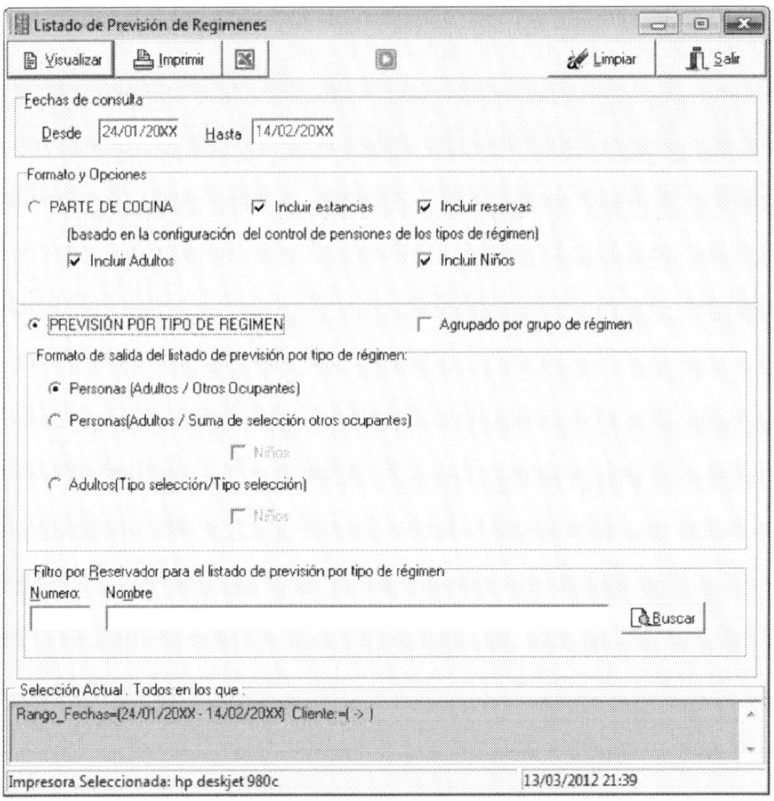


Figura 2.46. Previsión informatizada de régimen.

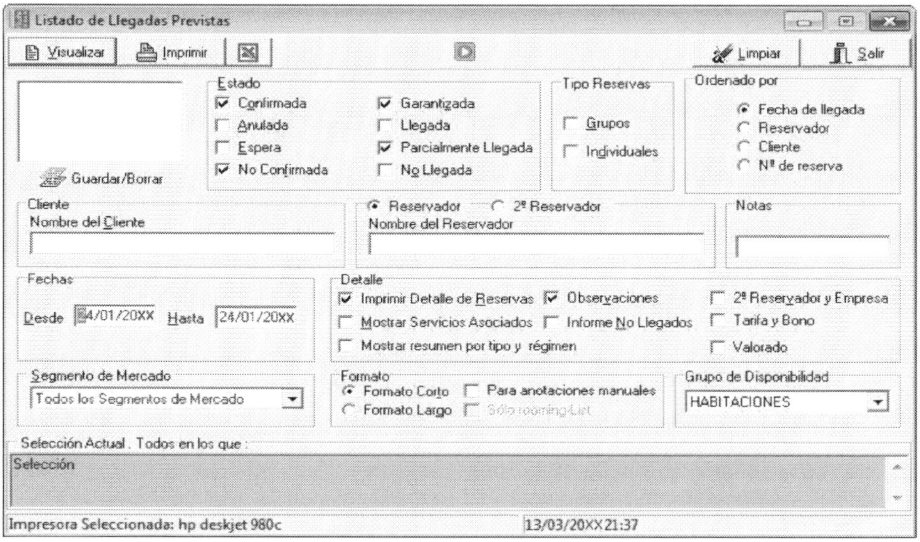


Figura 2.47. Lista informatizada de llegadas previstas.

## 2.17. Lista de llegadas previstas

Mediante la confección del listado de llegadas previstas el subdepartamento de reservas finaliza la operación de reservas. A partir de este momento es el subdepartamento de mostrador quien se ocupará de atender a los clientes, pasando la hoja de reservas de ser una petición de servicios a una materialización de los mismos ante la presencia física del huésped en la empresa de alojamiento.

La lista de llegada diaria es una relación ordenada alfabéticamente por apellidos de los clientes que han solicitado reserva en el hotel, debiendo separarse claramente las reservas de individuales y las de grupos.

Su confección, una vez más, parte de los datos básicos de la hoja de reservas, a saber:

*a)* Número de habitación. Lo más habitual y a su vez más operativo es que este dato no sea cumplimentado por el subdepartamento de reservas, a excepción de aquellas reservas que por determinadas circunstancias se las hubiera otorgado en el momento de la petición una habitación específica. Lo habitual es que el mostrador de recepción se ocupe de hacer la asignación de habitaciones ya que conoce de primera mano y de manera real y actualizada el estatus de las habitaciones.

*b)* Apellidos del huésped. Siendo lo más correcto ordenarlo por apellidos y seguido del nombre y, separando claramente las reservas de clientes individuales a los grupos, con el objeto de que sea muy sencilla y rápida su localización cuando se presenta el cliente. Es por ello de especial relevancia el aseguramiento de haber tomado correctamente dicho dato en el momento de la reserva y controlar su transferencia al resto de documentos empleados.

*c)* Cantidad y tipo de habitación. Es el primer dato, una vez localizado el nombre, de contrastar con el huésped en su presencia y, así mismo, la materialización de lo solicitado y lo que posteriormente será objeto de facturación.

*d)* Fecha de salida. Al igual que el resto de datos, la fecha de salida es una de las cuestiones a confirmar con el huésped y de manera esencial para realizar una asignación coherente de habitaciones, en la que respetando lo indicado por el cliente se gestione de manera lógica la ocupación de habitaciones. Por ejemplo, no tiene ningún sentido otorgar a una reserva una habitación en una determinada planta del hotel cuando al día siguiente va a ser la única habitación ocupada en dicha planta.

*e)* Servicios contratados. Dato importante a contrastar con el cliente para confirmar a otros departamentos el número de personas con régimen alimenticio, así como para establecer la correspondiente tarifa y hacer entrega al cliente de una correcta tarjeta de registro. Sin olvidar otras solicitudes como: excursiones, pista de tenis…

*f)* Hora de llegada. Para una correcta preparación de la prestación, con especial incidencia para anular reservas, servicio de equipajes y colocación de atenciones en la habitación.

**LISTA DE LLEGADAS** fecha: ____ / ____ / ____

| *Núm habit.* | *Apellidos y Nombre* | *Cantidad y tipo habit.* | *Fecha salida* | *Reservado por* | *Servicios contratados* | *Observaciones* |
|---|---|---|---|---|---|---|
| | | | | | | |
| | | | | | | |
| | | | | | | |
| | | | | | | |
| | | | | | | |
| | | | | | | |
| | | | | | | |
| | | | | | | |
| | | | | | | |
| | | | | | | |
| | | | | | | |
| | | | | | | |
| | | | | | | |
| | | | | | | |
| | | | | | | |

Figura 2.48. Lista de llegadas manual.
*Fuente:* Dorado, 2000.

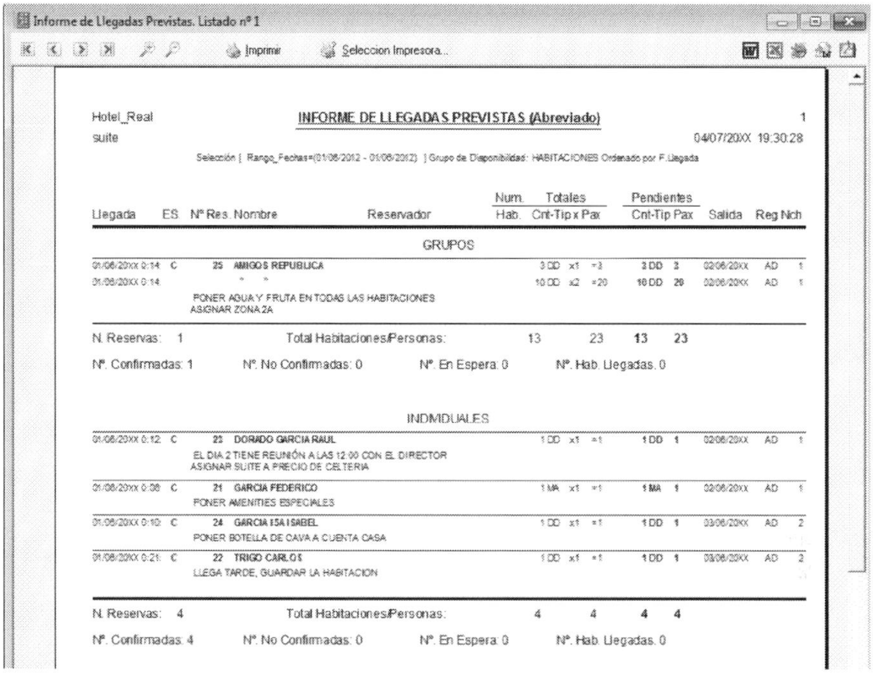


Figura 2.49. Lista de llegadas informatizada.

*g)* Reservado por... Básicamente para respetar tarifas acordadas y cumplir con acuerdos suscritos.

*h)* Forma de pago. Medio simple pero muy efectivo para recordar al cliente el sistema de pago que va a utilizar y solicitárselo. Por ejemplo, la solicitud de su tarjeta de crédito, bono de la agencia de viajes…

*i)* Observaciones. Cajón de sastre para aquellos datos no incluidos anteriormente y que son importantes para llevar a cabo una buena y correcta acogida. Por ejemplo, el cliente solicita una habitación exterior, entregar mensaje, tiene depósito a cuenta, llega tarde…

## 2.18. Previsiones

A lo largo del presente capítulo hemos observado que el subdepartamento de reservas es el poseedor de toda la información relativa a los acontecimientos futuros que se producirán en el establecimiento hotelero, por lo que todos los departamentos operativos precisan que con la antelación suficiente les sea comunicada la parte que les afecte con el objeto de poder llevar a cabo de manera correcta las funciones y tareas futuras en la prestación de servicios contratados por los clientes.

El subdepartamento de reservas con la mayor antelación posible realiza informes sobre previsiones de trabajo, que pueden ser a un mes visto, a 15 días, a una semana… dejando la previsión sobre ocupación y régimen a un día al subdepartamento de mostrador, siempre desde la óptica del sistema de gestión manual, ya que la gestión informatizada proporciona listados que podrán emitir personas con autorización.

Entre los diferentes listados sobre previsiones presentamos los siguientes:

- Cantidad de habitaciones ocupadas y personas hospedadas previstas para cada día.
- Lista de llegadas previstas diaria, incluyendo cantidad de habitaciones, personas y régimen.
- Previsión de personas, diferenciando el número de ellas por régimen.

Los principales destinatarios de las previsiones son:

*a)* Dirección. Observar y analizar la ocupación prevista y las posibles desviaciones sobre presupuestos.
*b)* Comercial. Tomar medidas para mejorar la ocupación, confrontarla con la previsión, proponer política de precios…
*c)* Explotación. Valorar la previsión de ingresos futuros.
*d)* Recepción-Consejería. Elaboración de turnos y horarios de su personal.
*e)* Regiduría de Pisos. Adaptar de la mejor manera posible el personal al volumen de trabajo previsto, determinar necesidades de productos de limpieza, *amenities*, ropa de cama y baño…
*f)* Restauración. Elaboración de turnos y horarios acordes con el volumen de trabajo, confección de menús, compras de materias primas, adecuación de espacios en comedor…

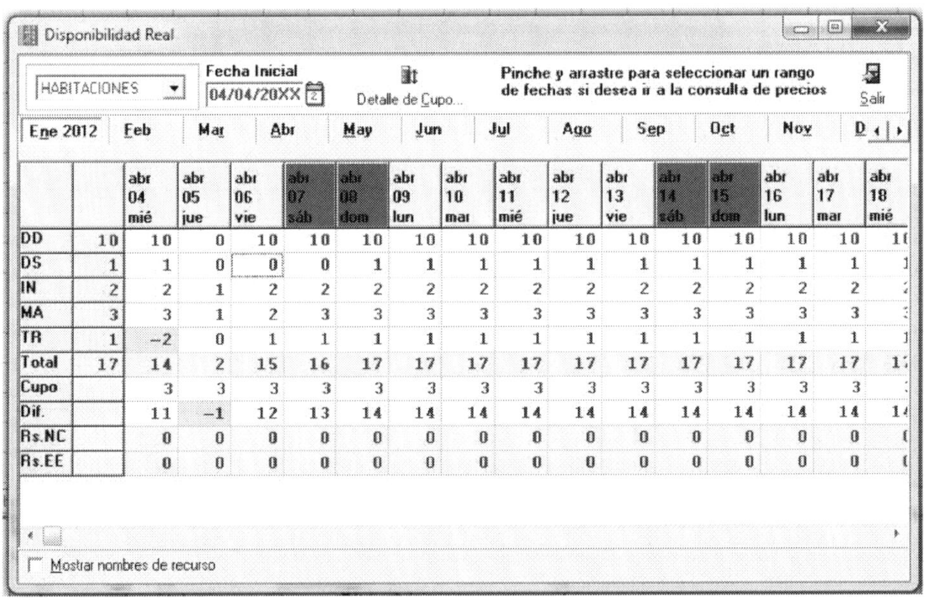


| | | abr 04 mié | abr 05 jue | abr 06 vie | abr 07 sáb | abr 08 dom | abr 09 lun | abr 10 mar | abr 11 mié | abr 12 jue | abr 13 vie | abr 14 sáb | abr 15 dom | abr 16 lun | abr 17 mar |
|---|---|---|---|---|---|---|---|---|---|---|---|---|---|---|---|
| DD | 10 | 10 | 0 | 10 | 10 | 10 | 10 | 10 | 10 | 10 | 10 | 10 | 10 | 10 | 10 |
| DS | 1 | 1 | 0 | 0 | 0 | 1 | 1 | 1 | 1 | 1 | 1 | 1 | 1 | 1 | 1 |
| IN | 2 | 2 | 1 | 2 | 2 | 2 | 2 | 2 | 2 | 2 | 2 | 2 | 2 | 2 | 2 |
| MA | 3 | 3 | 1 | 2 | 3 | 3 | 3 | 3 | 3 | 3 | 3 | 3 | 3 | 3 | 3 |
| TR | 1 | −2 | 0 | 1 | 1 | 1 | 1 | 1 | 1 | 1 | 1 | 1 | 1 | 1 | 1 |
| Total | 17 | 14 | 2 | 15 | 16 | 17 | 17 | 17 | 17 | 17 | 17 | 17 | 17 | 17 | 17 |
| Cupo | | 3 | 3 | 3 | 3 | 3 | 3 | 3 | 3 | 3 | 3 | 3 | 3 | 3 | 3 |
| Dif. | | 11 | −1 | 12 | 13 | 14 | 14 | 14 | 14 | 14 | 14 | 14 | 14 | 14 | 14 |
| Rs.NC | | 0 | 0 | 0 | 0 | 0 | 0 | 0 | 0 | 0 | 0 | 0 | 0 | 0 | 0 |
| Rs.EE | | 0 | 0 | 0 | 0 | 0 | 0 | 0 | 0 | 0 | 0 | 0 | 0 | 0 | 0 |

Figura 2.50. Disponibilidad informatizada de habitaciones.

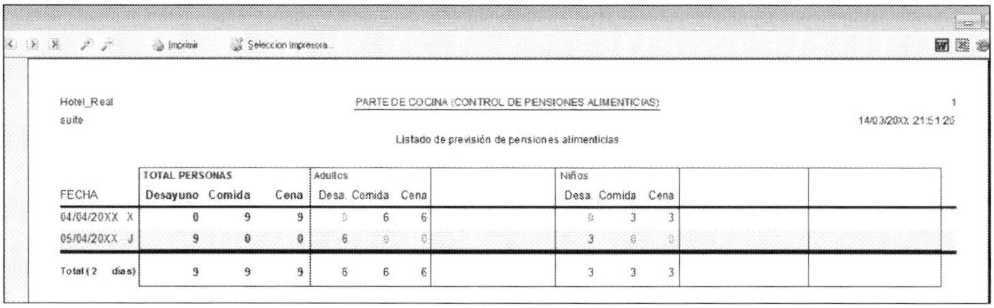

Hotel_Real — PARTE DE COCINA (CONTROL DE PENSIONES ALIMENTICIAS) — 1

suite — 14/03/20XX 21:51:20

Listado de previsión de pensiones alimenticias

| FECHA | TOTAL PERSONAS Desayuno | Comida | Cena | Adultos Desa. | Comida | Cena | | Niños Desa. | Comida | Cena | | |
|---|---|---|---|---|---|---|---|---|---|---|---|---|
| 04/04/20XX X | 0 | 9 | 9 | 0 | 6 | 6 | | 0 | 3 | 3 | | |
| 05/04/20XX J | 9 | 0 | 0 | 6 | 0 | 0 | | 3 | 0 | 0 | | |
| Total ( 2 días) | 9 | 9 | 9 | 6 | 6 | 6 | | 3 | 3 | 3 | | |

Figura 2.51. Previsión de régimen alimenticio informatizado.

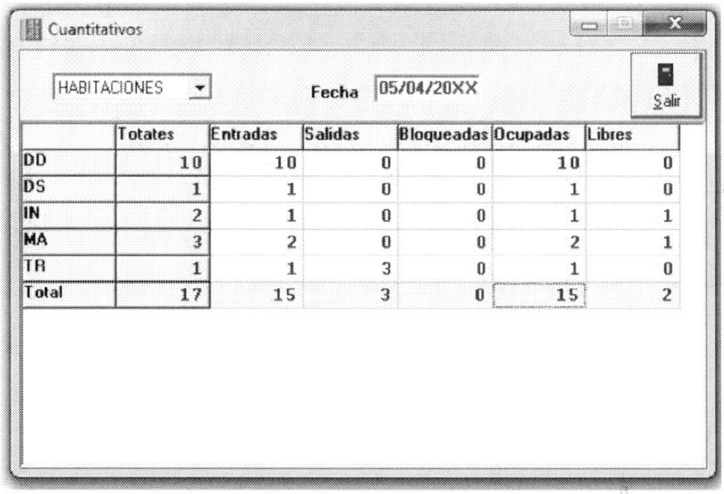

Cuantitativos

HABITACIONES — Fecha 05/04/20XX — Salir

| | Totates | Entradas | Salidas | Bloqueadas | Ocupadas | Libres |
|---|---|---|---|---|---|---|
| DD | 10 | 10 | 0 | 0 | 10 | 0 |
| DS | 1 | 1 | 0 | 0 | 1 | 0 |
| IN | 2 | 1 | 0 | 0 | 1 | 1 |
| MA | 3 | 2 | 0 | 0 | 2 | 1 |
| TR | 1 | 1 | 3 | 0 | 1 | 0 |
| Total | 17 | 15 | 3 | 0 | 15 | 2 |

Figura 2.52. Habitaciones de entradas, salidas, bloqueadas, ocupadas y libres.

Nombre Hotel

| | Habit. | Cliente | Aloj. | A. D. | M. P. | P. C. |
|---|---|---|---|---|---|---|
| Actual | | | | | | |
| Salidas | | | | | | |
| Entradas | | | | | | |
| Previsión | | | | | | |

Observaciones ..........

..........

..........

Firma Fecha: ..........

Figura 2.53. Previsión manual de ocupación y régimen a un día.
*Fuente:* Cerra, 1999.

## 2.19. Relaciones interdepartamentales

El subdepartamento de reservas mantiene relaciones muy estrechas prácticamente con todas las dependencias del hotel. Destacan las siguientes:

- Dirección
  - Envío de informaciones sobre previsiones de ocupación y régimen.
  - Reservas realizadas por la dirección.
  - Consultas sobre: créditos, precios, *overbooking*, descuentos, invitaciones, acogidas...
- Comercial
  - Información sobre nuevos acuerdos de colaboración.
- Explotación
  - Cuestiones relativas a precios, comisiones...
  - Informes de ocupación previstos.
- Administración
  - Prepagos.
  - Cierre de créditos a empresas.
- Dirección de Habitaciones
  - Informes y listados para coordinación de todas las áreas de alojamiento.
- Jefe de recepción
  - Informes y listados para coordinación de los distintos subdepartamentos de recepción.
- Mostrador de recepción-consejería
  - Lista de llegadas, hojas de reservas y documentación soporte.
  - Reservas realizadas en mostrador.
  - Comunicación de *no shows*.
  - Llegadas de clientes sin reservas (pasos o *walk-in*).
  - Comunicación de disminución y ampliación de estancias.
  - Días que están cerradas las ventas.
- Restauración
  - Previsiones de régimen.

- Room service

  - Notificación de previsiones de atenciones a clientes.

- Regiduría de pisos

  - Previsiones de ocupación.
  - Peticiones especiales de los clientes.

- Banquetes

  - Reservas de habitaciones a partir de la contratación de una reunión, banquete...

- Relaciones públicas

  - Lista de llegadas.
  - Atenciones a clientes.
  - Recibir a determinadas llegadas.

- Servicios técnicos

  - Comunicación de averías.

- Almacén - Economato

  - Solicitud de materiales.
  - Previsiones de ocupación y régimen.

# 3
# Mostrador
## Formalización de operaciones previas a la entrada del cliente

### 3.1. Plantilla

Al subdepartamento de mostrador de manera generalista se le denomina recepción del hotel, cuestión nada equivocada ya que en los establecimientos de pequeña y mediana dimensión y categoría inferior a las cinco estrellas asumen la mayoría de las funciones de recepción, por no decir la totalidad de las mismas, incluidas la de comunicación telefónica y las que asumía la ya casi extinta conserjería.

Consecuentemente, el mostrador de recepción debe estar atendido las 24 horas del día, a excepción (véase normativa de cada Comunidad Autónoma española) de los hoteles de 2 y 1 estrellas y de los hostales y pensiones.

La cuantificación de la plantilla deberá ser la suficiente para poder atender todas las funciones que le son propias y aquellas que habrá de asumir cuando los subdepartamentos de reservas, facturación y caja estén cerrados.

La primera imagen que recibe el huésped del alojamiento hotelero es el mostrador de recepción, si bien su primera percepción a la llegada al establecimiento es el edificio, el entorno, el aparcamiento…, haciéndose preguntas como por ejemplo: ¿tendrán mi reserva? ¿cómo será la habitación? ¿y las instalaciones? ¿y los servicios? Así mismo, es muy factible que la prestación del servicio de alojamiento haya comenzado con la participación de los auxiliares de recepción y conserjería atendiéndoles con el aparcamiento del vehículo, ayudándoles con las maletas, dándoles la bienvenida… La segunda percepción que recibe el huésped es el vestíbulo del hotel, el mobiliario, la decoración, la fácil localización del mostrador, el personal, el orden…, es decir el primer contacto directo con la realidad del establecimiento y de su personal. Personal que para alcanzar una prestación del servicio con calidad debe poseer y desarrollar unas aptitudes y actitudes, que establecemos en las siguientes:

- Profesionalidad. Conocimiento profundo para el desarrollo de sus funciones.
- Eficiencia. Realizar las tareas y funciones en el menor tiempo posible y sin errores.
- Disponibilidad. Estar en todo momento en disposición de atender a los clientes.
- Empatía. Ponerse en todo momento en el lugar de sus clientes.
- Cortesía. Ser atento, comedido y afable en el trato al cliente.
- Amabilidad. Dar un trato cordial y afectuoso en todo momento.
- Discreción. Reserva y prudencia en todo lo concerniente a los huéspedes.

El máximo responsable de mostrador de recepción es el jefe de recepción, si bien sería más preciso establecer que sea el segundo jefe de recepción, dejando a aquel la coordinación de todo el departamento y al segundo jefe la responsabilidad del propio mostrador. Entre el personal de la plantilla tendremos a recepcionistas, ayudantes de recepción y auxiliares de recepción, pudiendo también poder ser asumidas las categorías de telefonista, conserje y ayudante de conserjería. Estas últimas son dependientes del departamento de conserjería cuando exista de manera autónoma y bajo la supervisión del jefe de conserjería y segundo jefe de conserjería, y la categoría de telefonista o bien independiente o bajo la responsabilidad de la recepción.

## 3.2. Objetivos, tareas y funciones

De manera muy simple el objetivo del subdepartamento de mostrador de una empresa de alojamientos se resume en atender a los clientes, especialmente a los huéspedes, desde el momento en que acceden al hotel hasta que lo abandonan. Conviene recordar que el término recepción proviene del latín "receptum", cuyo significado es recibir, dar acogida, por lo que la razón de ser del departamento de recepción-mostrador es recibir, atender y despedir.

En cuanto a las funciones y tareas es complejo mencionar todas y cada una de ellas, ya que la organización de cada empresa de alojamiento es distinta, no obstante presentamos en un orden cronológico las siguientes:

- Análisis de la previsión de ocupación del día.
- Revisión de la lista de llegadas.
- Control del listado de *no show* de la noche anterior.
- Aceptación de ampliación de estancias.
- Control de habitaciones de salida.
- Despedida de huéspedes.
- Control de equipaje de salida.

- Llegadas tempranas.
- Asignación de habitaciones de la lista de llegadas.
- Aviso de colocación de camas supletorias y cunas.
- Colaboración en las atenciones casa.
- Registro de llegadas.
- Edición de llaves.
- Elaboración del parte de viajeros.
- Control de equipajes de llegada.
- Apertura de factura.
- Acompañamiento a la habitación.
- Cambios de habitación.
- Control de estatus de las habitaciones.

El mostrador de recepción de manera generalista también asumirá las siguientes funciones:

- Información interna y externa del establecimiento.
- Servicio de comunicaciones, en especial el teléfono.
- Realización de tareas en nombre de los clientes.
- Elaboración de la lista de clientes *no show*.
- Relación de habitaciones ocupadas, personas alojadas y salidas previstas.
- Previsión de ocupación y régimen para el día siguiente.
- Comunicación de averías propias y de otras dependencias.
- Pedido de extracción de almacén.
- Elaboración de estadísticas varias.
- Atender quejas y reclamaciones.
- Elaboración de facturas, cobros y reservas fuera del horario de los subdepartamentos responsables.

## 3.3. Diagrama de solicitud de habitación

Cuando una persona se presenta en el mostrador de recepción solicitando hospedaje, la primera pregunta a realizar por parte del empleado de recepción es si tiene reserva. Dándose dos posibles respuestas:

- Negativa. Esta situación presenta dos posibles alternativas:

  – El hotel tiene espacio para el tipo de habitación y fechas solicitadas. Se realiza el proceso de registro del cliente.
  – La empresa de alojamiento no puede atender al cliente por estar completo. Ante ello lo profesional será indicar a la persona un hotel de similares características al propio (precio, servicios e instalaciones), siendo aún más correcto ayudarle en la gestión y, en un alarde de alta calidad, tener acordado con otro hotel un cupo de habitaciones para agilizar los desvíos. El hecho de presentar clientes a otros hoteles puede dar la sensación de ser

algo negativo para el propio establecimiento, pero dicha actuación es todo lo contrario. Si se trata de un cliente del hotel se sentirá asistido y atendido, y si no es un cliente del hotel, se convertirá en un cliente potencial ante el trato recibido.

- Positiva. Se realiza el proceso de registro del cliente.

Los pasos del proceso del registro son:

*a)* Consultar y verificar los datos de la reserva en la lista de llegadas.
*b)* Asignar habitación.
*c)* Confeccionar:

- Tarjeta de registro.
- Parte de viajeros.
- Emitir llave.

*d)* A partir de los datos de la tarjeta de registro.

- Dar de alta la factura.
- Cumplimentación y distribución de *slips*.

*e)* Apertura y envío del expediente al subdepartamento de facturación junto con toda la documentación soporte de la reserva.

La figura 3.1. recoge los pasos en un proceso de registro manual que es, así mismo, la base del sistema de gestión informatizado, recordando que todo lo establecido de manera manual sigue siendo válido, con la diferencia de que será el propio sistema informatizado el que de manera automática realizará la mayoría de las tareas, tales como:

- La asignación de habitación puede ser realizada de manera autónoma por el programa o con la participación del recepcionista.
- Los datos personales para el registro se recogen de manera automática mediante un lector de documentos conectado con el ordenador.
- La tarjeta de registro puede ser realizada de manera manual o impresa por el programa de gestión.
- La realización del parte de viajeros o ficha de policía se lleva a cabo de manera automática si se posee un lector de documentos conectado con el sistema de gestión. Igualmente dicho parte se imprime de manera automática a través del registro del cardex del huésped, siendo programable la comunicación de los mismos a las dependencias policiales.
- La confección de la llave magnética se puede realizar a través del programa de gestión hotelera o de manera independiente.
- La impresión de los slips (cada vez más inusual en hoteles informatizados) se realiza de manera automática por el programa de gestión.

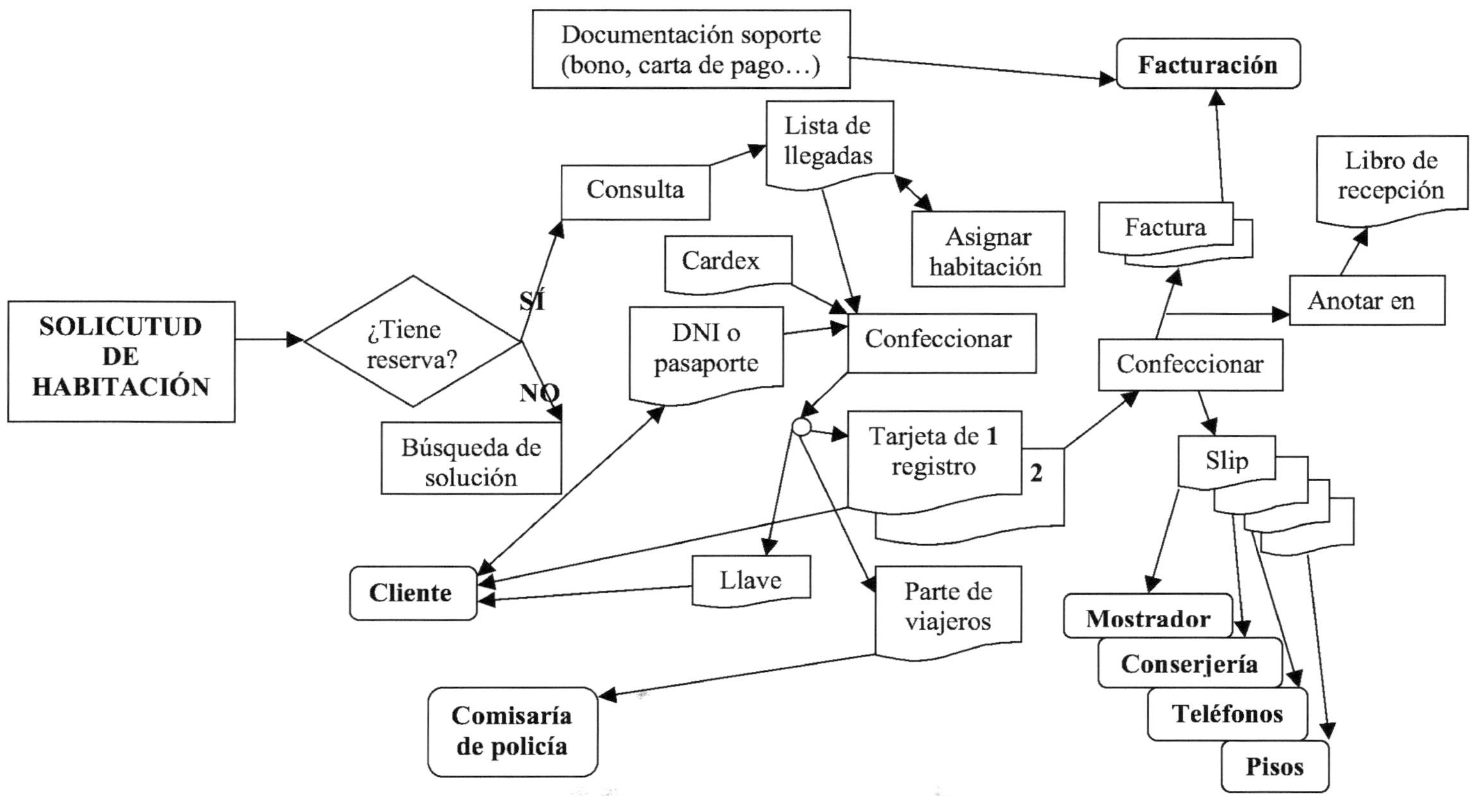


Figura 3.1. Diagrama de solicitud de habitación.

- El libro de recepción será innecesario si se emplea un sistema informatizado.
- El alta de las facturas (del reservador y de extras) se realiza de manera automática en el momento del registro.
- Los diferentes departamentos de la empresa de alojamientos podrán visionar aquellas partes del menú de gestión de las que tengan autorización.

## 3.4. Análisis de la previsión de ocupación del día

Una de las primeras acciones a llevar a cabo por el jefe de recepción o persona por él asignada es analizar la ocupación para el día actual (véanse apartados 2.18 y 3.28).

Se trata de estudiar la previsión de ocupación elaborada en el turno de noche (en el caso de un sistema manual), o disponible de manera permanente con un sistema de gestión informatizado, debiendo analizar con mayor rigor el apartado concerniente a la cantidad de habitaciones previstas de ocupación para la fecha de hoy. Dándose tres posibles situaciones:

- El hotel no alcanza el 100% de ocupación. La medida a tomar es contactar con fuentes de reservas para intentar buscar reservas de última hora, así como establecer contacto con otros establecimientos por si tuvieran una situación de lleno o incluso de *overbooking* para que nos desviaran sus reservas.
- El hotel está completo. Ante esta situación se debe recordar a todo el personal, tanto de reservas como de mostrador, que no acepten reservas para el día de hoy, no conceder ampliaciones de estancia a los huéspedes con salida programada y, evidentemente, mantener cerrada la lista de espera.
- Situación de *overbooking*. Desde primera hora (cuestión que debemos entender que se lleva haciendo desde fechas anteriores) se empezará a tomar medidas para solucionar la sobrerreservación. Para ello se deberán llevar a cabo las mismas acciones que en el caso anterior y, comenzar desde primeras horas de la mañana a reconfirmar reservas y estudiar aquellas con más posibilidades de no materialización, junto con la aplicación de la política sobre hora máxima de mantenimiento de reservas. Finalmente, si la situación de sobrerreservación no puede ser solucionada con las medidas anteriores, habrá que ponerse en contacto con otros establecimientos de igual categoría, con servicios similares y los más próximos, con el objeto de proponerles un desvío de reservas. Lo más oportuno ante los desvíos es en primer lugar avisar a los clientes con la mayor antelación posible para ahorrarles la molestia y la insatisfacción de ser informados en el propio hotel, debiendo ser muy cuidadoso a la hora de decidir a quién se desvía y atender a aquellas personas a las que les supondría un grave trastorno acomodarse en otro hotel. Lo más recomendable y a su vez menos costoso es desviar a grupos, por cuanto supone una sola denegación de reserva con un alto número de habitaciones, y suele ser de buena vecindad que el hotel que acepte a los clientes aplique nuestros precios.

En un futuro muy próximo será el móvil el dispositivo mediante el cual las personas no solo podrán reservar habitaciones, sino que podrán confirmar la reserva de manera previa a la realización del *check in*, realizar el registro sin contactar con el personal, abrir la puerta de su habitación, efectuar el *check out*..., todo ello con la existencia en el hotel de un programa de gestión informatizado adecuado.

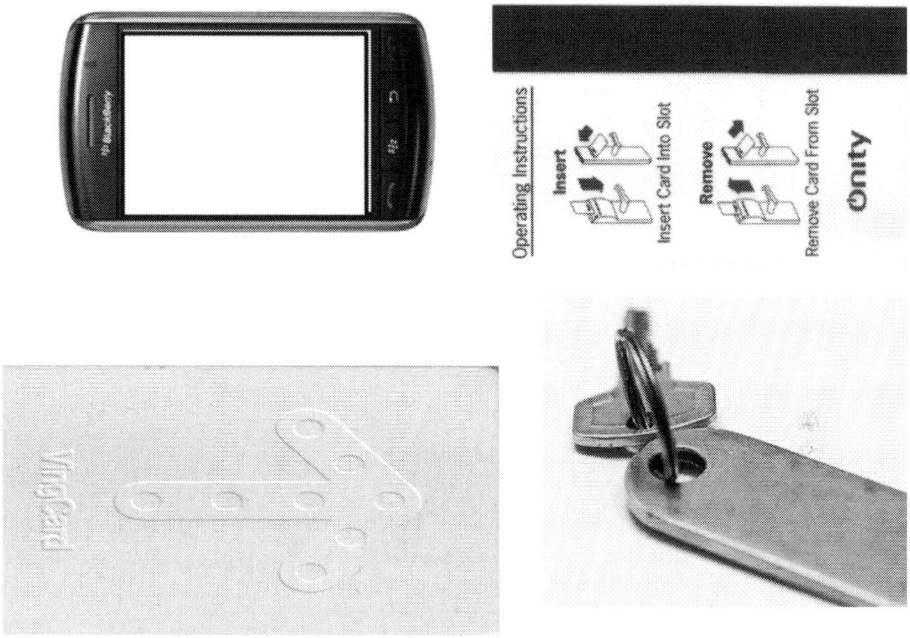


Figura 3.2. Diferentes dispositivos para la apertura de habitaciones.

## 3.5. Revisión de la lista de llegadas

La lista de llegadas es en gran medida el documento que informa del volumen de trabajo que tendrá el mostrador de recepción en cuanto a la llegada de nuevos clientes (véase apartado 2.17).

Su estudio tiene como objetivo observar quién llegará en el día de hoy y qué tipo de servicios ha solicitado, independientemente de que se haya confirmado o no. Para una correcta revisión de la lista de llegadas se deben consultar los cardex, tanto de huéspedes como de empresas y agencias, ya que en los mismos informarán del grado de importancia que tienen para el establecimiento hotelero y conocer las preferencias, gustos... de los huéspedes. Con su revisión el jefe de recepción, o persona delegada por él, observará las necesidades que han de cubrirse y realizará, entre otras, las siguientes tareas:

- Asignación de habitación para personas vip, con peticiones especiales y específicas (cerca del ascensor, comunicadas, camas supletorias...).
- Comunicación a la gobernanta de las habitaciones asignadas para prepararlas lo antes posible y en ciertos casos revisarlas, contando para ello con la colaboración del personal de pisos del turno de mañana.

- Informar a *room service* de la cantidad de atenciones casa (agua, fruta, bombones...) que hay que poner, de qué tipo, dónde y a qué hora.
- En el caso de tener que hacer adquisiciones en el exterior para las atenciones casa, por ejemplo un centro de flores, notificar a conserjería para su adquisición.
- Informar a la dirección de cualquier circunstancia que pudiera ser de su interés.

### 3.6. Control de *no show*

Diariamente el departamento de recepción elabora una relación de todas aquellas reservas que no se han materializado (véase apartado 3.26), adjuntando a dicho listado toda la documentación soporte de la reserva.

El receptor del listado de clientes *no show* es habitualmente el jefe de recepción, si bien cabe que sea el director de alojamientos o el propio director del establecimiento. En cualquiera de los casos el objetivo de la elaboración de la relación de personas, que teniendo reserva para el día de ayer, no se han registrado es: por un lado conocer las circunstancias de su no presentación y, en segundo lugar ver si fuera factible gestionar el cobro de la habitación.

Es muy complejo determinar las acciones a tomar. Pensemos que al reclamar el pago del servicio de una noche se puede perder al huésped, a la empresa... para siempre. De hecho lo importante antes de tomar decisiones es, por un lado, consultar la documentación de la reserva si existe y los cardex, ya que obtendremos información que nos ayudará en la toma de decisiones. Suele ser más sencillo en ocasiones dirigirnos a las empresas, especialmente a las agencias de viajes para que nos aclaren los motivos de la no materialización de la reserva, que dirigirnos directamente a una persona particular. Recordemos así mismo que si en el proceso de reserva se había limitado una hora de mantenimiento de reserva no podemos establecerla como no llegada. Por último, en el caso de que en la reserva se haya tramitado un depósito o el cliente aceptara el pago en caso de no presentarse, la decisión es sumamente sencilla: facturar el importe de la habitación y abonar con el depósito o documento de pago.

### 3.7. Ampliación de estancias

En la mayoría de las ocasiones, cuando un huésped solicita ampliar su estancia hotelera, no supone ningún tipo de problemas, ya que lo habitual es que la empresa de alojamientos no esté al cien por cien de ocupación. Lo problemático es cuando el hotel está completo y son muchas las personas que desde el momento de la reserva y posteriormente en el momento del registro solicitan más días de estancia de los que el hotel puede comprometerse. Ante esta situación lo recomendable es comunicar al huésped, al menos con un día de antelación, que su estancia vence mañana, con lo cual la situación será menos tensa; el huésped es una vez más avisado del límite de su estancia y se procura evitar situaciones desagradables como el bloqueo de la habitación para impedir que el cliente acceda a la misma.

### 3.8. Control de salidas

Con carácter general, todos los establecimientos hoteleros establecen como hora de vencimiento del uso de la habitación las 12 horas (artículo 10. 2. de la Orden de 15 de septiembre de 1978), pero puede variar en cada hotel, en cuyo caso se debe informar a los clientes en el momento de la llegada (tarjeta de registro).

El departamento de recepción comunica diariamente al responsable de pisos de las habitaciones que han estado ocupadas la noche anterior y cuáles de las mismas serán salidas para el día de hoy (véase apartado 3.27). Con dicho documento la gobernanta hace la asignación de las habitaciones a limpiar por las camareras, diferenciando cuáles deben hacer de clientes (no salidas) y cuáles deben hacer de salida. Durante el transcurso de la mañana, bien de manera personal, por teléfono o mediante un sistema de gestión informatizado, la gobernanta va informando al mostrador de recepción de las habitaciones previstas de salida que han abandonado el hotel y han sido objeto de limpieza e inspección por salida, con lo cual recepción sabrá si alguna de las habitaciones previstas no ha abandonado el establecimiento. Habitualmente antes de la entrada del turno de tarde (15 o 16 horas) todas las habitaciones que debían ser objeto de salida se habrán hecho y las que no deberán ser controladas, ya sea porque desean ampliar la estancia sin avisar, no han pasado por recepción para cerrar su factura, han dejado el equipaje en la habitación...

### 3.9. Despedida de huéspedes

Al igual que en el momento de la llegada de los clientes al hotel es el mostrador de recepción quien los recibe y les da la bienvenida, a la hora de la salida es de nuevo el mostrador quien se encarga de despedirles, preguntarles sobre la estancia, realizar la reserva para una próxima estancia, recoger cuestionarios de satisfacción, colaborar en la bajada de equipaje, desear a los clientes buen viaje... Así mismo, el mostrador informa a facturación para que realice el cierre de la factura, da salida a la habitación (pasa del estatus de prevista de salida a sucia) y finalmente la caja de recepción presentará la factura al cobro. Evidentemente estamos enunciando los pasos anteriores en el caso de existir los respectivos subdepartamentos de facturación y caja, en caso contrario serían todas las operaciones realizadas por el propio mostrador de recepción.

Dentro de la situación de salida de habitaciones cabe comentar las denominadas salidas tardías o *late check out*, es decir, aquellas salidas que se producen después de la hora establecida por el establecimiento hotelero. En la mayoría de los casos el retraso en la salida puede ser de una o dos horas, cuestión a la que la mayoría de los hoteles no le dan más importancia, ya que las camareras de pisos se encuentran en el establecimiento y las habitaciones no se van a quedar sin hacer; el problema estriba cuando las salidas se producen después de las 4 de la tarde, lo que en la mayoría de los casos supone el cargo en factura del importe de la habitación. Cargo que puede haber sido pactado previamente con el huésped cuando ha avisado de la situación, oscilando en torno al 50% del importe, pudiendo llegar al 100% cuando no hubiera solicitado la prolongación de unas horas o su salida se produce a última hora de la tarde. A este respecto la Orden de 15 de septiembre de 1978 sobre régimen de precios y reservas establece: 10.2. Salvo pacto en contrario, la jornada terminará a las doce horas. 10.3. El cliente que no abandone a dicha hora el alojamiento que ocupa se entenderá que prolonga su estancia un día más.

La despedida de los huéspedes será imposible llevarla a cabo en aquellos establecimientos donde existe la posibilidad de un *check out express*, consistente en que en el momento del registro el cliente ha entregado una tarjeta de crédito dando autorización para que se le cargue en la misma el importe de la factura, la cual será enviada junto con la copia del cargo de crédito al domicilio indicado. Este sistema lleva a su vez pareja la posibilidad de que el huésped pueda visionar los detalles de su factura en el monitor de la televisión de su habitación, con lo que antes de su salida puede verificar los consumos y el importe.

## 3.10. Control de salida de equipaje

Al igual que en el proceso de entrada de huéspedes, el mostrador de recepción informa al departamento de equipajes del número de habitación asignada a una llegada (véase apartado 3.18), cuando se produce la salida de una habitación será igualmente el mostrador quien dará autorización para la salida del equipaje. Para ello se debe tener un protocolo ideado mediante el cual recepción autorice la salida de un equipaje, en el sentido de que esté todo en orden con respecto a la factura de los huéspedes, sin olvidar que puede darse el caso de que el mostrador de recepción tenga documentación del cliente en su poder, por ejemplo el pasaporte, un mensaje de última hora o cualquier otra circunstancia que importe tanto para el cliente como para el propio establecimiento.

Lo fundamental es que no debe salir ningún equipaje del hotel sin la autorización de la recepción, para lo cual se deberá crear un sistema de comunicación entre recepción y equipajes que asegure que ninguna persona con equipaje abandona la empresa de alojamientos sin haber pasado previamente por recepción.

## 3.11. Llegadas tempranas

En este apartado hacemos referencia a las llegadas producidas en el transcurso del turno de mañana y sin la previa asignación de habitación en la lista de llegadas (véase apartado 2.17).

La situación en particular no tiene la más mínima importancia, ya que si bien es cierto que la mayoría de las llegadas en hoteles de ciudad se producen en el transcurso de la tarde, en los hoteles vacacionales suele ser en muchas ocasiones en torno al mediodía. La cuestión es que denominamos llegadas tempranas o *earling check in* a aquellas que se producen antes de la hora establecida por el establecimiento hotelero como hora a partir de la cual se puede acceder al alojamiento. La mayoría de los hoteles aceptan registrar a los clientes antes de la hora establecida pero sujeta a disponibilidad; otros por el contrario, los menos, establecen un importe; en cualquiera de los casos siempre será más ventajoso que el cliente esté dado de alta, esté registrado, ya que no supone prácticamente ningún coste para la empresa, y en cambio, mejoramos la prestación del servicio y damos la posibilidad de que el huésped pueda empezar a consumir dentro del establecimiento. En muy pocas ocasiones un hotel ha cerrado al ciento por ciento la ocupación y, teniendo en cuenta que el trabajo de las camareras de pisos comienza en torno a las 8 de la mañana, con plena garantía a las 9 de la mañana el hotel dispondrá de habitaciones preparadas para aceptar nuevos inquilinos.

El proceso no cambia en gran medida a los registros o llegadas a partir de la hora establecida, en torno al mediodía, ni de las producidas después del cambio de turno de tarde, tal vez lo más sobresaliente es que se deberá hacer una asignación de habitación particular para dicha llegada, y en función de las habitaciones que no han sido ocupadas la noche anterior o sobre habitaciones limpias e inspeccionadas en el día de hoy, pero los trámites del registro no varían.

## 3.12. Asignación de habitaciones de la lista de llegadas

La función de asignación de número de habitación a las llegadas previstas es asumida inexcusablemente por el subdepartamento de mostrador. Asignación que se realiza sobre la lista de llegadas (véase apartado 2.17) que ha confeccionado reservas, ya sea de manera manual o mediante un programa de gestión informatizado de gestión hotelera que la proporcionará de manera automática en cualquier momento; recordando que no se ha otorgado número de habitación en el momento de la reservación, sino que simplemente la empresa de alojamiento se ha comprometido a un tipo de habitación y durante un periodo de estancia y, habiendo tomado nota en el apartado de observaciones de cualquier petición particular pero sin haber adquirido compromiso de cumplimiento por parte del hotel (por ejemplo, una habitación exterior).

Para una gestión coherente y con sentido común, la asignación de habitaciones debe respetar el siguiente orden:

1. Tener en cuenta:

   - Reservas futuras, tales como contingentes, peticiones expresas...
   - Futuros cierres de plantas o edificios del hotel por baja temporada o similar.
   - Planes de limpieza, desinfección, reformas, pintura...

2. En primer lugar se recomienda la asignación de las habitaciones triples y con cunas y hacerlo a primera hora de la mañana y sobre habitaciones de salida, con lo cual se aprovechará que las camas supletorias y cunas ya se encuentran en los dormitorios y los empleados de pisos las vestirán directamente, evitando incoherencias, como es el desplazar las camas supletorias al office y posteriormente volverlas a trasladar a una habitación, volver a

realizar operaciones de vestir la cama y ampliar la dotación de ropa de baño y *amenities*.
3. Seguidamente se deberá atender a solicitudes concretas realizadas en el momento de la reserva y que no se han confirmado pero sí se ha transmitido que se procurarán atender, tales como: primera planta, exterior, silenciosa, comunicadas...
4. A continuación se deberán asignar las habitaciones de grupos, procurando el máximo agrupamiento de las mismas, siendo recomendable un área o zona concreta, por ejemplo zona "A" de la primera planta, pues evitará el bloqueo de los ascensores, facilitará la entrada y salida de equipajes y evitará posibles molestias a otros huéspedes.
5. Se deberá continuar con aquellos tipos de habitaciones más escasas, por ejemplo las suites, las matrimoniales y las individuales, que si bien en el momento de la reserva se han confirmado, ahora es el momento de cumplir con lo prometido.
6. Finalmente, el resto de las reservas. Siendo lo más lógico asignar habitaciones dobles *twin* y matrimoniales a las reservas de doble uso individual, ya que evitaremos problemas futuros de reservas de habitaciones dobles cuando resulte que sus componentes no son pareja.

Fundamentalmente, se deberá hacer una asignación de habitaciones respetando la petición realizada y confirmada en el momento de reserva, sin olvidar las solicitudes concretas que en el momento de la reserva no se han garantizado por no tenerlo especificado en el planning, por ejemplo habitación en la primera planta y cerca del ascensor. A su vez, la asignación debe estar encaminada a minimizar costes al establecimiento, para lo cual lo racional es llenar el hotel por edificios, zonas, plantas..., evitando tener clientes repartidos por todo el hotel, o lo que es lo mismo, procurar cerrar áreas, ya que con ello se cortarían suministros (luces, climatización...) y agruparíamos el trabajo del personal de pisos y *room service*, minimizando así los desplazamientos innecesarios.

En la asignación de habitaciones diferenciaremos dos sistemas:

1. Manual. Para ello nos deberemos servir de la lista de llegadas y del rack de recepción, así como de un plano de las plantas que nos amplíe información sobre ubicación, orientación... Los pasos a seguir serán: marcar en el rack el número de habitación y anotar dicho número en la lista de llegadas.
2. Informático. Lo más habitual será imprimir la lista de llegadas y anotar en la misma el número de habitación que vamos asignando a cada reserva mediante la consulta del rack o planning de disponibilidad informatizado. Con este criterio al recibir al huésped tendremos en su reserva asignada la habitación y solo nos quedará dar la conformidad.

### 3.12.1. Rack manual de recepción

El rack manual de recepción es el instrumento que informa de manera permanente y actualizada al mostrador de recepción del estatus de las habitaciones, y en el caso concreto de las ocupadas, mediante el *slip* ubicado en cada habitación de: nombre, número de personas, fecha de entrada, fecha de salida y, si se desea, nacionalidad, reservador, régimen alimenticio... Por lo que la existencia del rack es imprescindible a la hora de llevar a cabo la asignación de habitaciones y el registro de los huéspedes, siendo compatible con una gestión informatizada, ya que el mismo nos permite visionar la realidad de todo el establecimiento de manera completa y más cómoda que mediante la pantalla del ordenador.

Como puede observarse en la figura 3.3 el rack consiste en un panel o casillero metálico provisto de tantos espacios o ranuras como habitaciones existan en la empresa de alojamiento. Cada uno de los espacios presenta dos ventanas: una en el extremo izquierdo que nos informa del número de habitación, y una segunda ventana central que nos informa del tipo de habitación (DD o =: doble; MA o X: matrimonial), ampliable a una breve descripción de la misma (exterior, con baño, reformada...).

Figura 3.3. Rack manual de recepción sin ocupación.

Los diferentes estatus que pueden tener las habitaciones nos los indicará el rack de recepción mediante el uso de *slips* y de plásticos de diferentes colores. Así, se distinguirá entre:

- Libre: Aquella habitación que está lista y disponible para poder ser ocupada por una llegada. Lo que implica que ha sido limpiada y la gobernanta la ha inspeccionado y ha informado al mostrador. En el rack se identifica con la inexistencia de cualquier documento. En la figura 3.4 serían las habitaciones 107 y siguientes.

- Reservada. Aquella habitación que ha sido asignada a una llegada prevista, de forma que marcamos en el rack la habitación y anotamos el número en la lista de llegadas. Para ello se utilizará un plástico transparente, por ejemplo de color amarillo. En la figura 3.4 sería la habitación 104.

Figura 3.4. Rack manual de recepción con ocupación y asignación.

Como se indicó en el apartado anterior, la asignación de habitaciones de la lista de llegadas es una tarea que se realiza con anterioridad a la llegada de los huéspedes, con lo que al margen de alcanzar una racionalidad en la ocupación, disminuirá el tiempo del registro. El hecho de que una habitación esté reservada para una llegada no implica que sea inalterable, ya que lo que se ha llevado a cabo es asignar de acuerdo con la petición de tipo de habitación; por lo tanto si, por ejemplo, al recibir a un cliente nos solicita unas características que no corresponden a la habitación asignada, se podrá hacer un cambio de asignación y otorgar aquella a otra llegada.

- Ocupada. Una habitación recibe el estatus de ocupada cuando en ella está registrado un huésped que va a pernoctar la noche de hoy.

Con el objeto de que el mostrador de recepción pueda llevar a cabo de manera sencilla el control del estatus de las habitaciones o informe de la gobernanta (véase apartado 3.22), en el que se recogen solo las habitaciones que han sido limpiadas en el día de hoy por las camareras con la característica de "habitación de cliente", o lo que es lo mismo, dicho control de habitaciones no contempla las habitaciones que han sido limpiadas de salida, ni tampoco de las habitaciones que han llegado en el día de hoy, nos vemos obligados a diferenciar entre:

- Ocupada con llegada hoy. En el rack deberán aparecer con el obligatorio *slip* que nos informa de quién, cuántos..., acompañado de un plástico transparente que puede ser de color amarillo que implica que se le había asignado previo a la llegada un número de habitación (en la figura 3.4, la habitación 106), o el *slip* acompañado de un plástico transparente de color, por ejemplo rojo, que implica que en el momento de la llegada del cliente no se le había aún asignado una habitación o se trata de un cliente *walk in* (en la figura 3.3, la habitación 101).
- Ocupada con llegada en días anteriores. Responde a aquellas habitaciones que al menos han estado ocupadas la noche anterior y continúan ocupadas por los mismos huéspedes. En el rack se identifica por la existencia en exclusiva del *slip* (en la figura 3.3, la habitación 105).

• Prevista de salida. Todas aquellas habitaciones que tienen prevista su salida en el día de hoy, que se identificarán con la existencia del *slip* junto con un plástico transparente, por ejemplo de color verde (en la figura 3.3, la habitación 102).
• Sucia. Aquellas habitaciones que habiendo estado ocupadas no han sido objeto de limpieza e inspección, lo cual supone que no pueden ser entregadas a un nuevo huésped, aunque sí pueden ser asignadas a una reserva con la cautela de que antes de que llegue el huésped estén en perfecto estado. En el rack manual se identifica con la presencia en exclusiva del plástico transparente del anteriormente citado color verde (en la figura 3.3, la habitación 103).
• Bloqueada. Todas aquellas habitaciones que por muy diversos motivos (roturas, pintura, reparación, cierre...) no están en condiciones de poder ser ocupadas. Habitualmente se identifican en el rack con la colocación de una cartulina de un color llamativo con el rótulo de "bloqueada", en el que se escribe el motivo del bloqueo y la fecha en que se inicia.
• Habitaciones de grupo. Con el fin de evitar cumplimentar *slip* por *slip* de todos los componentes de un grupo, se viene a optar por la colocación de cartulinas de un determinado color y, fuera de la zona de ranuras específicas de habitaciones se viene a colocar otra cartulina en la que se escribe el nombre del grupo y las fechas de entrada y salida. Se sustituirán los *slips* individuales por una lista o *rooming list* con el nombre del grupo, fecha de entrada y salida, número de habitación y apellidos de cada componente del grupo, régimen alimenticio...

CUADRO 3.1
*Identificación del estatus de las habitaciones en el rack manual*

| | |
|---|---|
| Libre | Sin ningún documento |
| Reservada | Plástico transparente amarillo |
| Ocupada desde el día de hoy | Slip más plástico transparente rojo o amarillo |
| Ocupada desde días anteriores | Slip en solitario |
| Prevista de salida | Slip más plástico transparente verde |
| Sucia | Plástico transparente verde en solitario |
| Bloqueada | Cartulina con la inscripción de "bloqueada" |
| Habitaciones de grupo | Cartulina de un determinado color |

### 3.12.2. El slip

Es un documento que tiene como misión autoinformar al departamento de mostrador de recepción y a cuantos departamentos del establecimiento hotelero se considere de: quién, cuántas personas, cuándo han llegado, cuándo abandonarán el hotel...

Su tamaño, formato, modelaje... varía de un establecimiento a otro, pero debe tener un tamaño apropiado a las casillas o ranuras del rack manual, ya que su destino es colocarse en el apartado correspondiente a una habitación y estar solo o acompañado de plásticos transparentes de diferentes colores para informarnos al margen de cuántas, quién... del estado de la habitación, desde reservada a salida prevista.

Su elaboración y datos se realizan a partir del registro del cliente, es decir, de los datos recogidos en la tarjeta de registro o bienvenida, que no deja de ser el compromiso o acuerdo adquirido entre el cliente y la empresa de alojamiento para la prestación del servicio de alojamiento. Los datos del slip son los siguientes:

- Datos básicos u obligatorios (figura 3.5):
  - Número de habitación.
  - Número de personas.
  - Apellidos y nombre.
  - Fecha de entrada.
  - Fecha de salida.
  - Observaciones (parte inferior que quedaría oculta al introducirse en la ranura), dedicadas a todas aquellas cuestiones que se consideren a tener en cuenta.

- Datos voluntarios o de ampliación de información (figura 3.6):
  - Nacionalidad.
  - Fecha de nacimiento.
  - Número de DNI o pasaporte.

- Domicilio.
- Precio de habitación.
- Régimen contratado.
- Sistema de pago.
- Número de factura.
- Observaciones.
- ...

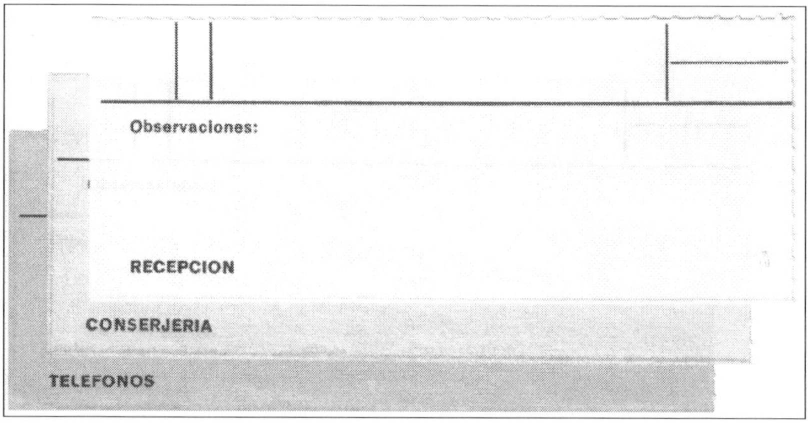


Figura 3.5. *Slip* sencillo.

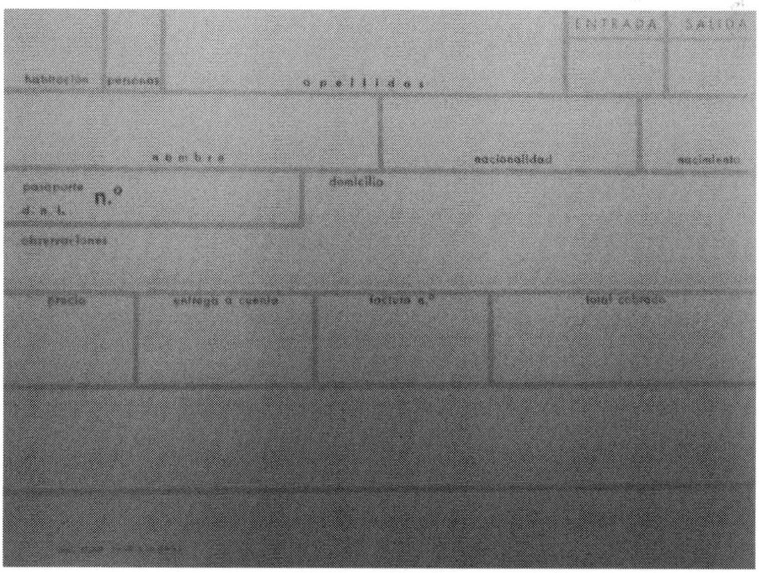


Figura 3.6. *Slip* con amplitud de datos.

Lo más habitual es hacer un solo *slip* por habitación independientemente del número de personas que ocupen la habitación, pero es más que recomendable que se confeccionen tantos *slips* como personas ocupan el cuarto, ya que ante una visita, un mensaje, una llamada telefónica... sería imposible localizar a aquellas personas que no tenga *slip,* ya que para el establecimiento hotelero dichas personas no están registradas y no tiene conocimiento de que estén hospedadas, lo cual a todas luces es un gran fallo de calidad.

Como se indica en la figura 3.1, la cumplimentación del *slip* se realiza con los datos de la tarjeta de registro y se elaborarán tantas copias como departamentos a los que se desea informar, destacando los siguientes:

- Mostrador de recepción. Lo colocará en su rack (figuras 3.3 y 3.4) con el objeto de llevar a cabo todas las operaciones propias de asignación, planificación de salidas, control de gobernanta...
- Teléfonos. Archivará por orden alfabético con el objeto de conocer el número de habitación que ocupa un cliente para poder pasar una llamada.
- Conserjería. Organizará en rack alfabético con el objeto de poder saber qué habitación ocupa un huésped ante una visita, entrega de un mensaje y similares. En los establecimientos con llave metálica es conveniente colocar también un *slip* en el casillero de la llave para facilitar la identificación de que la persona que solicita la llave es también el titular de la habitación, así como controlar el número de personas que acceden a la misma.
- Office de pisos. Archivará por orden numérico de habitación para que las empleadas de pisos conozcan de manera directa los datos de cada habitación ocupada, destacando el poder conocer el nombre de los clientes si se tienen que dirigir a ellos, sin olvidar el número de personas, fecha de salida (pero menos relevante ya que la gobernanta dará información sobre temas de ejecución de tareas como coberturas, salidas...).
- Otros. Cabe pasar información a otros departamentos del establecimiento, en especial a los que son punto de venta, siempre y cuando el *slip* contenga datos relativos a régimen alimenticio o similares, pero dicha cuestión suele ser más cómodo abordarla con el envío por parte de recepción de un listado de clientes alojados con régimen alimenticio y mediante las previsiones.

### 3.12.3. Rack informatizado

El rack informatizado cumple el mismo cometido que un rack manual, es decir, conocer en todo momento el estatus de las habitaciones, conociendo de manera muy sencilla los datos del slip con un doble clip sobre el mismo. En cuanto a la asignación de habitaciones la podemos realizar en el momento de la reserva (cuestión no muy recomendable), al efectuar la llegada el cliente o de manera anticipada sobre el listado de todas las llegadas para el día de hoy. No obstante, en algunos establecimientos hoteleros compatibilizan el rack manual con un programa de gestión informatizada y que los *slips* los confeccione el programa.

En la figura 3.7 tenemos un ejemplo del rack del programa de gestión informatizada "Suite", bajo la denominación de planning real a fecha de 07/02/2012, en el que podemos observar:

- 101, ocupada con llegada el 6/3/12 y salida el 11/3/12.
- 102, prevista de salida.
- 103, reservada con llegada hoy y salida prevista para el 12/3/12.
- 104, bloqueada por pintura.
- 105, sucia.
- 106, libre.

La información del estado de cada habitación y los datos en el caso de estar ocupada se ve con gran facilidad por medio de los distintos colores que aparecen a la izquierda del número de habitación, así como haciendo doble clic sobre la habitación deseada para abrirnos los datos de la hoja de reservas.

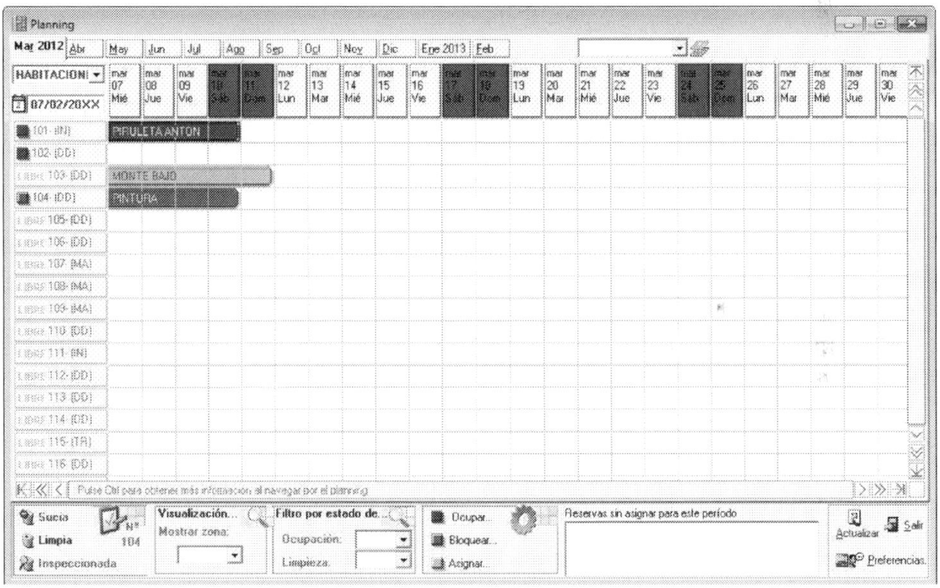


Figura 3.7. Rack informatizado.

En cuanto a las funciones del *slip* como herramienta de localización de huéspedes, el sistema informatizado lo resuelve de manera sencilla: picar en "Estancias"–"Buscar". La pantalla resultante nos ofrece varios medios de búsqueda, entre ellos por nombre del cliente, y si lo que queremos ver es la relación de todas las habitaciones ocupadas con nombre, reservador, fecha de entrada y salida, lo conseguimos con un doble clic en el faldón inferior de la pantalla (figura 3.8).

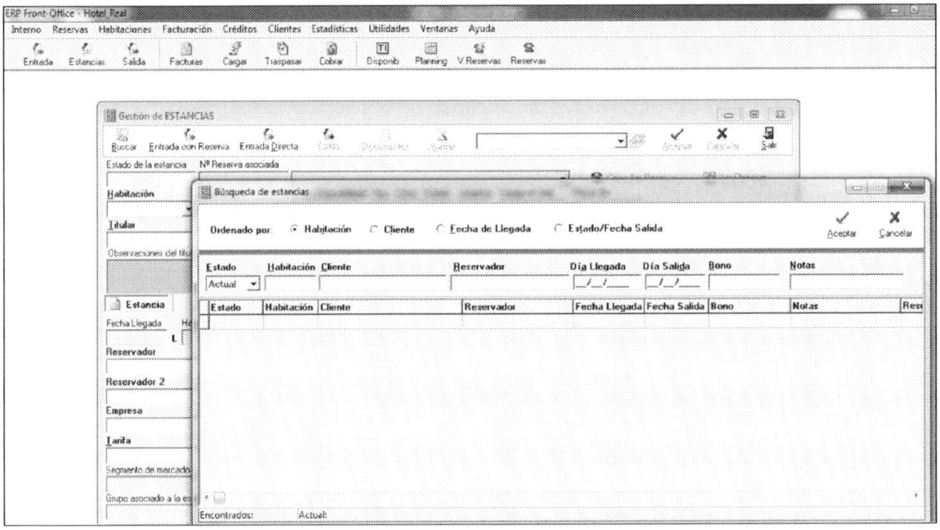


Figura 3.8. Búsqueda de clientes hospedados.

## 3.13. Aviso de colocación de camas supletorias y cunas

La colocación de camas supletorias o cunas en una habitación responde a que las empresas de alojamiento ofertan incrementar el número de personas en sus habitaciones, principalmente en las dobles. La denominación más típica es la de habitación triple, consistente en la colocación de una cama supletoria (cama plegable o turca) o a la apertura de un sillón o sofá cama instalado en la propia habitación doble, con lo que el número de huéspedes pasa de dos a tres.

Para que un establecimiento hotelero pueda ampliar el número de personas alojadas en una habitación, o lo que es lo mismo, para que pueda ofertar habitaciones triples, requiere autorización de la autoridad turística. Cuestión que la Orden de 15 de septiembre de 1978, en su artículo 9, normaliza con la siguiente redacción:

> La instalación de camas supletorias en las habitaciones estará condicionada al cumplimiento de los siguientes requisitos:
>
> A) que se haya obtenido la previa autorización del organismo turístico competente, que determinará claramente el número de camas supletorias que podrán instalarse en cada habitación.
>
> B) que se realice a petición expresa de los clientes, lo que se acreditará incorporando a la copia de la correspondiente factura el documento en que conste tal petición.
>
> La posible instalación de cunas para niños menores de dos años tendrá carácter gratuito.

El primer requisito obliga al hotel a haber solicitado autorización para que una habitación individual o doble pueda ser objeto de la colocación de una o dos camas supletorias. Autorización que en gran medida estará condicionada a que la habitación en cuestión tenga un determinado número de metros cuadrados por encima del mínimo establecido según categoría (un exceso en torno a los 3 $m^2$). Raramente nos encontraremos con habitaciones individuales autorizadas para colocar una cama supletoria y mucho menos dos; siendo lo más habitual que se oferte alguna habitación doble con capacidad para tres personas (la clásica habitación triple).

El segundo requisito consiste en que el propio huésped haga una solicitud expresa de petición. Lo cual, si bien es cierto que la mayoría de las empresas de alojamiento no lo ponen en funcionamiento, consiste en la cumplimentación de un impreso en el que se recojan los siguientes datos: nombre del huésped, número de habitación, fecha y firma (figura 3.9). Este documento formará parte del expediente de un registro y con la obligación de quedar archivado.

D. ______________________________

solicita le sea colocada _____ cama/s supletoria/s en su habitación número _____.

Fecha y firma,

Figura 3.9. Modelo de petición de cama supletoria.
*Fuente:* Dorado y Cerra, 2000.

En cuanto al tema de tarifas de las camas supletorias recordemos lo expresado en el apartado 2.9.1, y respecto a las cunas con carácter general tienen una tarifa gratuita para niños menores de dos años (mirar siempre la legislación de cada Comunidad Autónoma).

Para llevar a cabo el proceso propiamente dicho de la colocación de camas y cunas nos remitimos a lo ya expuesto en el apartado 3.12. Recordando que es el mostrador de recepción quien sabe cuántas camas y cunas se precisan para las nuevas llegadas y en dónde se desea que sean colocadas, es recomendable que se ubiquen, salvo peticiones concretas de los clientes, en habitaciones que siendo de salida tuvieran las mismas ya colocadas, es decir, asignar triples de llegada en las triples de salida, con el fin de evitar desplazamientos de camas y cunas innecesarios. Una vez establecido en qué habitaciones se colocarán las camas supletorias y las cunas, el mostrador se lo comunicará a la encargada de pisos, esta a su vez informará a la camarera correspondiente y una vez realizado el trabajo informará a recepción de la disponibilidad de las habitaciones.

## 3.14. Atenciones casa

Las atenciones casa consisten en demostrar a los huéspedes por parte de la dirección de la empresa de alojamiento su agradecimiento por haber elegido el hotel. Consecuentemente, las atenciones casa responden a una política comercial mediante la cual la dirección, como buena anfitriona, da la bienvenida al establecimiento a sus clientes.

El sistema para demostrar dicho agradecimiento sería en primer lugar recibirlos a su llegada, cuestión que quedará reservada solo para aquellos huéspedes que por su importancia sean merecedores de ello. Es comprensible que de manera directa no se pueda acoger a todos los huéspedes no solo por el elevado coste económico, sino por el factor tiempo, aun en el caso que una determinada persona, que podría ser el relaciones públicas o similar, lo hiciera. Por todo ello, es el personal de mostrador de recepción quien, en nombre de la dirección, acoge al cliente, le da la bienvenida y pone a su disposición todas las instalaciones y servicios.

En segundo lugar, la demostración de agradecimiento se lleva a cabo mediante la colocación en la habitación de algún detalle, que puede ser muy variado y extenso. Las atenciones las clasificamos mediante una clave para diferenciar su contenido, como atenciones A, B, C… para que sea más sencilla a nivel interno la comunicación de su composición.

El tipo de atención más común es: agua y cesta de frutas, consecuencia de que las mismas son aceptadas por todo tipo de personas independientemente de su nacionalidad, creencias… y difícilmente pueden herir sentimientos. Por otra parte, se entiende de buena hospitalidad ofrecer agua a la llegada a una casa y, bajo un aspecto de costes ambas no suponen un alto importe, al margen de lo espectacular y decorativo que las frutas poseen por sus formas y colores. A partir de este tipo de contenidos la ampliación es muy extensa como: flores, bebidas, abrecartas, llavero, albornoz, cerámica…, debiendo tenerse en cuenta que en ningún caso supongan un rechazo y que su estado sea el idóneo. Por ejemplo, sería catastrófico poner una botella de cava que a la llegada del huésped estuviera caliente o ponérselo a un cliente de religión musulmana.

El proceso de colocación de atenciones debe seguir los siguientes pasos:

- Revisar la lista de llegadas del día, con especial atención no solo a quién es la persona que nos visita, sino a quién nos hace la reserva.
- Acudir a los cardex (véase apartado 2.11), tanto de personas como de empresas y agencias, donde encontraremos detalles de su grado de importancia, de si en visitas anteriores se les han puesto atenciones y en qué han consistido, y controlar que en el caso de habérsele puesto atenciones en ocasiones anteriores si han sido o no consumidas, para que en caso negativo se busquen otras alternativas.
- Comunicar al departamento de pisos y de *room service* (u otro dependiendo de la organización del hotel) para que revise la habitación, coloque los detalles comunicados y prepare bandejas con los contenidos de comida y bebida.
- Confeccionar una relación en la que se hará constar:

  - Número de habitación.
  - Número de personas.
  - Nombre.

– Tipo de atenciones.
– Hora prevista de llegada.
– Motivo.

- Enviar con la mayor antelación posible la relación anterior a todos los departamentos afectados, tales como:

  – Regiduría de Pisos. Revisión de la habitación y colocación de aquellas cuestiones que le sean propias, como por ejemplo *amenities* especiales.
  – Economato. Para que haga previsión de necesidades.
  – *Room service*. Justificante del consumo de materias primas o para la extracción de las mismas del economato, cafetería, cocina..., preparación y montaje de bandejas, y traslado y colocación en las habitaciones con la menor antelación posible al registro.
  – Conserjería. Adquisición de componentes que no existen en el establecimiento, como por ejemplo un centro de flores.
  – Dirección, relaciones públicas... para que en su caso reciban de manera personal a los huéspedes.

- Acompañar al listado tarjetas del director o persona que da la bienvenida, con una pequeña frase de cortesía y firma.

La relación de atenciones casa, como se ha indicado, puede ser mediante un listado, pero en el caso de ser pocas se puede suplir por un documento independiente por cada habitación, debiendo en cualquier caso especificarse que son atenciones casa y no suponen ningún cargo para el cliente. Cuestión esta que, siguiendo el mismo protocolo, cambia cuando es el propio cliente o su reservador quien solicita que sean colocados ciertos detalles en la habitación a la llegada, lo cual desde el momento de la reserva se ha establecido y se ha valorado su importe, y deberá reflejarse en la factura con una anotación de cargo.

## 3.15. Registro de llegadas

El registro de llegadas es la función de mayor peso del subdepartamento de mostrador y de su buena o mala gestión dependerán las consecuencias positivas o negativas para todo el establecimiento.

El registro de un huésped supone pasar de una situación de compromiso de solicitud de servicios llevado a cabo en la reservación, a la materialización y ejecución de la prestación de los mismos. Es pasar de una situación de futuro a una situación de presente, de ser un albarán de pedido de servicios a una entrega de los mismos. De ahí que se deba ser muy exigente y escrupuloso en el proceso de registro, pues se adquiere por parte de la empresa de alojamiento un compromiso firme de los servicios a prestar, duración e importe.

Dentro del registro de llegadas diferenciamos las siguientes tareas:

- Asignación de habitación (véase apartado 3.12).
- Colocación de camas supletorias y cunas (véase apartado 3.13).
- Atenciones casa (véase apartado 3.14).
- Revisión y confirmación de los datos de la reserva (véanse apartados 2.13 y 2.17).
- Actualización y recogida de peticiones no solicitadas anteriormente.
- Control del equipaje de llegada (véase apartado 3.18).
- Cumplimentación de la tarjeta de registro.
- Elaboración del parte de viajeros o ficha de policía (véase apartado 3.17).
- Edición de llaves (véase apartado 3.16).

### 3.15.1. Revisión y confirmación de los datos de la reserva

El tratamiento del registro de un huésped en un establecimiento hotelero se lleva a cabo mediante un protocolo, que en términos generalistas, tiene los siguientes pasos:

- *Buenos (días, tardes…). ¿En qué puedo ayudarle?*
- El cliente nos podrá responder que tiene una reserva o que desea una habitación. Si la respuesta es que desea una habitación, se le preguntará: *¿Tiene reserva?* En caso de respuesta afirmativa, seguiremos el proceso de registro. En el caso de que la respuesta sea negativa, buscaríamos una solución encaminada a alojarle en el propio establecimiento si tenemos espacio siguiendo el proceso de registro; y en caso de que no tengamos disponibilidad se mediará para buscarle alojamiento en otro establecimiento de similares características al nuestro (de este buen hacer estaremos creando un cliente no real pero sí un cliente potencial para próximas visitas a nuestra ciudad).
- El recepcionista acudirá a la lista de llegadas, ya sea esta manual, impresa del programa de gestión o directamente a la pantalla de llegadas previstas del programa informático (véase apartado 2.17), y realizará una revisión de los datos que en el momento de la reserva fueron recogidos. Conviene destacar lo siguiente:

  - Al margen de la revisión de datos, la primera pregunta a plantear al huésped es: *¿tiene equipaje?*, en caso afirmativo se le preguntará: *¿se lo han recogido?*, y en el caso de nuevo afirmativo: *¿me permite el tique que le ha entregado el mozo?* Mediante este proceso iniciamos el control de equipajes de llegada (véase apartado 3.18).
  - *¿Su reserva es a nombre de…?*
  - *Es una habitación (doble, individual…), para (1, 2…) personas.*
  - *Nos solicitó que la habitación fuera en la primera planta, ¿verdad?* o *¿desea que la habitación sea exterior…?* Con lo que, siempre que sea factible, personalizaremos el servicio más allá de lo anotado en el momento de la reserva. Es así mismo el momento para poner en práctica las técnicas de *up selling*, mediante las cuales el empleado de recepción tratará de vender más productos o un servicio de mayor valor, por ejemplo: *El hotel dispone*

*de habitaciones en la planta de ejecutivos que por un importe de x € más tendrá usted a su disposición... ¿Desea que le reserve una plaza de garaje durante su estancia?*

- *¿Su fecha de salida es el día...?*
- *¿El régimen de estancia será de (sólo habitación, habitación y desayuno...)?*
- *¿La reserva ha sido efectuada por (nombre de la agencia, empresa...)?*
- *¿El sistema de pago de la factura es mediante (tarjeta de crédito visa, a cuenta de la empresa o agencia de viajes...)?* En cualquiera de los casos es el momento oportuno de materializar el sistema de pago, ya sea solicitando la tarjeta de crédito que nos anunció en la reserva, pidiéndole el bono de la agencia de viajes, la carta de empresa..., siempre y cuando no tengamos el documento en nuestro poder, que de ser así, sacaríamos del expediente donde tenemos la documentación soporte de la reserva. Siempre se deberán revisar los datos para que esté todo conforme, con especial atención a: duración de la estancia, tipo de habitación y de los servicios que se hace cargo el reservador. A fecha de hoy no es una práctica extendida en todos los establecimientos hoteleros el solicitar una garantía de pago en el momento del registro, nos referimos concretamente a requerir al huésped una tarjeta de crédito que garantice los consumos durante su estancia, pero no deja de ser una sugerencia que damos, siendo conscientes de que cada empresa de alojamiento tendrá su propia política (sólo a los clientes sin reserva, solo a aquellos que no tienen equipaje, a todos los clientes al margen de que la agencia de viajes les cubra la habitación y el desayuno...). Solo una cuestión más con respecto a esta situación: hay que transmitir al cliente de la mejor forma posible que el hotel le da crédito para poder consumir en todas su dependencias y para ello se precisa que nos dé una garantía de pago, o que para poder consumir a crédito (minibar, restaurante, teléfono...) el hotel precisa que se le sea facilitada una tarjeta de crédito. La realidad es que es una práctica cada vez más extendida, sobre todo en alojamientos extranjeros, por lo que los clientes no oponen ninguna resistencia a dar una garantía, recordando el gran apoyo que, supone que, si en el momento de la reserva se le demandó cuál sería el sistema de pago, el recepcionista simplemente tiene que decir: *¿su sistema de pago será mediante tarjeta de crédito visa?, ¿me la puede facilitar?* Para finalizar esta cuestión de garantía de pago, recordamos la orden de 15 de septiembre de 1978 que en su artículo 12.1 establece:

> Los clientes tienen la obligación de satisfacer el precio de los servicios facturados en el tiempo y lugar convenidos. A falta de convenio, se entenderá que el pago deben efectuarlo en el mismo establecimiento y en el momento en que les fuese presentada al cobro la factura".

En consecuencia, el hotel tiene derecho a cobrar el importe de la habitación diariamente, así como todos los consumos que se hubieran realizado en las instalaciones del hotel, pudiendo en caso de no ser realizado el pago resolver el contrato de hospedaje y exigir la desocupación de la habitación.

- *¿Me permite su DNI o pasaporte?* Cuestión que no será necesaria en el caso de que tengamos creado el cardex de persona (véase apartado 2.11). Iniciándose el proceso de cumplimentación de la tarjeta de registro (véase apartado 3.15.2) y la elaboración del parte de viajeros o ficha de policía (véase apartado 3.17).
- El proceso continúa con la cumplimentación (manual o informatizado) por parte del recepcionista de la tarjeta de registro y de la ficha de policía y, la firma por parte del cliente de dichos documentos, momento que podemos aprovechar para dar al huésped información relativa a su número de habitación y los servicios e instalaciones del hotel, por ejemplo: *Su habitación es la número... situada en la... planta. El horario del desayuno es de... a... El hotel dispone de restaurante situado en la planta baja. Si lo desea le puedo ofrecer un mapa y señalarle lugares de interés. Sr/a... ¿desea utilizar nuestro servicio de despertador? Su equipaje será subido en breve. El ascensor se encuentra...* Y con una frase de despedida final de acogida, por ejemplo: *Sr/a... le deseo una feliz estancia. Si precisa cualquier tipo de información, mi nombre es... Estoy a su disposición para cualquier cosa que precise. Sr/a... para cualquier cuestión no dude en preguntarnos.*

### 3.15.2. La tarjeta de registro

La tarjeta de registro responde a la aceptación por parte de un establecimiento hotelero de un huésped y, de este por su parte, en respetar las condiciones establecidas en dicho documento.

Se podría decir que la tarjeta de registro es un contrato de hospedaje por el que una empresa de alojamiento y una persona acuerdan la prestación de un servicio de alojamiento, en una determinada habitación, por un periodo de tiempo y a un precio diario establecido. Ahora bien, tal tipo de contrato en el ordenamiento jurídico no existe, por lo que podríamos decir que se trata de un contrato atípico, mediante el cual la empresa hotelera se obliga a dar a un particular alojamiento, con o sin servicios de alimentación, por una duración determinada y a cambio de un precio. Igualmente, a la tarjeta de registro podemos darle el tratamiento de un contrato de adhesión, ya que su contenido o cláusulas son establecidas en exclusiva por el proveedor de los servicios (hotel), y que el huésped ha de aceptar, tal como ocurre con los típicos contratos de suministro de electricidad, teléfono...

Las empresas de alojamiento mediante la tarjeta de registro responden a la obligación marcada por la orden de 15 de septiembre de 1978 en su artículo 2, que establece:

> En todo caso el cliente deberá ser notificado antes de su admisión del precio que le será aplicado, a cuyo efecto se le hará entrega de una hoja en la que constará nombre y categoría del establecimiento, número o identificación del alojamiento, precio del mismo y fechas de entrada y salida. Dicha hoja, firmada por el cliente, tendrá valor de prueba a efectos administrativos y su copia se conservará en el hotel a disposición de la inspección durante un año.

Los datos básicos de la tarjeta de registro son:

- Datos del establecimiento: nombre, categoría, domicilio, teléfono, fax, e-mail…
- Datos del huésped: apellidos y nombre, y firma del documento.
- Acuerdo o cláusulas: número de habitación, número de personas, fecha de entrada, fecha de salida y precio diario de la habitación. Ampliable a: régimen alimenticio, reservado por, forma de pago, nacionalidad, pasaporte o DNI…

Mediante los datos anteriores el hotel se compromete a prestar el servicio de alojamiento en los términos estipulados, y el huésped, a no ocupar la habitación con más personas de las establecidas (supondría al menos una variación en el importe de la habitación), a satisfacer el precio pactado en el momento en que les fuese presentada al cobro la factura y a desocupar la habitación en la fecha señalada (el hotel tiene derecho a desalojar el cuarto, depositando el equipaje en las dependencias del hotel o en un depósito por cuenta del cliente). No obstante dichas cláusulas puede sufrir modificaciones, tales como el cambio de habitación por parte del hotelero por motivos razonados (por ejemplo una avería) o que el huésped abandone el establecimiento antes de la fecha establecida sin que ello suponga tener que satisfacer el precio completo (cuestión no cierta si lo que se ha contratado es un *pack* mediante una empresa de intermediación, la cual sería, si procede, la que debería devolver el importe al huésped).

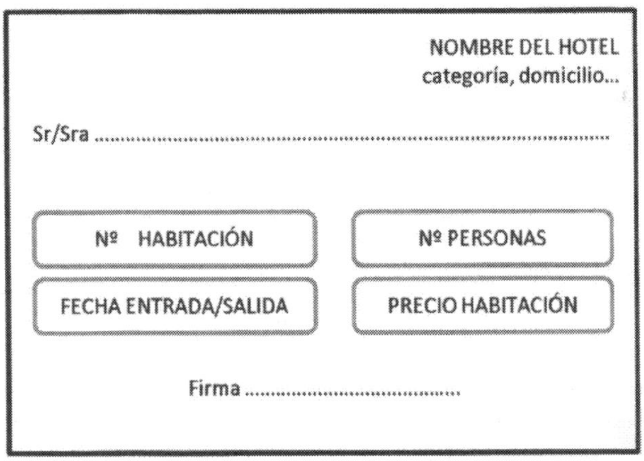


Figura 3.10. Tarjeta de registro o de identificación.

Cuando la tarjeta de registro recoge más datos de los legalmente establecidos recibe la denominación de tarjeta de bienvenida o *welcome card*, entre los que destacamos toda aquella información relativa a instalaciones, servicios, horarios, normas… del establecimiento hotelero. Por ejemplo: desayuno bufé caliente de lunes a viernes de 07.00 a 11.00 horas; sábados, domingos y festivos de 08.00 a 11.30 horas. Si desea prolongar su estancia le rogamos que lo comunique en recepción. Para su propia seguridad, rogamos exhiba la presente tarjeta al firmar sus consumos a crédito. No se aceptan cheques personales. El hotel no se responsabiliza de los objetos de valor no depositados para su custodia. Se ruega dejen libres las habitaciones antes de las 12.00 horas. Normas sobre Ley de protección de datos… Igualmente, en un sentido de una mejor acogida, la propia tarjeta puede recoger un plano de la zona, teléfono y correo electrónico de la central de reservas, ofertas especiales, relación de otros establecimientos de la cadena hotelera, medio para solicitar la tarjeta de cliente, e incluso en ocasiones adjuntar bonos de descuentos y de degustaciones en tiendas de recuerdos, coches de alquiler, city tours, bares, museos…

| NOMBRE DEL HOTEL | LA DIRECCIÓN Y EL PERSONAL DEL HOTEL |
|---|---|
| *categoría*<br>*domicilio*<br>*telf. télex, fax*<br>*población* | *Le desean una felíz y agradable estancia* |
| Apellidos ..........<br>Nombre ..........<br>Núm. de habit. [ ] Núm pers. [ ]<br>Nacionalidad ..........<br>Reservado por ..........<br>Régimen ..........<br>Fecha entrada [ ]<br>Fecha salida [ ]<br>Precio habitación [ ]<br>Firma: | Le recordamos que si tiene prevista su salida después de las 12 horas, lo comunique a la Recepción al objeto de evitar...<br>Se ruega a los Sres. Clientes utilicen las cajas de seguridad para depositar sus valores.<br>Si desea prolongar su estancia, le rogamos comunicarlo a la Recepción.<br>Para su propia seguridad, rogamos exhiba la Tarjeta de identificación al firmar sus notas de crédito.<br>(etcétera)<br>(Horarios de las distintas dependencias)<br>(Direcciones de otros Hoteles de la cadena) |

Figura 3.11. Tarjeta de registro o bienvenida.
*Fuente:* Dorado y Cerra, 2000.

La tarjeta de registro se confecciona con original y copia: el primero con destino al huésped y la segunda para el propio establecimiento, que deberá conservarla a disposición de la inspección al menos durante un año.

Independientemente de todo lo anteriormente expuesto, la tarjeta de registro tiene los siguientes objetivos:

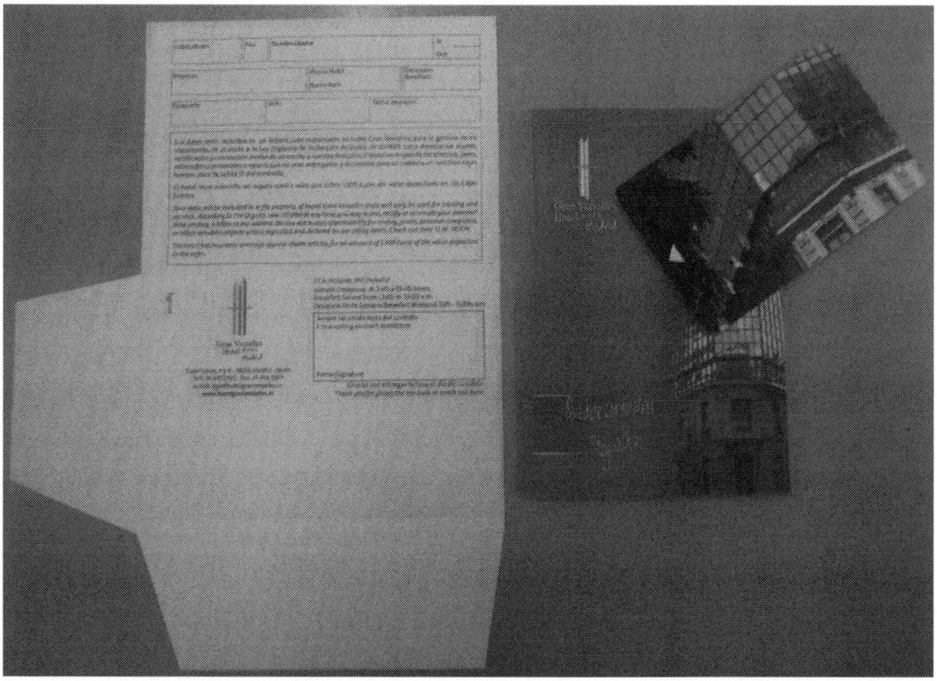

Figura 3.12. Tarjeta de registro y llave de apertura de habitación.

- Para el huésped:

  *a)* Medio por el cual el establecimiento hotelero informa al cliente de su número de habitación, estancia y precio diario de la habitación, y este a su vez mediante la firma de dicho documento se da por enterado de las condiciones básicas de la prestación del servicio de alojamiento y de las normas del hotel.

  *b)* Tarjeta que le identifica como huésped de la empresa de alojamiento, permitiéndole utilizar las dependencias comunes, retirar (si procede) la llave de su habitación, acceder a determinadas instalaciones (piscina, gimnasio...).

  *c)* Tarjeta que le permite consumir a crédito en los diferentes puntos de venta, ya que posee los mismos datos que una tarjeta de crédito al uso: número de habitación (número de identificación), fecha de entrada y salida (caducidad) y firma. Evidentemente el uso de la tarjeta de registro como tarjeta de crédito interna está supeditada a que le haya dado dicho atributo, cuestión que en ocasiones no es así por no haber entregado el cliente un depósito o autorización al cargo mediante una tarjeta de crédito. Suele ser práctica muy habitual que a determinadas tipologías de huéspedes (grupos, convenciones, niños...) se les haga entrega de una tarjeta de registro de distinto color a la habitual, con el significado para los empleados del establecimiento de que no es válida para consumir a crédito, incluso con el bloqueo de la línea telefónica para llamadas al exterior y el cierre del minibar.

- Para la empresa de alojamiento:

  *a)* Documento mediante el cual se puede demostrar al huésped y a la autoridad turística (caso de reclamación) las condiciones pactadas en el momento del registro.
  *b)* Medio para informar a los huéspedes de las instalaciones y servicios del hotel, así como sus horas de funcionamiento y ofertas.
  *c)* Soporte para dar a conocer las normas del establecimiento.
  *d)* Publicitar los establecimientos hoteleros de la cadena hotelera, con sus direcciones, categoría... y de la central de reservas.
  *e)* Incentivar al cliente para hacerse socio.
  *f)* Recogida de datos para confeccionar el slip y dar de alta la factura.

### 3.15.3. Registro informatizado

El sistema de registro mediante la utilización de un programa informatizado de gestión hotelera se basa en los mismos principios que un sistema manual. El proceso se inicia entrando en el epígrafe de "Entradas", ofreciéndonos el sistema el listado por orden alfabético de todas las reservas con llegada para el día de hoy. Posteriormente haremos doble clic sobre la del cliente a registrar (figura 3.13), aflorando el menú de "Gestión de estancias" (figura 3.14), en el que asignaremos la habitación eligiendo sobre las que el sistema nos ofrece (1) o acudiendo a "Ver Planning" (2) para hacer una asignación manual.

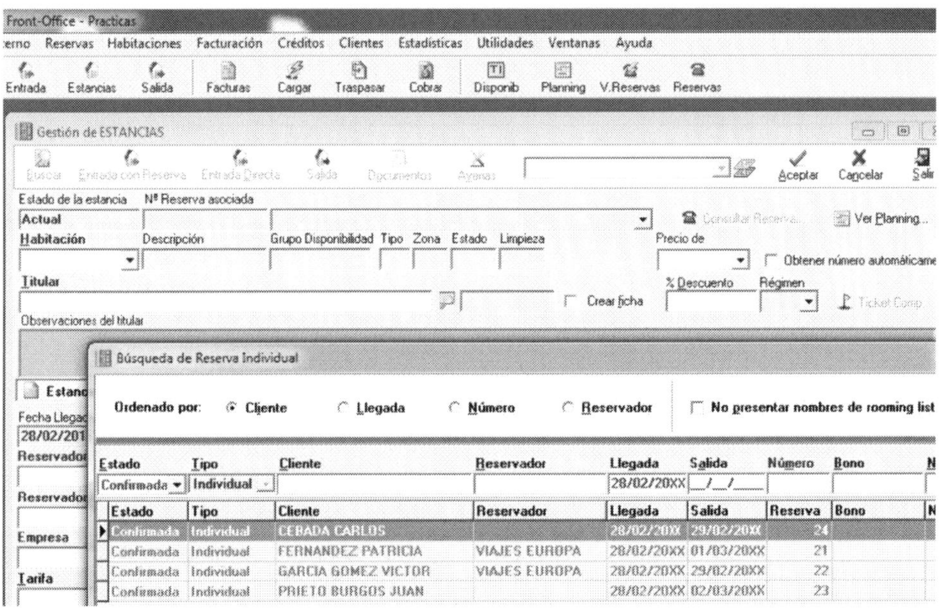


Figura 3.13. Localización de una entrada con reserva.

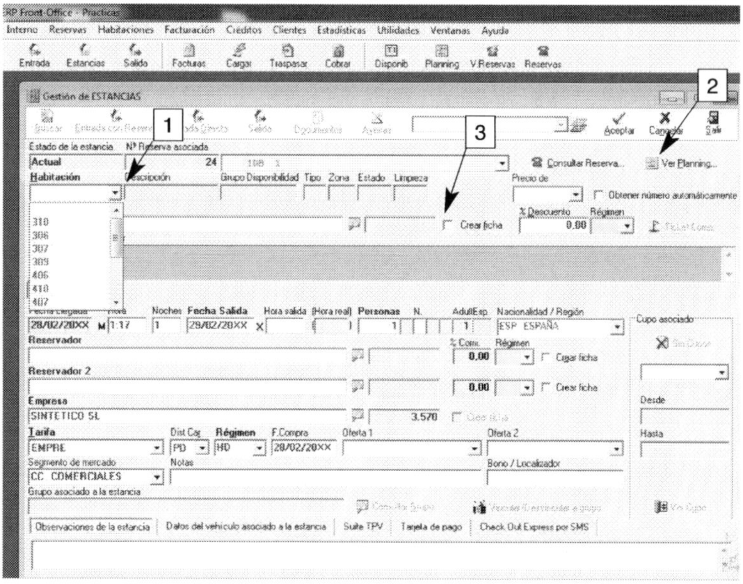


Figura 3.14. Asignación de la habitación de manera automática o mediante la consulta del planning.

Dentro del registro tendremos la opción de "Crear ficha de cliente" (3), con el objeto de darle de alta (sólo en el caso de que no tuviera ya ficha) y poder confeccionar de manera automática el parte de viajeros.

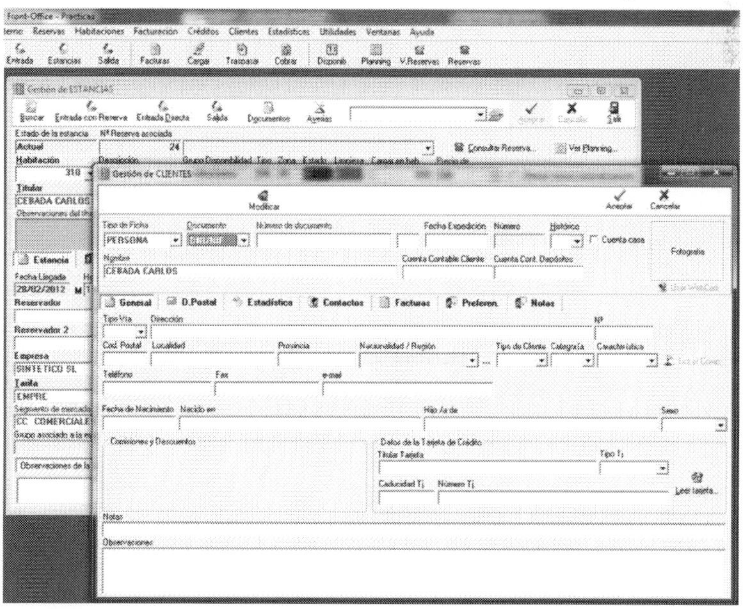

Figura 3.15. Apertura de gestión de clientes para la creación de cardex y posterior parte de viajeros.

En el supuesto de un cliente sin reserva, la gestión del registro informatizado consiste en hacer una entrada sin reserva previa (cliente de paso o *walk in*), lo que implicará la recogida de todos los datos necesarios (nombre, tipo de habitación, fecha de salida, consulta de disponibilidad, tarifa...) y posteriormente asignar la habitación. Para ello entraremos en el epígrafe Habitaciones >> Gestión de estancias >> Entrada directa (figura 3.16), aflorando la ya conocida hoja de reservas pero bajo el formato de "Gestión de estancias" (figura 3.17), en la que deberemos cumplimentar todos los datos obligatorios, asignar habitación y crear ficha si procede.

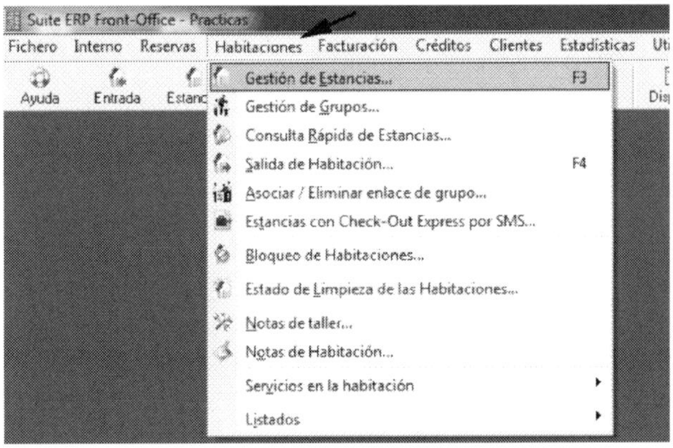


Figura 3.16. Entrada sin reserva.

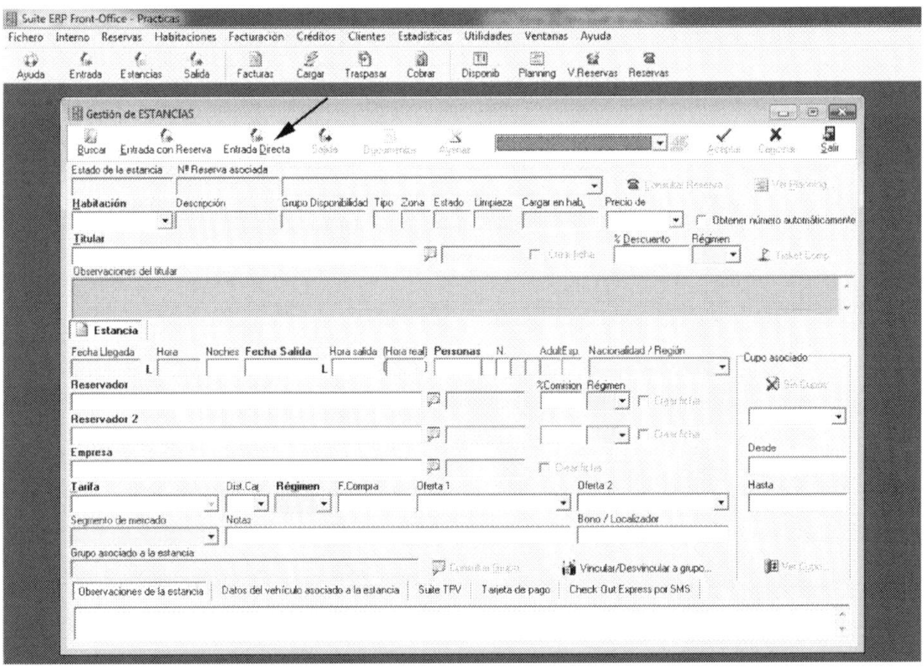


Figura 3.17. Gestión de estancias para entrada sin reserva.

## 3.16. Edición de llaves

La denominación de este apartado como edición de llaves hace referencia a que el establecimiento hotelero no tiene un sistema de apertura de puertas de las habitaciones mediante las clásicas llaves metálicas. En el supuesto de que fuera este el medio empleado, el mostrador de recepción le hará entrega al huésped de la llave correspondiente o, en el caso de existir el departamento de conserjería, el empleado de recepción solicitaría al cliente que pasara por conserjería a recoger su llave o indicaría a un auxiliar de recepción conserjería (botones) el número correspondiente de habitación para que la recogiera de conserjería y acompañara al huésped a su habitación (cuestión esta última de máxima acogida).

En la actualidad existen variados sistemas de apertura de llaves, todas ellas poseedoras de un alto nivel de seguridad, ya que la mayoría de los sistemas en el mercado controlan el número de llaves editadas, y se puede saber en todo momento qué llave y a qué hora ha sido utilizada para la apertura de la habitación, es decir, si ha sido la del propio huésped, la de la camarera, la de la gobernanta...

Existen variados softwares para la gestión de las denominadas llaves magnéticas, pudiendo ser instalados de manera independiente o asociados directamente al programa de gestión informatizada hotelera.

El proceso es muy simple: una vez asignada la habitación a una nueva llegada se dará orden de grabar o codificar la llave con acceso a la habitación correspondiente, pudiendo hacerse en caso necesario más de una, por ejemplo cuando sean dos personas y vayan a acceder a la habitación de manera independiente. Una de las cuestiones a tener en cuenta por motivos de seguridad es no poner nunca en las mismas el número de habitación, ya que en el caso de ser extraviada la persona que la encuentre puede hacer un mal uso de la misma. Así mismo es muy importante que cuando se realice la salida del hotel la llave se descodifique y todos los datos en la misma desaparezcan.

Entre los diferentes tipos de llaves destacamos: las de banda magnética, las de chip y la de radiofrecuencia o de aproximación (véase figura 3.2).

## 3.17. El parte de viajeros

El parte de entrada de viajeros, comúnmente conocido como ficha de policía, responde a la obligación de todas las empresas de alojamiento de informar a las autoridades (policía nacional o guardia civil) de todas las personas que se registran en sus establecimientos.

La normativa vigente a aplicar es la Orden Int/1992/2003, de 3 de julio, sobre libros-registro y parte de entrada de viajeros en establecimientos hoteleros (debiéndose tener presente: el Decreto 1513/1959, de 18 de agosto, las Órdenes del Ministerio de Información y Turismo de 28 de julio de 1966 y de 17 de enero de 1967 y el Decreto 393/1974 de 7 de febrero), destacando:

- Toda persona mayor de dieciséis años alojada debe firmar un parte de entrada (en terminología hotelera recibe el nombre de "ficha de policía").

- El impreso de partes de entrada de viajeros tendrá un modelaje normalizado (figura 3.18) y serán generados por el propio establecimiento.

BOE núm. 165 Viernes 11 julio 2003 2718

**ANEXO**

**Tamaño A-5**

**Modelo de parte de entrada de viajeros.**
**Hoja-registro**
(Rellenar con mayúsculas)
**Datos del establecimiento**

NIF: Parte nº
Nombre del establecimiento:
Municipio:
Provincia:

Sello del establecimiento

***DATOS DEL VIAJERO***

Núm de documento de identidad:
Tipo de documento: (1)
Fecha expedición del documento: (5)
Primer apellido:
Segundo apellido:
Nombre:
Sexo: (2)
Fecha de nacimiento: (3)
País de nacionalidad:(4)
Fecha de entrada:(5)

_________, ___ de ___________ de 20 __

Firma del viajero

La recogida y tratamiento se hará de acuerdo con la Ley Orgánica 15/1999, de 13 de diciembre, de Protección de Datos de Carácter Personal y al amparo de lo dispuesto en el artículo 12.1 de la Ley Orgánica 1/1992, de 21 de febrero, sobre Protección de la Seguridad Ciudadana.

Instrucciones de confección del impreso.

(1) Se admiten:
- Para españoles: D.N.I., pasaporte o permiso de conducir.
- Para extranjeros: pasaporte, carta o documento de identidad (para ciudadanos de la Unión Europea, Andorra, Islandia, Suiza, Noruega, Malta, Mónaco y San Marino). Permiso de residencia español en vigor para los extranjeros residentes en España.
Se cumplimentará: **D** = DNI, **P** = pasaporte, **C** = permiso de conducir, **I** = carta o documento de identidad, **N** = Permiso de residencia español, **X** = Permiso de residencia de otro Estado Miembro de la Unión Europea
(2) **F** = sexo femenino, y **M** = sexo masculino.
(3) En el formato **AAAAMMDD**, al menos se cumplimentará el año de nacimiento. El mes y el día, si se desconocen, irán como 0000.
(4) Nombre del país de nacionalidad.
(5) En el formato **AAAAMMDD**.

Figura 3.18. Modelo oficial de parte de entrada de viajeros.

- Los partes se pueden cumplimentar por procedimientos manuales o por procedimientos informatizados, pero en cualquier caso deben ser firmados por el huésped.
- Los partes cumplimentados y firmados quedarán en el establecimiento, ordenados de forma correlativa, confeccionando un libro-registro (comúnmente denominado "libro de policía").
- El libro-registro estará en todo momento a disposición de los miembros de las Fuerzas y Cuerpos de Seguridad (podríamos decir que el establecimiento es solo el depositario y los Cuerpos y Fuerzas los propietarios).

- Los establecimientos están obligados a conservar los partes de los últimos tres años.
- Se debe comunicar los contenidos de los partes dentro de las veinticuatro horas siguientes al comienzo del alojamiento a la Comisaría de Policía o Puesto de la Guardia Civil por cualquiera de los siguientes sistemas:

  – Presentación directa o por correo de dos copias, una de las cuales quedará en la dependencia policial y la otra, sellada, para el establecimiento.
  – Transmisión mediante fax, pudiendo ser de la información contenida en la hoja-registro o bien un listado de dicha información.
  – Entrega directa en las dependencias policiales de los soportes magnéticos que contengan la información requerida.
  – Mediante transmisión de ficheros vía Internet (la transmisión por fax, entrega de soportes magnéticos y transmisión vía Internet son válidas siempre que las dependencias policiales estén dotadas de medios para su recepción).

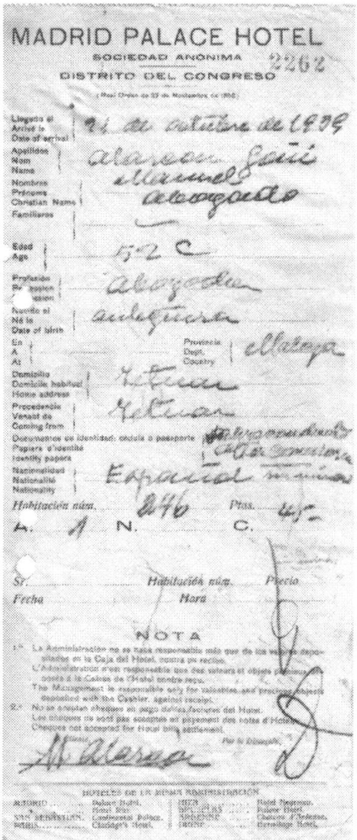

MADRID PALACE HOTEL
SOCIEDAD ANONIMA
DISTRITO DEL CONGRESO

Llegada el / Arrivé le / Date of arrival
Apellidos / Nom / Name
Nombres / Prénoms / Christian Name
Familiares
Edad / Age
Profesión / Profession / Occupation
Nacido el / Né le / Date of birth
En / A / At — Provincia / Dept. / Country
Domicilio / Domicile habituel / Home address
Procedencia / Venant de / Coming from
Documentos de identidad: cédula o pasaporte / Papiers d'identité / Identity papers
Nacionalidad / Nationalité / Nationality
Habitación núm. 246 — Ptas.
A. N. C.

Sr. — Habitación núm. — Precio
Fecha — Hora

NOTA

Figura 3.19. Parte de entrada que cumple la normativa de la Real Orden de 27 de noviembre de 1858.

## 3.17.1. Parte de viajeros con empleo de programa informatizado

En la actualidad la confección de los partes de entrada de viajeros se ha simplificado y minimizado de manera espectacular, ahorrado un alto grado de tiempo en su tramitación y minimizadas las molestias para los huéspedes.

Hasta la aparición de la informática en la gestión hotelera el proceso concerniente a las fichas de policía consistía en solicitar al huésped su DNI o pasaporte, cumplimentar manualmente los datos de la ficha, pasar los datos al libro de policía y entregar al día siguiente en la Comisaria las fichas. Fichas que contenían dos partes, una para las dependencias policiales y la otra (una vez sellada) para la empresa de alojamiento, que debería conservar (véase figura 3.20).

ENTRADA DE ESPAÑOLES

Apellidos ........ Nombre ........
Hijo de ........ y de ........
Fecha de nacimiento ........ Lugar ........
Provincia ........ Número D.N.I. ........
Domicilio habitual ........ Población ........
........ de ........ de 19....
El viajero.

Establecimiento ........ № 416043
Domicilio ........

Apellidos ........ Nombre ........
Domicilio ........

№ 416043

........ de ........ de 19....
Mod. 1.020 El encargado.

DIRECCION GENERAL DE LA POLICIA
Precio: 3 pesetas

ENTRADA DE EXTRANJEROS № 290470

APELLIDOS 1.º ........ NOMBRE ........
(Nom/Name) 2.º ........ (Prénom/First name/Vorname)
FECHA DE NACIMIENTO ........
(Date de naissance/Birth date/Geburtsdatum)
NACIONALIDAD ACTUAL ........
(Nationalité actuelle/Present nationality/Gegenwartige staatsangehorigkeit)
LUGAR DE NACIMIENTO ........
(Lieu de naissance/Place of birth/Geburtsort)
PASAPORTE N.º ........ EXP. EN ........
(N.º du passeport/Passport number/Reisepassnummer)
........ de ........ de 19....
ESTABLECIMIENTO ........ Firma.
DOMICILIO ........ Signature/Unterschrift

APELLIDOS 1.º ........ NOMBRE
Nom Prénom
Name 2.º ........ First name
Vorname
DOMICILIO ........
........ de ........ de 19....
Mod. 1.020-E El encargado.

DIRECCION GENERAL DE LA POLICIA
Precio: 3 pesetas
№ 290470

Figura 3.20. Antiguos partes de entrada
*Fuente:* Dorado y Cerra, 2000.

Los establecimientos que tienen instalados programas de gestión hotelera informatizados realizan un proceso sumamente ágil, mediante una de las siguientes alternativas:

1. Recoger los datos del DNI o pasaporte mediante un lector de documentos (figura 3.21) conectado al programa en que se dará la instrucción (Clientes>>Leer documento>>Iniciar).
2. Crear una ficha de cliente (figuras 3.14 y 3.15).

Figura 3.21. Lectores de documentos.

Posteriormente tenemos tres alternativas:

*a)* Si hemos utilizado el lector de documentos, los datos se vuelcan a un archivo específico, el cual al final de la jornada se envía a las dependencias policiales (figura 3.22).
*b)* Ir a "Clientes" >> "Gestión de Clientes", abrir su ficha y dar "Registro" (figura 3.23) para la firma del huésped. Cuestión obligatoria cuando el documento no tiene la posibilidad de lectura (por ejemplo, pasaportes italianos).
*c)* Imprimir un listado con todos los partes pendientes del día (figura 3.24) en vez de ir haciéndolos uno a uno.

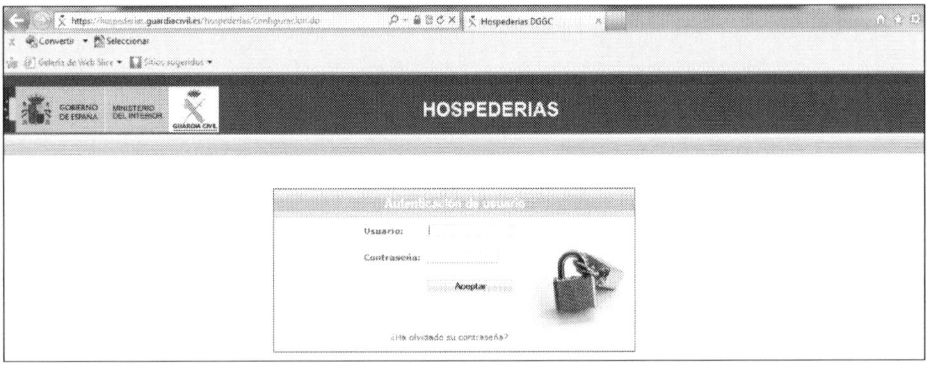


Figura 3.22. Sistema de envío vía Internet de los partes de entrada.

La realidad es que de manera muy extendida se llevan a cabo las opciones *a)* y *c)*, lo que implica que los partes de entrada no son firmados por los huéspedes, además de ser también costumbre la de realizar un solo parte por habitación, lo que supone en ambos casos una irregularidad.

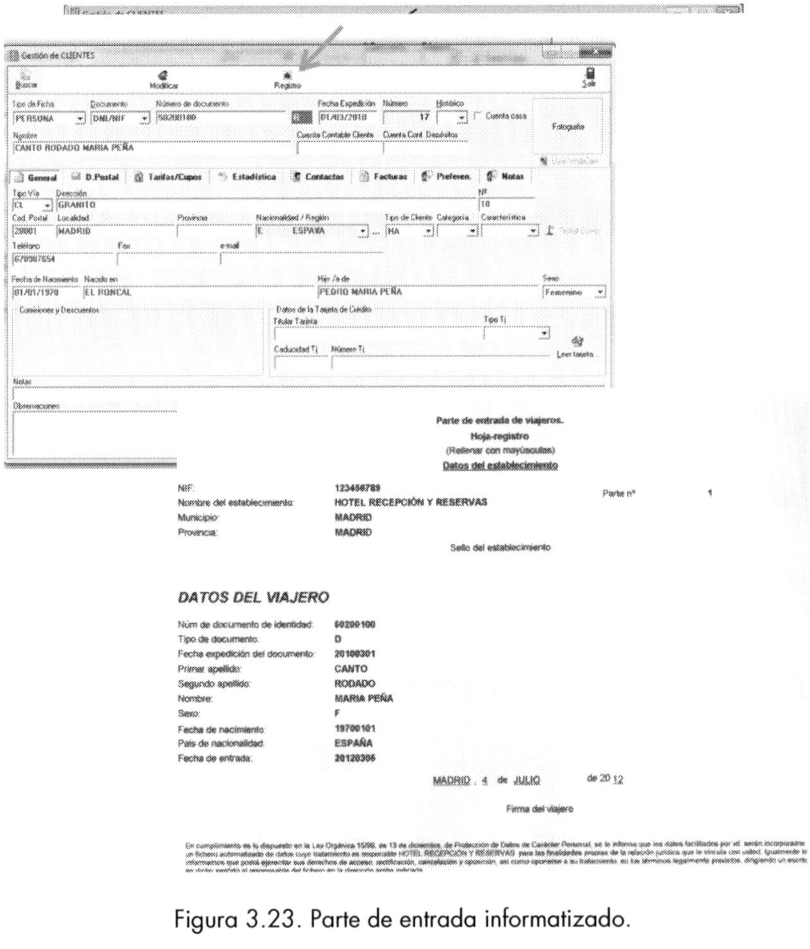


Figura 3.23. Parte de entrada informatizado.

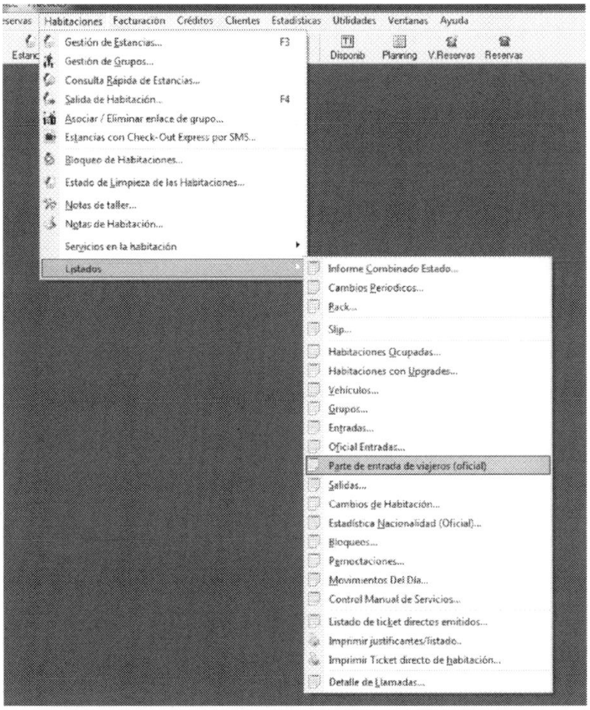


Figura 3.24. Listado de todos los partes pendientes.

## 3.18. Control de equipajes de llegada

Uno de los servicios ofertados en los hoteles, fundamentalmente en los de máxima categoría, es el servicio de equipajes, consistente en colaborar activamente en el traslado de las pertenencias de los clientes desde la puerta del establecimiento hasta sus dormitorios.

Se trata de un proceso simple pero que requiere observar pequeñas connotaciones para evitar cometer fallos. Para todo ello debemos posicionarnos en que cuando un cliente llega a la puerta de un hotel, en la mayoría de los casos en automóvil, el personal del hotel (portero de acceso y mozo de equipajes) debe acudir a su encuentro con varios objetivos: ayudarle a bajar del coche, aparcarlo si fuera necesario, y en el caso que nos ocupa recoger su equipaje. El proceso se inicia haciéndose el mozo cargo del equipaje y demás enseres, preguntar al cliente si son todas las pertenencias, confirmarle que son un número determinado de bultos y anotación de este dato en todas las partes del tique de equipajes. Es así mismo recomendable que cuando el cliente llegue en taxi o similar, se anote el número de matrícula o de la licencia, para que en el caso de haber dejado el cliente algo olvidado, o cualquier otra incidencia, se pueda llevar a cabo una rápida localización del vehículo.

A partir de ese momento, si es factible, el portero acompañará al cliente hasta el mostrador de recepción, entregando al recepcionista una de las partes del tique, mientras que el mozo trasladará los bultos al cuarto de equipajes con otra de las partes del tique. En el caso de que no fuera posible la situación anterior, el empleado que ha atendido al cliente a la puerta del hotel le entregará de una de las partes del tique de equipajes indicándole que lo entregue en recepción. El recepcionista, una vez asignada la habitación, anotará el número de la misma en el tique de equipaje, haciéndoselo llegar al mozo para que mediante el número de referencia del tique identifique las maletas y las suba a la habitación correspondiente haciendo uso del montacargas, mientras que el huésped accederá a la habitación, acompañado o no por personal del hotel, usando el ascensor de clientes. Es factible que cuando el cliente tenga solo equipaje de mano, el personal del hotel traslade este a la habitación acompañando a su vez al cliente.

En resumen, se trata de un proceso en el que los clientes del hotel, desde el momento de acceso a la empresa de alojamientos, son atendidos comenzando con el traslado de sus pertenencias.

El tique de equipajes que presentamos en la figura 3.25 consta de tres partes, a saber:

1. Colocar en uno de los bultos, mediante una goma elástica, papel adhesivo, u otro sistema, pero en cualquiera de los casos evitando el empleo de tiza.
2. Entregar al cliente y este a su vez al recepcionista, quien una vez anotado el número de habitación se lo hará llegar al mozo, quien mediante el número de referencia identifica las maletas y las sube a la habitación correspondiente.
3. Custodiar en recepción junto con el resto de la documentación del registro y que será el documento con el que el huésped tramite la salida de su equipaje el día que abandone el hotel (control de salida de equipajes). Cuestión que lamentablemente muy pocos hoteles aplican.

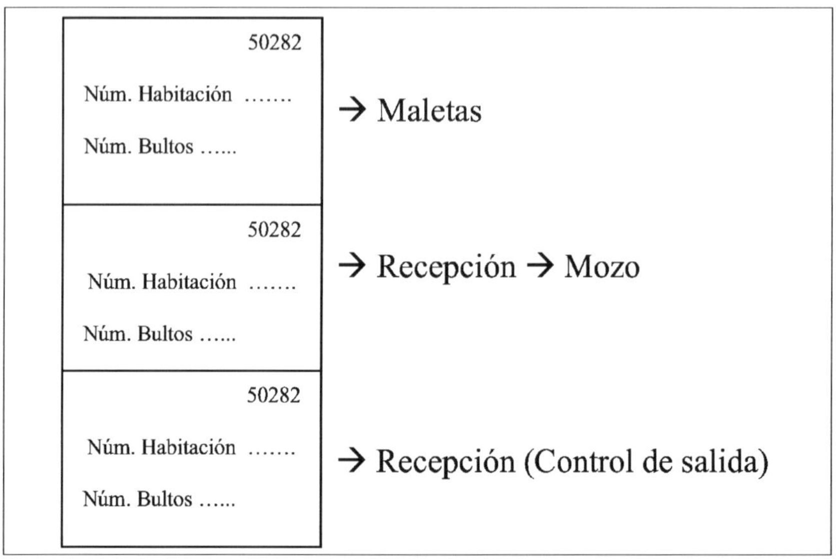


Figura 3.25. Tique de equipajes.

El control de equipajes, en el caso de grupos o contingentes que acceden al hotel de manera conjunta, cambia con respecto al sistema de clientes individuales en los siguientes aspectos:

- De manera previa a la llegada del grupo, recepción habrá determinado en qué planta serán alojados, comunicando dicho dato al personal de equipajes.
- El transporte de las maletas desde la bodega del autobús al cuarto de equipajes se realizará en carros apropiados que admiten un alto número de bultos.
- El mozo de equipajes recogerá de recepción la *rooming list* del grupo, en la que tendrá los nombres de los clientes y su número de habitación. El mozo, con o sin la ayuda del guía o responsable del grupo, identificará las maletas para a continuación subirlas a las respectivas habitaciones. Los grupos bien organizados suelen llevar en las maletas no solo el nombre de su propietario, sino que el guía mediante un papel autoadhesivo les asigna un número, el cual a su vez es anotado en la *rooming list*, con lo que la identificación de las maletas será mucho más sencilla. No obstante, suele ser práctica muy habitual que las maletas se suban simplemente a la planta correspondiente y los huéspedes desde el vestíbulo de dicha planta las trasladen a sus respectivas habitaciones.
- En el caso de que el servicio de maletas tenga un importe (× € por maleta o × € por cliente) habrá que diferenciar si es pagado directamente en el hotel o forma parte de los servicios incluidos en bono o carta de pago. Siendo lo más habitual lo primero y pagado directamente a los mozos de equipajes, cuestión que entendemos como una irregularidad ya que lo correcto sería incluir dicho importe en la nómina, siempre y cuando el hotel considere que es un dinero para dicho personal y no un servicio con un precio preestablecido a favor del hotel.
- El control de salida de equipajes se lleva a cabo mediante comunicación directa entre recepción y personal de equipajes, de forma y manera que mientras no se dé un *OK*, el equipaje o una parte del mismo estará retenido, cuestión habitual cuando alguno de los componentes del grupo tiene factura de extras sin abonar, falta por entregar el bono o cualquier otra circunstancia.

## 3.19. Apertura de factura

Desde el mismo momento que una persona se registra como huésped en una empresa de alojamiento, esta abrirá una factura con el objeto de poder imputar todos los consumos que vaya realizando el cliente a crédito en las dependencias del hotel.

Por apertura de la factura debemos entender el dar de alta, bajo el dato básico de un número de habitación, un documento en el que anotar cargos como consecuencia del uso a crédito de los diversos servicios ofertados por la empresa y, abonar importes por depósitos, descuentos, pagos…

Los datos recogidos en la factura provienen de la tarjeta de registro y de la hoja de reservas, que en el caso del empleo de un programa de gestión informatizado será del epígrafe "Gestión de estancias" (véase figura 3.14), cuyos datos provienen de la hoja de reservas informatizada.

Los principales datos que recogerá el alta de una factura son:

- Número de habitación.
- Número de personas.
- Apellidos y nombre del huésped.
- N.I.F. o número de pasaporte.
- Dirección.
- Fecha de entrada y salida.
- Tarifa.
- Régimen.
- Reservado por...
- Datos del reservador.

Debiendo distinguirse en función del pagador dos tipos de facturas:

*a)* Factura del reservador, en la que se anotará todos los servicios de los que se hace cargo. Por ejemplo, a cuenta de una agencia de viajes los servicios de alojamiento y desayuno.
*b)* Factura de extras, en la que se anotan todos aquellos consumos fuera de los amparados por bono o carta de empresa y que son pago directo por el huésped. Puede abrirse más de una factura de extras, ya sea porque los ocupantes de la habitación desean cada uno de ellos su propia factura o porque desee el cliente que se reflejen determinados consumos de manera independiente.

El programa informático "Suite" permite abrir una factura de reservador y hasta cinco facturas de extras, siendo dadas de alta en el momento en que registramos al cliente.

Dependiendo de cómo se haya determinado la "Distribución de cargos" (véase figura 2.7) el tipo o tipos de facturas que serán operativas automáticamente serán:

- *Full credit*. Todos los consumos son a cuenta del reservador, abriendo una sola factura, la de reservador, en la que se anotarán todos los consumos realizados a crédito por el cliente.
- Pago directo. Cuando establecemos en una reserva y posteriormente en la gestión de estancia que un huésped es pago directo, significa que todos los consumos realizados durante la estancia serán pagados por el huésped en el hotel. El sistema abrirá una factura, la 1ª de extras, en la que se anotarán todos los consumos.
- Según bono. El sistema da de alta dos facturas, la del reservador, en la que se anotarán los servicios de los que se hace cargo el reservador, y la factura 1º de extras, en la que se anotará todo aquello no incluido en bono o carta de pago de la empresa reservadora.

Al margen de las facturas oficiales anteriormente mencionadas es muy habitual que las empresas hoteleras emitan las denominadas "facturas proforma", las cuales no son realmente facturas sino un documento con el mismo modelaje que una factura pero carente de número, que tiene como misión informar o presupuestar el importe de una estancia.

Las facturas proforma son de uso frecuente cuando se posee un sistema informatizado de gestión, ya que de manera automática ante los datos introducidos de una petición de servicios el sistema nos determina su importe (véase figura 2.37), e igualmente son empleadas para informar a un huésped de los consumos que hasta ese momento tiene, o antes de presentarla al cobro, para cerciorarnos de que está todo correcto y posteriormente emitir la factura definitiva, es decir imprimir una factura provisional, que como ya se ha dicho, no tiene ningún valor por carecer de número de factura.

## 3.20. Acompañamiento a la habitación

Este tipo de prestación solo se realiza de manera formal y cuasiobligatoria en los establecimientos de máxima categoría, mientras que en el resto suele ser una práctica difícil de llevar a cabo por la casi inexistencia de la figura del botones. No obstante, cuando se trata de clientes importantes sí se lleva a cabo, pudiendo ser el director, el jefe de recepción... quien los reciba, les dé la bienvenida y les acompañe a su habitación.

El proceso de acompañamiento consiste no solo en ir con los huéspedes hasta la puerta de la habitación, sino en enseñar la misma e informarles de cómo funcionan las distintas instalaciones existentes (aire acondicionado, caja de seguridad...).

## 3.21. Cambio de habitación

El cambio de un huésped de una habitación a otra no es una práctica habitual ni frecuente, pero en ocasiones por diferentes motivos las empresas de alojamientos se ven obligadas a realizarlo. Motivos que resumimos en:

1. *Solicitud del huésped.* Los motivos por los que un huésped solicita un cambio de habitación son muy variados, pero de manera resumida se centran en que la habitación entregada no es de su agrado (ruido, ubicación, tipo de cama...), lo cual se puede producir instantes después del registro o con posterioridad.
2. *Necesidades del establecimiento.* La principal justificación de un cambio de habitación propuesto por el propio hotel se debe a la existencia de una avería o problema en la habitación que no es factible solucionar en un breve espacio de tiempo o que suponga inconvenientes para el huésped. Otra de las circunstancias por las que el hotel propone una cambio es por precisar la habitación para una nueva llegada, porque se quiera cerrar una determinada

zona o piso del hotel, se esté llevando a cabo una campaña de pintura u otras circunstancias debidas a imprevistos o por una mala planificación.

3. *Cambios en las condiciones iniciales del registro.* Dos son los principales motivos por los que una variación en el contrato de alojamiento implica un cambio de habitación:

   *a)* Disminución del número de personas, por ejemplo de 2 a 1, lo que implicaría disminución de la tarifa de doble con dos personas a doble con una persona (sin cambio de habitación), o un cambio de habitación y de tarifa cuando el cambio sea de doble con dos personas a una habitación individual (habitualmente si el hotel tiene disponibilidad se hace el cambio de tarifa, pero se mantiene al cliente en la misma habitación).

   *b)* Cumplimiento de las condiciones pactadas en la reserva. Principalmente porque en el momento de la llegada del cliente el hotel no pudiera otorgarle el tipo de habitación previsto, por ejemplo entregarle una suite junior cuando tenía reservada una individual, lo que implicaría que en la tarjeta de registro estableceríamos una estancia de una noche en la habitación superior; y al día siguiente haríamos una nueva tarjeta de registro con el tipo de habitación correcto (la tarifa a aplicar sería siempre de la habitación individual, y en el caso de que el huésped no aceptara el cambio de habitación, se le podría aplicar la tarifa completa de la habitación que ocupa). Igualmente el cambio se puede llegar a producir por una ampliación de estancia y que el hotel tuviera comprometida la habitación que se está ocupando. (Se recomienda ver el artículo 8.2. de la Orden de 15 de septiembre de 1978).

Un cambio de habitación significa, de manera sencilla, que hay que deshacer en gran medida todos los trámites realizados en el registro, para lo cual mostrador de recepción deberá:

- Solicitar al huésped la tarjeta de registro original y anularla.
- Solicitar y anular la llave anterior (sólo en el caso de una *key card*) y grabar una nueva.
- Confeccionar una nueva tarjeta de registro con los datos actuales.
- Cambiar el estatus de la habitación anterior a sucia y la nueva a ocupada (ya sea con llegada de hoy o de días anteriores).
- Controlar el cambio de personas y tarifas si procede.
- Elaborar y distribuir el documento “Parte de cambio de habitación”.

El modelaje del parte de cambio de habitación responde en la mayoría de las empresas de alojamiento a uno de los de la figura 3.26, en el que se recoge:

- Nombre del huésped.
- Fecha y hora del cambio.
- Número de habitación anterior y nueva.
- Número de personas anterior y actual.

- Tarifa anterior y actual.
- Firma de los departamentos a los que se informa del cambio.

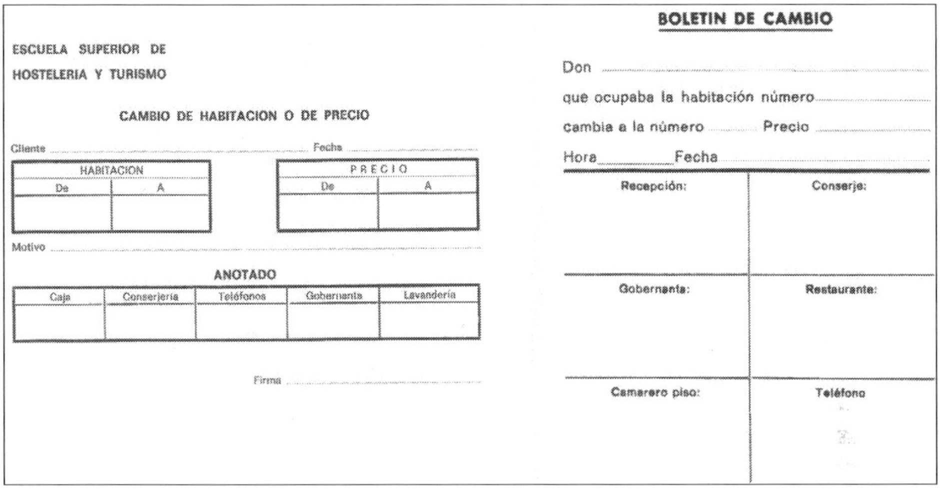

ESCUELA SUPERIOR DE HOSTELERIA Y TURISMO

CAMBIO DE HABITACION O DE PRECIO

Cliente ........ Fecha ........

| HABITACION | |
|---|---|
| De | A |
| | |

| PRECIO | |
|---|---|
| De | A |
| | |

Motivo ........

ANOTADO

| Caja | Conserjería | Teléfonos | Gobernanta | Lavandería |
|---|---|---|---|---|
| | | | | |

Firma ........

BOLETIN DE CAMBIO

Don ........

que ocupaba la habitación número ........

cambia a la número ........ Precio ........

Hora ........ Fecha ........

| Recepción: | Conserje: |
|---|---|
| Gobernanta: | Restaurante: |
| Camarero piso: | Teléfono |

Figura 3.26. Modelos de parte de cambio de habitación.

Los destinatarios del parte o boletín de cambio de habitación son todos aquellos departamentos o áreas funcionales a las que se les hubiera informado de los registros de huéspedes (véase 3.12.2) con el objeto de que rectifiquen el número de habitación que ocupan los huéspedes a partir del momento de su recibí. Así mismo, es de obligado cumplimiento enviar el parte de cambio a todos los puntos de venta existentes en el hotel por si hubiera alguna factura pendiente de envío a facturación de recepción. Y de forma muy específica a la gobernanta, con el objeto de que dé las instrucciones oportunas para que las empleadas de pisos colaboren con los clientes en el cambio, se limpie la habitación antigua, si existe ropa en lavandería de los huéspedes pendiente de enviar se haga a la habitación actual y se tenga en cuenta el cambio a la hora de realizar el informe o control de estatus de las habitaciones (véase apartado 3.22).

Mediante un sistema informatizado de gestión hotelera un cambio de habitación es tarea muy sencilla, consistente en los siguientes pasos: Habitaciones >> Gestión de Estancias >> Buscar >> doble clic sobre la habitación que se va a hacer el cambio >>, y en la pantalla de Gestión de Estancias de la habitación a cambiar se puede optar por: picar sobre el desplegable de Habitación y elegir una de las ofertadas, o ir a Ver Planning y elegir una. Su seguimiento en gran medida es sencillo, ya que cualquier departamento que consulte el ordenador tendrá la información actualizada, las terminales puntos de venta igualmente imputarán los cargos a la habitación actual y la gobernanta verá que la habitación anterior está marcada como sucia.

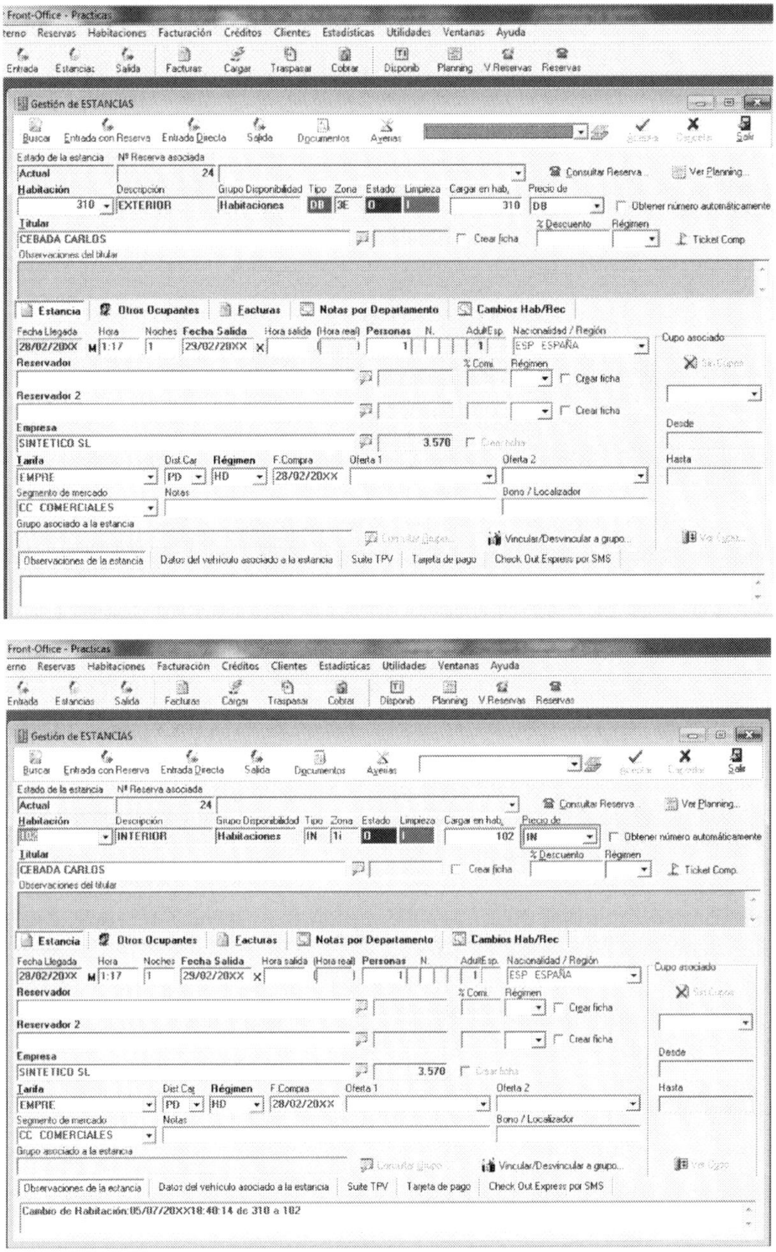


Figura 3.27. Cambio de habitación informatizado.

## 3.22. Control de estatus de las habitaciones

Mediante el "informe de la gobernanta", también denominado "hoja de control de pisos" o "control de estado de las habitaciones" (figura 3.28), recepción diariamente verifica la realidad del estado de las habitaciones observada por las empleadas de pisos y la reflejada en el *room rack* de recepción.

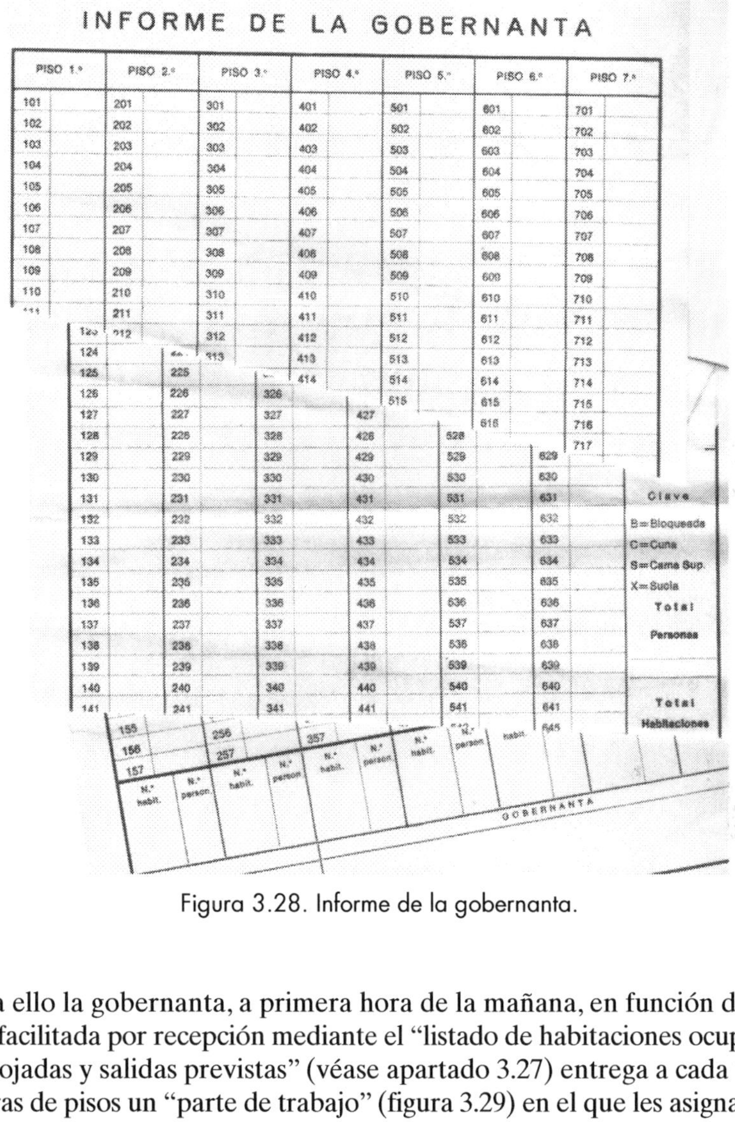


Figura 3.28. Informe de la gobernanta.

Para ello la gobernanta, a primera hora de la mañana, en función de la información facilitada por recepción mediante el "listado de habitaciones ocupadas, personas alojadas y salidas previstas" (véase apartado 3.27) entrega a cada una de las camareras de pisos un "parte de trabajo" (figura 3.29) en el que les asigna un determinado número de habitaciones que han de limpiar, indicando cuáles han de hacer de cliente (continúan en el hotel) y cuáles de salida, junto con la información del número de personas que las ocupan. Así mismo, el parte, control o informe de camarera recogerá otras habitaciones de su zona de trabajo que estando sucias de días anteriores, libres, bloqueadas… deberán limpiar o confirmar su estado.

A la finalización del turno de mañana cada una de las camareras devuelve a la gobernanta su parte reflejando la realidad observada, y traspasando ella todos los partes al informe general del hotel que será enviado a recepción, teniendo en cuenta que:

- Las habitaciones limpiadas de salida y sucias de días anteriores se han ido comunicando a recepción en el transcurso de la mañana y no se recogen en el informe.
- Las habitaciones con llegada de hoy tampoco estarán en el informe.

Por lo que la gobernanta solo reflejará en el informe general las habitaciones:

- Hechas de cliente (no salidas) con el número de personas, y si tienen cama supletoria o cuna.
- Las de dirección y empleados.
- Bloqueadas.
- Sucias (que no han sido objeto de limpieza).
- Limpias de salida y con equipaje.
- En las que no se podido entrar y están ocupadas (cartel de no molesten o situación parecida).

En el caso de discrepancias (número de personas, libre, ocupada…) entre informe de la gobernanta y rack habrá que solucionarlas de manera inmediata, ya que el objeto de realizar el informe es que el rack de recepción refleje la situación real y exacta de las habitaciones.

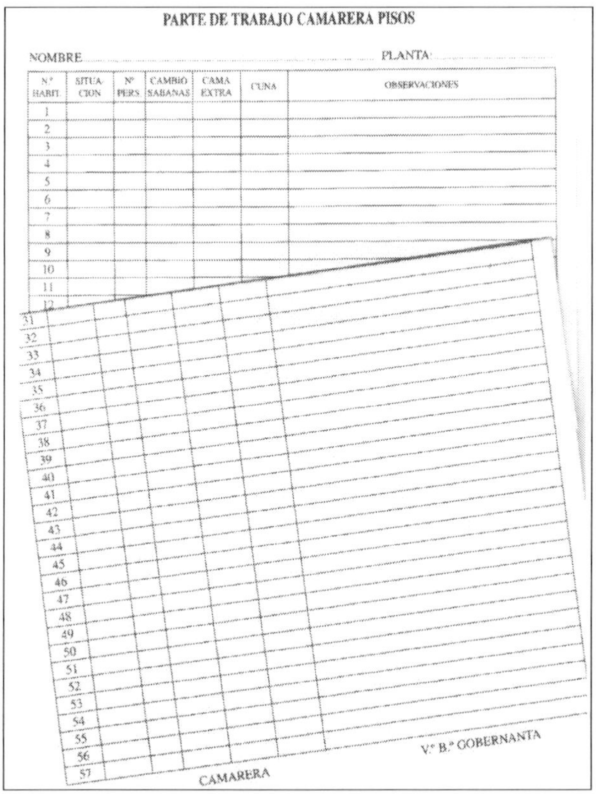


Figura 3.29. Parte de trabajo o informe de camarera.

En la actualidad, con la introducción de los programas de gestión hotelera, la comunicación entre la gobernanta y recepción es mucho más fluida y sobre todo sencilla y rápida. Con anterioridad a la gestión informática, las empresas de alojamiento tuvieron a su disposición los racks electrónicos en los que participaban mostrador de recepción (registros), caja de recepción (salidas de huéspedes) y gobernanta (limpieza de las habitaciones). Para el conocimiento del estatus de las habitaciones y su variación, el rack electrónico contaba para cada habitación de dos luces (roja y verde), que según estuvieran las dos apagadas, encendida una de ellas o las dos a la vez, informaban del estatus, en gran medida era la sustitución de los plásticos de colores trasparentes comentados en el apartado 3.12.1, suprimiendo las llamadas o desplazamientos de la gobernanta al mostrador de recepción.

A la gobernanta le permitía saber en todo momento:

- Dónde estaban trabajando las camareras, al introducir estas un *jack* en el clavijero de la habitación donde estuvieran.
- Saber cuándo una habitación ya estaba limpia y a falta de su inspección, ya que la camarera al salir de la habitación retira su jack.
- Saber cuándo una habitación está en el estatus de sucia, activado en el pupitre de caja cuando el cliente paga y abandona el hotel.
- Poner una habitación en situación de libre y disponible o de ocupada, limpia e inspeccionada, lo cual se produce cuando la gobernanta revisa la habitación e introduce su jack en el clavijero de la habitación.
- Conocer las habitaciones ocupadas, cuestión que establece el mostrador de recepción cuando registra a un huésped.

El programa informático "Suite" nos ofrece dos alternativas para llevar el trabajo de la gobernanta y realizar el control o informe del estatus de las habitaciones:

- Entrar en Habitaciones >> Estado limpieza de las Habitaciones, obteniendo el cuadro de "Situación de limpieza de las habitaciones", en el que la gobernanta seleccionará en primer lugar el grupo (habitaciones o salones) y posteriormente irá haciendo los cambios de situación de limpieza (sucia, limpia, inspeccionada) de habitación por habitación o de una determinada selección (figura 3.30).
- Ir al Planning >> picar en una habitación en concreto y seleccionar en la parte inferior del cuadro la opción deseada (sucia, limpia, inspeccionada). Este sistema es más propio del empleo por mostrador de recepción, pudiendo en el mismo reservar, asignar y bloquear habitaciones.

Con el empleo del programa informático desaparece la necesidad de elaborar el control de la gobernanta, no los partes de trabajo de las camareras, quedando pendiente la conformidad entre la gobernanta y recepción y la resolución de discrepancias (figura 3.31).

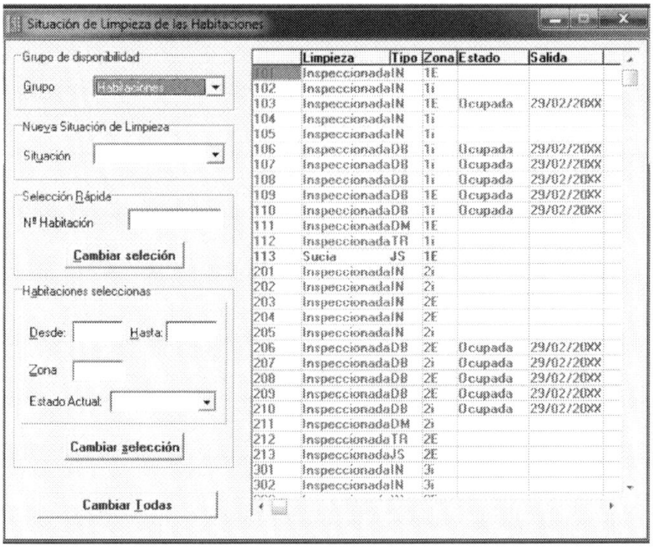


Figura 3.30. Limpieza informatizada de habitaciones.

**Habitaciones bloqueadas**

| Nº habitación | Observaciones |
|---|---|
| | |
| | |
| | |
| | |
| | |

**Habitaciones con retrasos en horas de salida**

| Nº Habitación | Gratuidad | Nº Factura | Observaciones |
|---|---|---|---|
| | | | |
| | | | |
| | | | |
| | | | |
| | | | |
| | | | |
| | | | |

Cunas

| Nº Habitación | Gratuidad | Producido/ Nº Factura | Observaciones |
|---|---|---|---|
| | | | |
| | | | |
| | | | |
| | | | |
| | | | |
| | | | |
| | | | |

Discrepancias en habitaciones/clientes

| Nº Habitación | Recepción | Gobernanta | Observaciones |
|---|---|---|---|
| | | | |
| | | | |
| | | | |
| | | | |
| | | | |
| | | | |
| | | | |

| Cuadre | Recepción | Gobernanta |
|---|---|---|
| Clientes | | |
| Habitaciones ocupadas | | |
| Habitaciones libres | | |
| Habitaciones bloqueadas | | |

| Gobernanta | Recepción/Conserjería | Interventor | Director Gerente |
|---|---|---|---|
| | | | |

Figura 3.31. Parte de discrepancias.

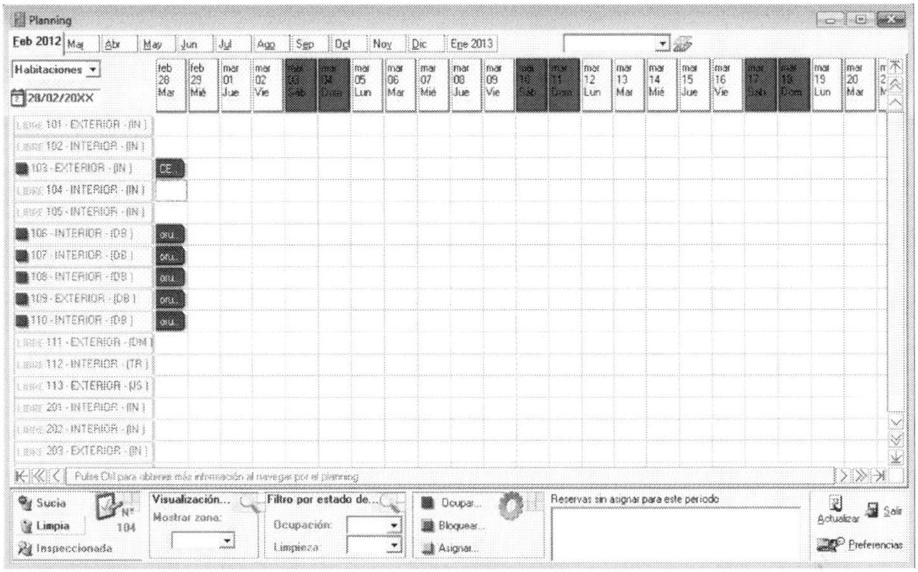

Figura 3.32. Limpieza informatizada de habitaciones desde el Planning (rack).

## 3.23. Información interna y externa del establecimiento

Las empresas de alojamiento tienen como razón de ser proporcionar habitación, residencia, prestar servicios de hospedaje. Consecuentemente su público objetivo son personas que están fuera de su residencia habitual, lo que implica que precisarán información de todo tipo sobre la ciudad donde se alojan, así como del propio establecimiento donde están pernoctando.

En gran medida el área funcional de conserjería (o en su ausencia el subdepartamento de mostrador de recepción) es la encargada de atender a los huéspedes en su característica de forasteros, de turistas, siendo el lugar donde podrán solicitar ayuda e información de lo más diverso que podamos imaginar.

Entre otras, el departamento de conserjería asume las siguientes funciones:

- Información externa e interna del hotel.
- Asistencia y realización de encargos de clientes.
- Partes de viajeros y libro de registro.
- Control y custodia de llaves de habitación (metálicas).
- Entrada, salida y custodia de equipajes.
- Confeccionar la pizarra o paneles informativos de las actividades y acontecimientos que se desarrollan en el hotel.
- Recogida, control y distribución de correspondencia, mensajes, paquetes...
- Acompañamiento a las habitaciones.
- Alquiler de equipos deportivos y similares propiedad del hotel.
- Control de entrada de huéspedes a las habitaciones.
- Gestión de alarmas. Suele ser muy habitual que la central de alarmas se ubique en un lugar atendido las 24 horas, de forma que se inicie de la manera

más rápida posible el protocolo de emergencias (aviso a servicios técnicos, bomberos megafonía,...).

- Otros servicios propios (asistencia médica, servicio de despertador, reparto de prensa...).

Actualmente el área funcional de conserjería prácticamente no existe en los establecimientos hoteleros, a excepción de los de categoría superior y con un alto número de habitaciones, principalmente como consecuencia de la desaparición de dos de las funciones con mayor volumen de trabajo: las llaves metálicas y la elaboración manual de partes y libro de policía. Las funciones que desarrollaba y le eran propias no han desaparecido, sino que han sufrido modificaciones en su realización y han sido asignadas al departamento de recepción, concretamente a mostrador, como hemos podido observar en el desarrollo del presente capítulo.

Al hacer referencia a la función de información, asistencia y servicios, diferenciamos dos niveles:

1. Interno. Es el que tiene que ver con:

   - Oferta, ubicación, horarios, precios, reservas... de las instalaciones y servicios del establecimiento hotelero. Por ejemplo, dónde se encuentra el gimnasio, con qué prestaciones cuenta, su horario, precio...
   - Lugar de celebración de reuniones, banquetes...
   - Aviso y localización de los huéspedes y clientes ante una visita.
   - Recogida y distribución de mensajes.
   - Servicio de despertador.
   - Entrega de prensa.
   - Asistencia médica.
   - Objetos perdidos.
   - Recogida y gestión de necesidades específicas en las habitaciones.
   - Gestión de averías detectadas por los huéspedes en sus habitaciones.
   - Atender y solucionar quejas.

2. Externo. Todas aquellas que sean externas al propio establecimiento, tales como:

   - Información de medios de transporte (metro, avión, tren...).
   - Informar y reservar excursiones, visitas, alquiler de coches...
   - Horarios, ubicación, oferta... de museos, monumentos, exposiciones, galerías de arte y otros recursos turísticos.
   - Ubicación de empresas, agencias de viajes, bancos, recintos feriales, palacios de congresos, embajadas, organismos oficiales...
   - Grandes almacenes, tiendas especializadas, zonas de compras...
   - Farmacias de guardia.
   - Servicios religiosos.
   - Localizaciones de todo tipo en planos de ciudad, así como el medio más cómodo y sencillo de llegar.

- Oferta de restaurantes, bares, salas de fiesta, cines, teatros...
- Efectuar reservas en restaurantes y similares, y adquisición de entradas a espectáculos.
- Hacer gestiones en nombre de los clientes.

Para todo ello, el personal, ya sea de conserjería o de recepción, deberá poseer un amplio conocimiento del propio hotel, así como de la ciudad y su entorno, ayudándose para ello de todo tipo de documentos, folletos, planos, internet, guías de ocio, carteleras... De manera que podríamos comparar la función de información con las que desarrolla una oficina de información turística y, actuar en ocasiones como una extensión de una agencia de viajes.

## 3.24. Servicio de comunicaciones

Una vez más, hacemos referencia a una función que tenía asignado un departamento específico (teléfonos) y que por los avances de la tecnología, fundamentalmente los móviles y las centralitas de última generación y su conexión con el programa de gestión informatizado, ha sido asumida por la recepción de la mayoría de los hoteles.

Dentro de las variadas funciones a asumir, destacamos las siguientes:

- Atender y conectar llamadas desde el exterior para huéspedes, recepción, dirección....
- Control y facturación de llamadas al exterior, función prácticamente desaparecida por la existencia de tarificadores automáticos, con excepción de las llamadas a cobro revertido, *person to person*...
- Recoger mensajes y comunicarlos.
- Participar, en el caso de no estar automatizado, en las llamadas despertador.
- Servicio de megafonía.
- Comunicaciones internas.
- Localización de personal.
- Control del reproductor de vídeo.
- Facturación, cobro y liquidación de llamadas.
- Otro tipo de comunicaciones.

## 3.25. Realización de tareas en nombre de los clientes

Estas tareas ya se han expuesto en el apartado 3.23 y suponen por parte de las empresas de alojamiento hacer una prestación de servicios muy personalizada y ajena a la explotación hotelera. Entre otras tenemos: adquisición de entradas a espectáculos, compra de medicamentos, envío de certificados y similares, operaciones bancarias, compra de flores, recogida de paquetes, solicitud de taxis, reserva de mesa en restaurante, compra de excursiones, reserva de habitación en otro establecimiento...

## 3.26. Lista de *no shows*

Entendemos por clientes *no shows* aquellos que, teniendo una reserva de habitación, no se presentan en el hotel. Consecuentemente, no deben encuadrarse en dicho término aquellas reservas que han sido canceladas por parte de los clientes, ni tampoco deberían serlo las que tuvieran una hora límite de garantía.

La confección de la lista de *no show* se realiza al cierre del día hotelero, en función de la lista de llegadas, consistente en una relación alfabética de todas aquellas reservas de la lista de llegadas previstas que no se hubieran materializado. A la misma se le adjuntará toda la documentación soporte de la reserva y datos del cardex del cliente y, en su caso, de la empresa o agencia que hubiera intervenido.

El destinatario de la lista de clientes *no show* depende de la estructura organizativa de cada establecimiento hotelero, pudiendo ser el jefe de recepción, el director de alojamiento, el subdirector o el propio director del hotel.

Las acciones a tomar son muy variadas y va a depender de manera profunda en la política hotelera implantada. Pensemos que el fin primordial de su confección es gestionar el cobro de la habitación que ha quedado libre por la no comparecencia del cliente, y es muy desagradable y en la mayoría de los casos negativo para el hotel el llamar a un particular para hacerle una reclamación de pago (no tanto si se trata de una agencia de viajes o central de reservas por ser intermediarios y no consumidores).

Lo importante es minimizar el número de *no shows*, para lo que recomendamos llevar a cabo una gestión de reservas en la que garanticemos el importe de la primera noche de estancia, ya sea mediante la solicitud de un depósito o garantía de pago mediante tarjeta de crédito, o mediante el mantenimiento de la reserva hasta una hora determinada.

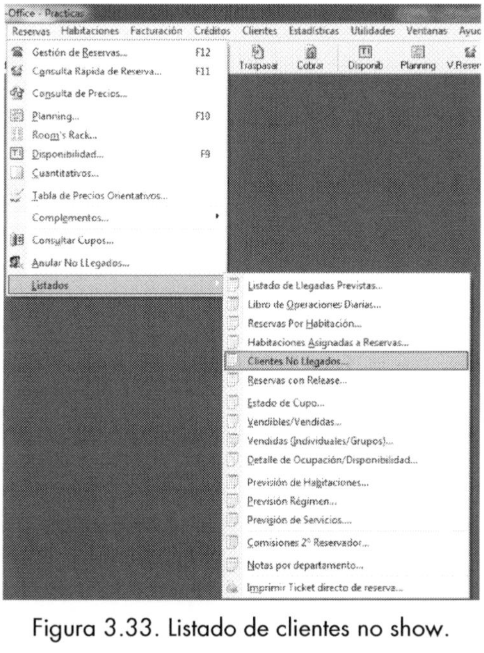


Figura 3.33. Listado de clientes no show.

En cualquiera de los casos, una acción a llevar a cabo de manera obligatoria es anotar en los cardex pertinentes la no presentación, lo cual nos dará pautas de actuación en el futuro.

En el caso de tener un depósito o una garantía de pago mediante tarjeta de crédito, la acción a llevar a cabo es hacer el cargo del importe en factura y gestionar el cobro, siendo muy recomendable el envío de la factura al cliente.

El listado de clientes no llegados se puede elaborar a través de una aplicación informática de manera muy sencilla como se puede observar en la figura 3.33.

## 3.27. Listado de habitaciones ocupadas, personas alojadas y salidas previstas

Tal como su nombre indica, se trata de confeccionar por parte de mostrador de recepción una relación ordenada por número de habitación de la ocupación que ha tenido la empresa de alojamientos la noche pasada.

Practicas — INFORME DE HABITACIONES OCUPADAS — 1

suite — 28/02/20XX 19:38:53

Listado de Habitaciones Ocupadas. [ Con Observaciones ]. Orden: Nº. Habitación. Con Cargos

Habitaciones ocupadas/os del 28/02/2012 al 28/02/2012

| Hab Ti | Pr/Niñ | Grupo | Reg | Llegada | Salida | Reserv./2ª Reserv. | Com. Clientes | Naci. | SdoRes | SdoExt |
|---|---|---|---|---|---|---|---|---|---|---|
| 101 IN | 1 | | HD | 28/02 | 3/3 | TRESPADERNE | CERECEDA ANTONIO | ESP | 0,00 | 0,00 |
| 103 IN | 1 | | HD | 28/02 | 29/2 | SINTETICOS S. L. | CEBADO CARLOS | MAD | 0,00 | 0,00 |
| Observaciones: Cambio de Habitación:04/05/2012 19:57:20 de 113 a 103 | | | | | | | | | | |
| 106 DB | 2 | 1 | HD | 28/02 | 2/3 | self | PALACIOS JAVIER | 001 | 0,00 | 0,00 |
| 107 DB | 1 | 1 | MP | 28/02 | 1/3 | self | PINDADO MONTSERRAT | 001 | 0,00 | 0,00 |
| 108 DB | 2 | 1 | HD | 28/02 | 29/2 | self | SANCHEZ FEITO JOSE | 001 | 0,00 | 0,00 |
| 109 DB | 1 | 1 | HD | 28/02 | 2/3 | self | CASSINNELLO ANA | 001 | 0,00 | 0,00 |
| 110 DB | 2 | 1 | HD | 28/02 | 29/2 | self | REGIDOR VICENTE | 001 | 0,00 | 0,00 |
| 206 DB | 2 | 1 | SH | 28/02 | 29/2 | self | MOUTON ANGEL | 001 | 0,00 | 0,00 |
| 207 DB | 2 | 1 | PC | 28/02 | 3/3 | self | VEGA MANUEL | 001 | 0,00 | 0,00 |
| 208 DB | 1 | 1 | HD | 28/02 | 4/3 | self | ARJONILLA FRANCISCO | 001 | 0,00 | 0,00 |
| 209 DB | 2 | 1 | HD | 28/02 | 29/2 | self | VILA ROSA | 001 | 0,00 | 0,00 |
| 210 DB | 2 | 1 | SH | 28/02 | 1/3 | self | GARCIA ISA ISABEL | 001 | 0,00 | 0,00 |
| 306 DB | 2 | | HD | 28/02 | 29/2 | suite | DORADO RAUL | ESP | 0,00 | 0,00 |

Total Habitaciones..... 13 — Saldo Total Reservador... 0,00

Total Personas/Niños. 21 — Saldo Total Extras........... 0,00

| Régimen | Total | Personas |
|---|---|---|
| HD | 9 | 14 |
| MP | 1 | 1 |
| SH | 2 | 4 |
| PC | 1 | 2 |

| Tipo | Total | Personas |
|---|---|---|
| IN | 2 | 2 |
| DB | 11 | 19 |

Figura 3.34. Ocupación, personas, régimen y salidas.

De manera gráfica se trata de hacer una fotografía al rack manual de recepción, ya que en el mismo tendremos un slip en cada habitación ocupada, en el que figura: número de habitación, personas, nombre, fecha de entrada y salida.

Las utilidades y destinatarios del listado son amplios, destacando:

- Conocer el total de habitaciones ocupadas y personas hospedadas.
- Realizar estadísticas de porcentaje de ocupación, porcentaje de plazas, precio medio de habitación, *rev par,* consumos medios por huésped…
- Informar a la gobernanta de qué habitaciones deben ser objeto de limpieza obligatoria (las de no salida).
- Hacer la previsión de ocupación y régimen (véase apartado 3.28).
- Para algunos departamentos, mecanismo rápido para la localización de clientes y valorar el volumen de trabajo que se tendrá en el día de hoy.
- Controlar las habitaciones que estando ocupadas no han pernoctado (gobernanta).
- Para los puntos de venta, enviar rápidamente los consumos de las habitaciones con salida el día de hoy.

## 3.28. Previsión de ocupación y régimen

Diariamente y una vez cerrado el día hotelero, el mostrador de recepción realizará una previsión sobre la cantidad de habitaciones y personas previstas para el día siguiente, distinguiendo el régimen de su estancia (solo habitación, alojamiento y desayuno, media pensión y pensión completa).

Para llevar a cabo la previsión, el mostrador se apoyará en la situación actual del número de habitaciones, personas y régimen que tiene el hotel (véase apartado 3.27), las salidas previstas, y la lista de llegadas para el día siguiente (véase apartado 2.17), de forma que si a lo que teníamos la noche anterior le restamos las salidas de mañana y le sumamos las llegadas de mañana, obtendremos la previsión.

Al hacerse la previsión a un plazo de horas carece prácticamente de desviación, con excepciones de clientes que prolonguen estancia, salidas adelantadas, reservas de última hora y clientes *no show*.

Su modelaje manual responde al de la figura 3.35, en el que los datos recogidos en "Actual" son los de las personas que han dormido la noche anterior, lo que significa que serán los que hoy van a desayunar, y de información imprescindible para los encargados de la preparación, montaje y prestación de dicho servicio. Mientras que la mayoría de los destinatarios de este documento (gobernanta, jefe de cocina, almacén, comedor, recepción…) la información útil es la de "Previsión", con la excepción de dirección, comercial, explotación… que observarán lo que ha acontecido y lo que se espera para el presente día.

La previsión de ocupación y régimen a nivel informático responde a un proceso igual al manual y la podemos obtener en cualquier momento, pero evidentemente se realiza de manera automática por el programa de gestión.

El programa de gestión informatizado "Suite" presenta diferentes informes entrando en Reservas>>Listados:

- Previsión de habitaciones. Informa de habitaciones y personas que hay, llegan, salen y quedan para cada fecha o periodo solicitada.
- Previsión de régimen. Informa del total de personas con desayuno, almuerzo y cena para cada día, diferenciando entre adultos y niños.

– Informe de previsión de servicios. Informa para cada tipo de cargo definido (habitación, desayuno, media pensión, cafetería,...) de la cantidad contratada, es decir, el número de habitaciones, el número de desayunos...

| PREVISIÓN DE OCUPACIÓN Y RÉGIMEN | | | | | fecha: ___/___/___ | |
|---|---|---|---|---|---|---|
| | HABIT. | PERS. | ALOJ. | A + D | M. P. | P. C. |
| Actual | | | | | | |
| Salidas | | | | | | |
| Entradas | | | | | | |
| Previsión | | | | | | |
| Observaciones | | | | | Firma: | |

Figura 3.35. Previsión de ocupación y régimen manual.
*Fuente:* Dorado y Cerra, 2000.

## 3.29. Comunicación de averías

En el departamento de recepción, como en cualquier otra zona del establecimiento hotelero, puede producirse en cualquier momento una anomalía en sus dependencias, por ejemplo la rotura de una silla. Para su reparación, el procedimiento consiste en cumplimentar un aviso de averías destinado al departamento de servicios técnicos, quien de manera directa o reclamando la presencia de una empresa exterior procederá a su reparación.

El modelaje responde en la mayoría de los hoteles al de la figura 3.36, en el que se debe detallar lo mejor posible el motivo de la anomalía, para que servicios técnicos pueda asignar la avería a un profesional específico (carpintero, pintor, fontanero...), evitando llamadas para aclarar en qué consiste la avería y evitar desplazamientos innecesarios por no haber llevado al lugar los materiales precisos.

En un afán de control de personal y control de costes en reparaciones, proponemos un anverso en el documento en el que se controle: el tiempo empleado, los materiales usados y, en su caso, el importe de servicios externos, de forma que el departamento de administración haga una valoración de la reparación y la impute al área funcional correspondiente.

El parte de averías debe constar al menos de dos copias, la primera con destino a servicios técnicos, quien una vez concluida y cumplimentada la remite a administración. La segunda copia queda en el departamento que la emite, custodiándola con el objeto de hacer un seguimiento de la misma hasta que la reparación se haya efectuado.

**AVISO DE REPARACION (anverso)**

De: ..................................................

Lugar avería: ..................................................

Detalle avería: ..................................................

..................................................

..................................................

..................................................

..................................................

Fecha: ............ Hora: ............

Firma departamento

Reparación terminada el día ...... a las ...... h.

**AVISO DE REPARACION (reverso)**

MATERIAL UTILIZADO

| Cantidad | Material | Precio u. | Total | Observ |
|---|---|---|---|---|
| | | Total | | |

Tiempo invertido: ..................................................

Número empleados: ..................................................

Valor mano de obra exterior ..................................................

Figura 3.36. Parte de averías.
*Fuente:* Cerra, Dorado, Estepa y García, 1999.

Es factible que los huéspedes informen en el mostrador de recepción de averías detectadas en sus habitaciones. En estos casos el proceso es informar a la gobernanta, quien como responsable del área de pisos será la que cumplimentará el aviso de avería y haga su seguimiento. En ocasiones estos tipos de averías pueden provocar un cambio y un bloqueo de habitación, cuestiones que deberán coordinar ambos departamentos.

La declaración de una avería se cumplimenta dentro del propio programa informático y la transmisión de la misma se realiza de manera automática a todas las áreas afectadas (figuras 3.37 y 3.38).

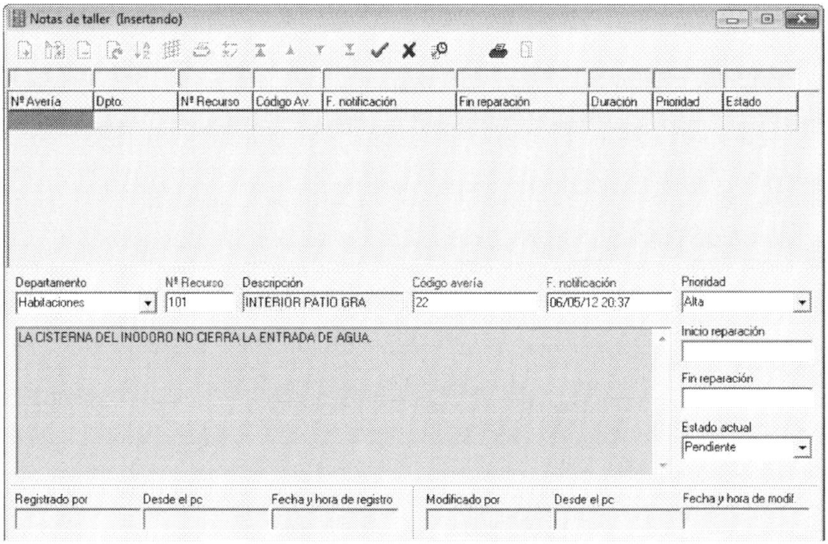


Figura 3.37. Parte de averías.

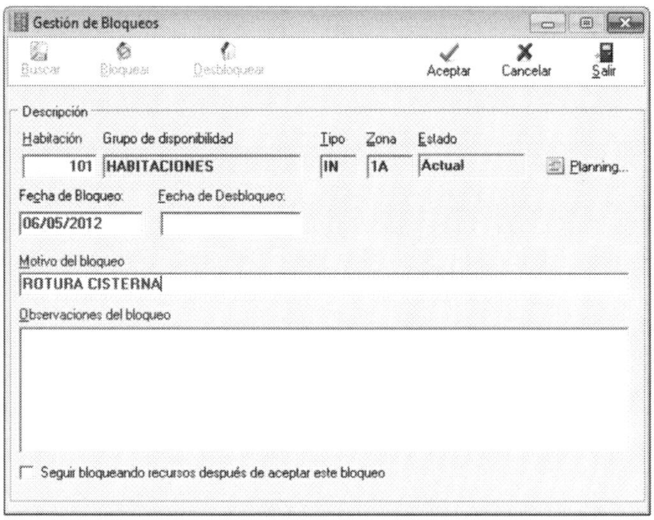


Figura 3.38. Bloqueo de habitaciones.

## 3.30. Pedido de almacén

En todas las empresas de alojamiento existe una persona encargada de custodiar todo tipo de materiales no perecederos o con una caducidad a medio y largo plazo. En los establecimientos de grandes dimensiones puede tener diferentes dependencias de acuerdo con los materiales que controla y custodia, tales como: economato (materias primas destinadas para elaboraciones culinarias), bodega (todo tipo de bebidas), papelería, droguería (productos de limpieza), madera y utillaje (tableros, cristalería, micrófonos, banderas…).

Independientemente del criterio de un solo almacén o varios, recepción deberá hacer de manera periódica (semanal, quincenal…) pedidos de extracción de materiales para cubrir necesidades, básicamente de material de oficina, tales como: tarjetas de registro, folios, folletos del hotel, tóner para la impresora, bolígrafos…, cumplimentando para ello un documento de extracción de almacén en el que hará constar las cantidades y conceptos, enviando el original al almacén y custodiando una copia con el objeto de revisar el pedido en el momento de su recepción.

Una vez que el almacén haga la entrega de los materiales remitirá el documento a administración, la cual hará una valoración económica con el objeto de imputar costes al área funcional correspondiente.

PEDIDO ALMACÉN

Departamento: ..............

Fecha: ..... / ..... / .....

| Código | Cantidad | Artículo | Unidad | Precio | Total |
|---|---|---|---|---|---|
| | | | | | |

| V.ºB Dirección | Jefe Departamento | Jefe Almacén | Jefe Contabilidad |
|---|---|---|---|
| | | | |

Figura 3.39. Pedido de almacén.
*Fuente:* Dorado y Cerra, 2000.

## 3.31. Elaboración de estadísticas

Una de las obligaciones oficiales que los establecimientos hoteleros tienen con el Instituto Nacional de Estadística es el cumplimiento de la Resolución de 5 de octubre de 2007, del Instituto Nacional de Estadística, por la que se anuncia estructura de fichero para el envío de los Cuestionarios mensuales de la Encuesta de Ocupación en Alojamientos Turísticos (Establecimientos Hoteleros), dentro del que se recoge el número de personas agrupadas por nacionalidades de entrada diaria y de plazas ocupadas diarias.

Actualmente la elaboración de estos datos se realiza de manera automática con el empleo de programas de gestión, ya que en el momento de la reserva y en el del posterior registro de clientes, uno de los datos a recoger es el de la nacionalidad, por lo que de manera sencilla obtendremos cuántas personas han llegado cada día al establecimiento distribuidas por nacionalidades e, igualmente, se obtiene la ocupación total diaria agrupada por nacionalidades.

El proceso informático consiste en ir a: Habitaciones>>Listados>>Estadística Nacionalidad (Oficial) e introducir las fechas, obteniendo el listado.

Existen otros tipos de estadísticas, de las cuales suele ser responsable de su elaboración el departamento de administración; no obstante, las más simples pueden ser objeto de realización por el propio mostrador, tales como:

- Porcentaje de ocupación de habitaciones diario y acumulativo por mes.
- Porcentaje de plazas ocupadas diario y acumulativo por mes.
- ADR (precio medio de venta de habitación) total y por segmentos del mercado (touroperador tradicional, TO online, empresas, agencia de viajes tradicional, agencia de viajes online, particulares, grupos, internet…).
- Revpar (precio medio de venta sobre habitaciones disponibles) diario y mensual (para una ampliación sobre el tema se recomienda la lectura de Dorado, 2011).

En el programa de gestión hotelera de innovaciones informáticas ("Suite"), las estadísticas e informes se realizan de manera automática, incluidas las del INE como podemos observar en la figura 3.40.

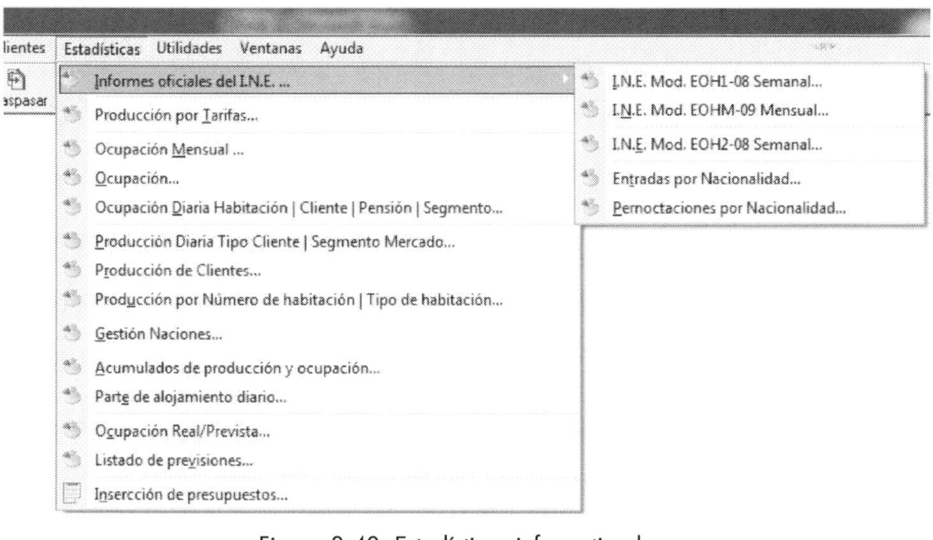


Figura 3.40. Estadísticas informatizadas.

## 3.32. Quejas y reclamaciones

El lugar habitual donde los clientes y huéspedes transmiten sus decepciones e insatisfacciones es al personal del mostrador de recepción, ya que a todas luces son a los ojos de los clientes los de mayor categoría laboral y son, en gran medida, los representantes de la dirección del establecimiento hotelero.

La atención y gestión de una queja o reclamación debe seguir los siguientes pasos:

- Analizar la crítica.
  - Escuchar atentamente.
  - Reflexionar antes de contestar.
  - Agradecer al cliente su comentario.
- Ofrecer una solución.
- Ratificar que la propuesta de solución satisface al cliente.

El procedimiento a seguir debe estar normalizado, proponiendo el siguiente:

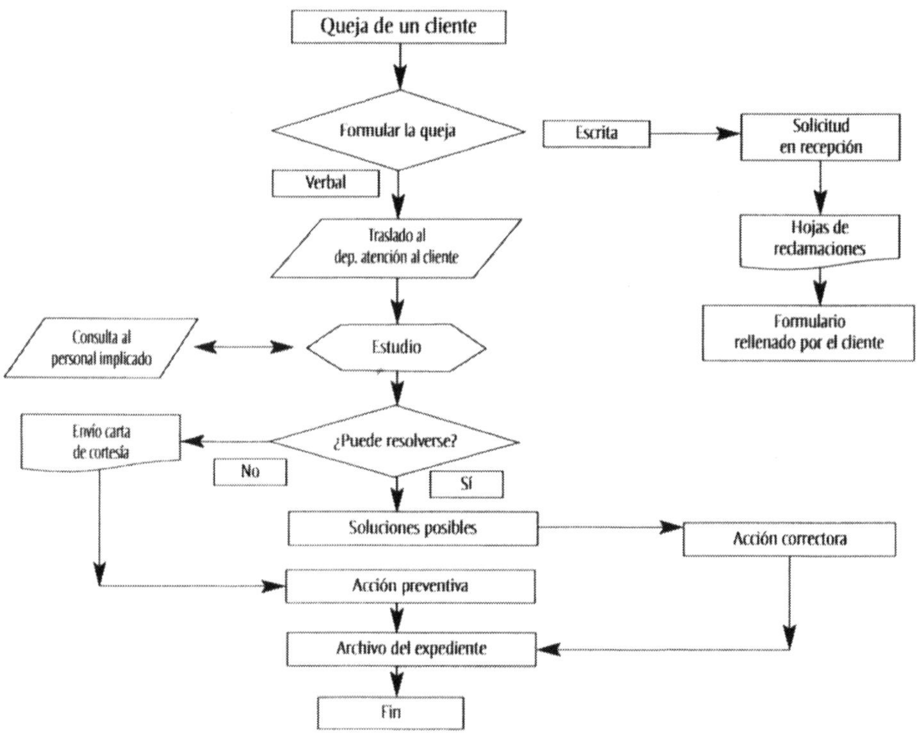


(Para una ampliación sobre el tema, Dorado y García Isa, 2010, cap. 10).

# 4

# Facturación y caja

## Control y realización de operaciones originadas durante la estancia y salida del cliente

### 4.1. Plantilla

Como se ha indicado en los capítulos anteriores, la cuantificación de la plantilla del departamento de recepción está directamente relacionada con la oferta de habitaciones, el grado de ocupación, la estancia media, la tipología de los huéspedes, sistemas de reservas, medio de pago y, sobre todo, grado de implantación de tecnologías de la información y la comunicación. Por ello, en las empresas de alojamientos coexisten recepciones con una plantilla plurifuncional o polivalente y recepciones con personal con tareas y funciones específicas a una subárea funcional (reservas, mostrador...).

Actualmente, a excepción momentánea de las pequeñas explotaciones, la implantación de programas de gestión hotelera informatizada es una realidad, con lo que la burocracia, lentitud, reiteración de toma de datos... ha dejado paso a la automatización, agilidad, precisión y rapidez en la realización de las funciones propias de recepción, lo que implica que en las empresas de alojamiento no exista personal propio asignado a los subdepartamentos de facturación y de caja, sino que sea el propio personal de mostrador quien asuma las funciones. Un ejemplo ilustrativo es que con un simple clic tenemos la factura del cliente, una corrección de cargo, o lo que en tiempos pasados era el tormentoso y tedioso control y cierre de la producción, hoy se realiza apretando un botón.

El horario del personal de facturación y caja, o mejor dicho, las funciones y tareas a atender son durante las 24 horas del día, ya que en todo momento un establecimiento hotelero debe estar en situación de poder presentar al cobro una factura.

## 4.2. Tareas y funciones de facturación y caja

El objetivo del subdepartamento de facturación es tener en todo momento las facturas de los clientes actualizadas, de ahí que en terminología hotelera reciba el nombre de "mano corriente" o "*main courant*". Para ello, las funciones que asumen facturación y caja son:

- Cargar diariamente en las facturas de los huéspedes los servicios contratados en el registro (habitación, garaje, golf...).
- Cargar los consumos realizados a crédito en los diferentes puntos de venta por los clientes, huéspedes y personal del hotel autorizado (bar, teléfono, mini bar...).
- Cargar y abonar los consumos realizados al contado y con tarjetas de crédito en las distintas dependencias del establecimiento (bar, restaurante...).
- Abonar importes en factura por descuentos y comisiones.
- Modificar cargos.
- Traspasar importes entre facturas y habitaciones.
- Imprimir facturas proforma, provisionales y definitivas.
- Consultar facturas.
- Cerrar facturas.
- Cuadrar la producción con todos los departamentos de ventas.
- Elaborar liquidaciones propias y listados varios.
- Cobrar facturas.
- Dar salida a habitaciones.
- Hacer cambio de moneda extranjera.
- Custodiar objetos de valor de los clientes.
- Elaborar liquidación de recaudación del día.
- Cerrar el día y cambiar fecha hotelera.

## 4.3. Cuentas de facturación

En todo proceso de facturación se establecen dos grandes grupos de cuentas: de cargos y de abonos, y un tercero, mixtas, que si bien no es muy correcta su denominación lo recibe por su doble comportamiento de incrementar y disminuir el saldo de la factura.

1. Grupo de cargos. Recoge todas aquellas cuentas que incrementan el saldo de la factura. Por lo tanto responde a consumos realizados por clientes, huéspedes y personal del hotel autorizado en las distintas dependencias del mismo. Por lo tanto, serán cuentas de cargo todos aquellos servicios e instalaciones del establecimiento hotelero que tengan un precio, tales como habitación, desayuno, minibar, teléfono, pista de tenis... y han sido definidas previamente en el proceso contable (véase 2.3.3.).

En el caso de que la factura estuviera modelada con: Debe, Haber y Saldo, los cargos se anotarían en el Debe o saldo deudor por ser importes que se deben al hotel.

2. Grupo de abonos. Constituido por todas aquellas cuentas que disminuyan el saldo o importe final de la factura, por lo que se recogerán en el Haber o importe acreedor. Las principales cuentas son:

*a)* Caja. Mediante la cuenta de caja abonamos todas aquellas cantidades que los clientes entregan al hotel en metálico, ya sea por el pago de la factura de su estancia, cantidades entregadas a cuenta antes o durante la estancia y todos los importes satisfechos al contado por prestación de servicios en los diferentes puntos de venta. En algunos establecimientos hoteleros emplean también la cuenta de caja para los pagos realizados mediante tarjeta de crédito con liquidez a muy corto plazo y las de débito, por ejemplo VISA, pero se ha de tener en cuenta que el importe firmado por el cliente no responde a la cantidad que el hotel percibirá posteriormente, ya que existe una comisión.

*b)* Deducciones. La utilización de la cuenta de abono deducción responde a una reducción en el importe de la factura motivada por dos cuestiones:

- Aplicación de un acuerdo de colaboración mediante el cual la empresa hotelera concede un porcentaje de reducción, principalmente concedido a agencias de viajes y a empresas de intermediación, en el importe de ciertas prestaciones, por ejemplo: 10% de descuento sobre tarifa oficial o sobre tarifa especial en los conceptos de alojamiento, desayuno, *coffee break*, alquiler de salones... En la mayoría de los casos el concepto utilizado es el de comisión, entendida como la cantidad de dinero que entrega o deja de percibir la empresa de alojamientos para compensar a la empresa intermediaria su colaboración. En la realidad hotelera se observa que la cuenta de deducción o de comisión concedida no se utiliza, sino que se aplican precios netos, es decir, precio acordado menos porcentaje de reducción (véanse apartados 2.9.3A y 2.9.3C).
- Cuenta mediante la cual se subsanan errores por exceso en cuentas de cargo cometidos en días anteriores a la fecha hotelera actual. Por ejemplo, si a un cliente se le facturó ayer por el concepto de habitación 100 € cuando el importe correcto es de 70, la solución es imputar hoy una deducción de 30 €.

  En el caso de que el error que se cometió fuera por defecto, la solución es aplicar un *rappel* por el importe de la diferencia. Por ejemplo, ayer se cargaron 120 € por el importe de habitación y el importe correcto es de 210, la solución es un cargo de *rappel* de habitación de 90 €.

  Así mismo, mediante la cuenta de deducción solucionamos cargos improcedentes en facturas con fecha de ayer o anteriores, por ejemplo que se haya cargado a un cliente un importe por el concepto de bar, teléfono... y una vez examinado el vale o similar se observa que no le corresponde.

También mediante la cuenta de deducción cerramos (ponemos a saldo cero euros) las facturas del director y demás personas con autorización que consumen en las dependencias del hotel (véase figura 4.38).

En cualquiera de los casos, dada la alta sensibilidad que tiene la aplicación de esta cuenta se deben justificar puntualmente los motivos de su empleo y, en la mayoría de los casos, tener autorización, ya que supone una disminución en el balance de producción del día en que tuvo lugar la anomalía.

*c)* Comisión. La cuenta de comisión es utilizada en cumplimiento de un contrato con una empresa exterior que cobra al establecimiento hotelero por su colaboración, es decir, supone reconocer la figura ajena al hotel de las empresas comisionistas. Ello implica que dicha empresa externa (agencia de viajes, central de reservas, compañía de tarjetas de crédito...) deberá emitir una factura por el importe de sus servicios y en la misma deberá figurar el importe de IVA (21%), que para el hotel será un IVA soportado. A nivel práctico lo que se da es un cruce de facturas, en el que la empresa de alojamiento carga los importes de los servicios más el IVA (repercutido) y la empresa comisionista el importe de su comisión y el IVA de dicho importe. Por ejemplo: una central de reservas cobra un 10% de comisión sobre el importe de la habitación (200 €), el resultado es que el hotel carga en factura 200 € por el concepto de habitación y 20 € por IVA (repercutido) y abona por el concepto de comisión 20 € y por IVA (soportado) 4,20 € (21% de 20 €), con lo que el resultado final es de 195,80 € a favor del hotel (véase figura 4.30).

*d)* Crédito. Cuenta de abono empleada para todas aquellas facturas que en el momento de su presentación no son abonadas en metálico sino que queda aplazado el cobro a 15, 30... días, como son los casos de que la factura sea a cuenta de una agencia de viajes, empresa o a un particular con los que se tenga un contrato que recoge dicho aspecto. Es por ello que cuando un cliente paga con una tarjeta de crédito lo lógico es aplicar esta cuenta de abono y no la de caja, ya que hasta pasados unos días la empresa de alojamiento no percibirá el importe (al margen de la comisión que la empresa financiera aplique al hotel).

3. Cuentas mixtas. El motivo por el que le damos la denominación de mixtas es por su doble comportamiento, es decir, pueden incrementar o disminuir el saldo de la factura. Se puede destacar:

*a)* IVA. Como se ha ido indicando en los apartados anteriores, tenemos dos tipos de IVA: el repercutido y el soportado. El repercutido es el que carga a la empresa hotelera por la prestación de sus servicios, pudiendo ser del 10% y del 21%, por lo tanto es una cuenta de cargo ya que incrementa el saldo final. El segundo tipo de IVA es el soportado, empleado cuando una empresa exterior cobra al hotel un determinado importe por su intermediación (presentación de un cliente), lo que supone una disminución del importe a percibir (un abono).

*b)* Corrección. La cuenta de corrección se utiliza cuando se detectan en el día de hoy errores cometidos por exceso. Diferenciando que cuando el error es sobre una cuenta de cargo la aplicación será corrección cargo, lo que implica una disminución en el importe final y por lo tanto es una cuenta de abono. En el caso de que el error sea por exceso, cometido y detectado en el día de hoy, sobre una cuenta de abono, la cuenta a aplicar es corrección abono, siendo su comportamiento un cargo al incrementar el importe de la factura.

De manera más específica, en vez de utilizar las cuentas generalistas de cargos y de abonos, es factible emplear cuentas de corrección con su propia denominación, por ejemplo: corrección habitación cuando se hubiera cargado hoy y por exceso por dicho concepto.

Consecuentemente, mediante el empleo de la cuenta de corrección la empresa hotelera borra de su balance de explotación del día aquellos importes mal imputados, no obstante queda reflejado el movimiento y su utilización requiere justificación y autorización.

*c)* Traspaso. La cuenta de traspaso constituye en sí dos cuentas: abono por traspaso y cargo por traspaso, de ahí esa denominación de mixta. Mediante la cuenta de traspaso, como su nombre indica, se trasvasan importes de una factura a otra o se agrupa el importe de varias facturas en una sola, teniendo como consigna de obligado cumplimiento que el importe total de cargos por traspaso debe ser idénticamente igual al de abonos por traspaso, es decir, se trata de mover importes (sea o no correspondientes a un concepto) entre facturas.

Las razones de su utilización son muy variadas: desde que hemos cargado en una factura un concepto incorrecto, por ejemplo, en una factura a cuenta de una agencia de viajes en régimen de alojamiento y desayuno se hubiera cargado el consumo de teléfono; que en una habitación ocupada por dos personas quiere cada uno de ellos pagar la mitad del importe y desean tener sus propias facturas; que ciertos conceptos cargados en diferentes facturas desean ser pagados por una persona… En resumen, se trata de extraer un importe de una factura (abono por traspaso) y llevarlo a otra (cargo por traspaso).

En el sistema informatizado "Suite"se mantienen los mismos principios de cuentas, si bien es cierto que aspectos como el de corrección se utiliza de una manera más simple, como es el marcar la imputación incorrecta y pulsar al mismo tiempo "Control-Suprimir" (figura 4.1) y, en el caso de los traspasos acudir dentro del epígrafe "Facturación" a "Traspaso entre Facturas" (figura 4.2) o a "Traspaso de Distinto Origen y mismo Destino" (figura 4.3).

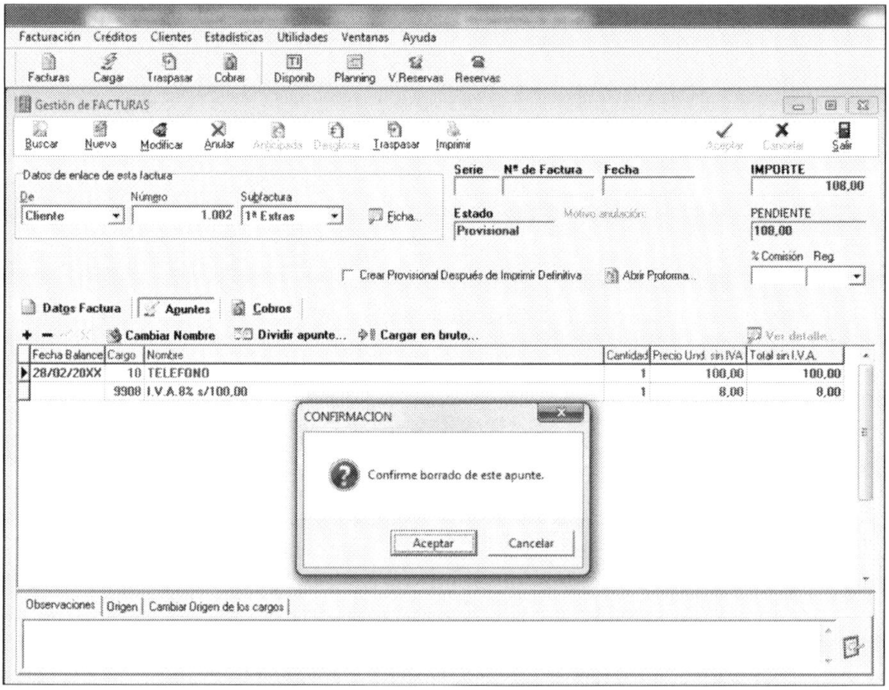


Figura 4.1. Corrección de un cargo.

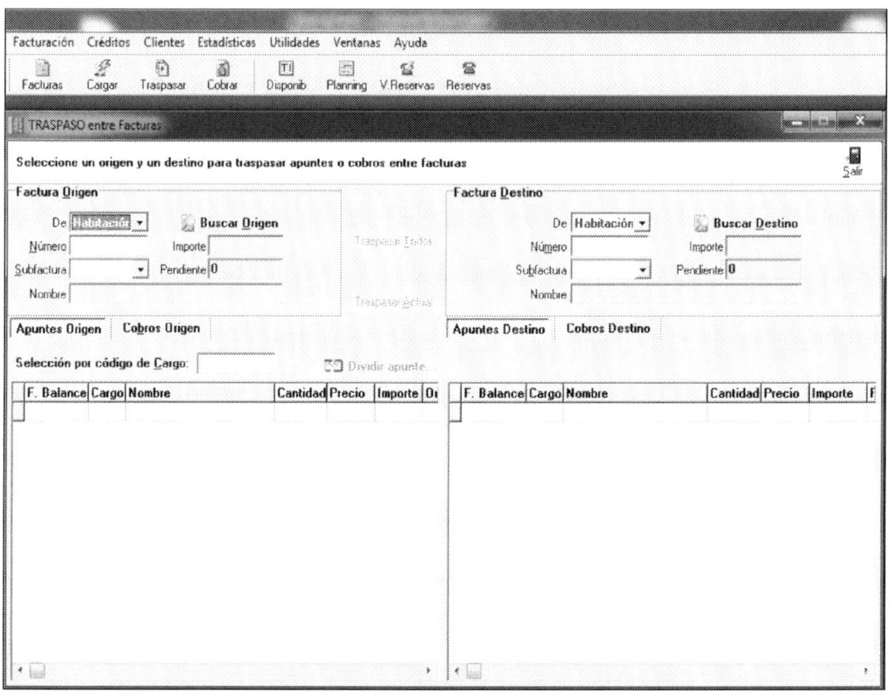


Figura 4.2. Traspaso de importes entre facturas.

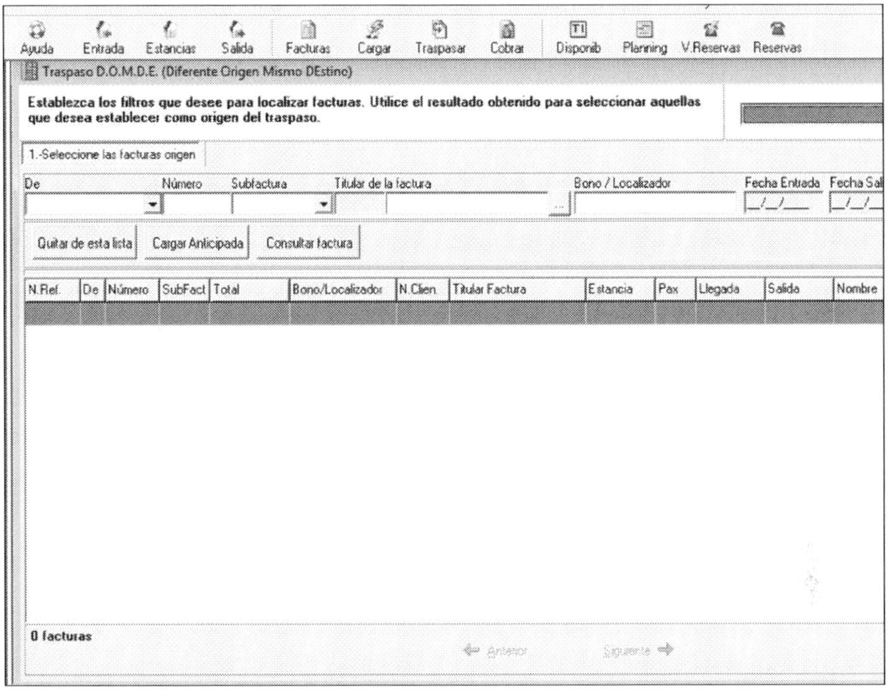


Figura 4.3. Traspaso de importes de distintas facturas a una sola.

## 4.4. El proceso de facturación

Independientemente de cuál sea el sistema de facturación que tenga implantado una empresa de alojamiento (manual o informatizado), su fin básico es tener en todo momento las facturas de sus clientes, sean o no huéspedes, listas para su presentación al cobro. Dicho objetivo va unido al de realizar el balance de explotación diario, en el que se recogerán todas las operaciones diarias de cargo (venta de servicios) y abono (cierre de facturas), siendo su saldo diario el correspondiente al saldo del día anterior, más ventas del día y menos abonos del día, debiendo coincidir con la suma de todas las facturas con saldo vivo, es decir, con la suma de todas las facturas abiertas.

Para ello facturación llevará a cabo las siguientes tareas:

- Cargar de manera autónoma todos los servicios contratados en el registro (habitación, desayuno, garaje, wifi…) en la factura correspondiente (a cuenta del reservador o de extras).
- Imputar en sus facturas correspondientes los consumos a crédito realizados en las distintas dependencias del alojamiento por clientes, huéspedes y personal del hotel.
- Cargar y abonar los consumos pagados con tarjetas de crédito en los distintos puntos de venta.

- Cargar y abonar los consumos pagados en metálico en los distintos puntos de venta.
- Cuadrar el saldo de las liquidaciones de cada punto de venta con el importe registrado en el sistema de facturación.
- Cerrar (poner a saldo cero euros) las facturas cuando los huéspedes abandonan el hotel, a la finalización de la prestación de servicios a un cliente o, semanalmente, quincenalmente... las facturas del director, relaciones públicas...
- Hacer el cierre diario, es decir, comenzar un nuevo día hotelero (cambio de la fecha contable) pasando todas las cuentas a tener un saldo de cero euros.

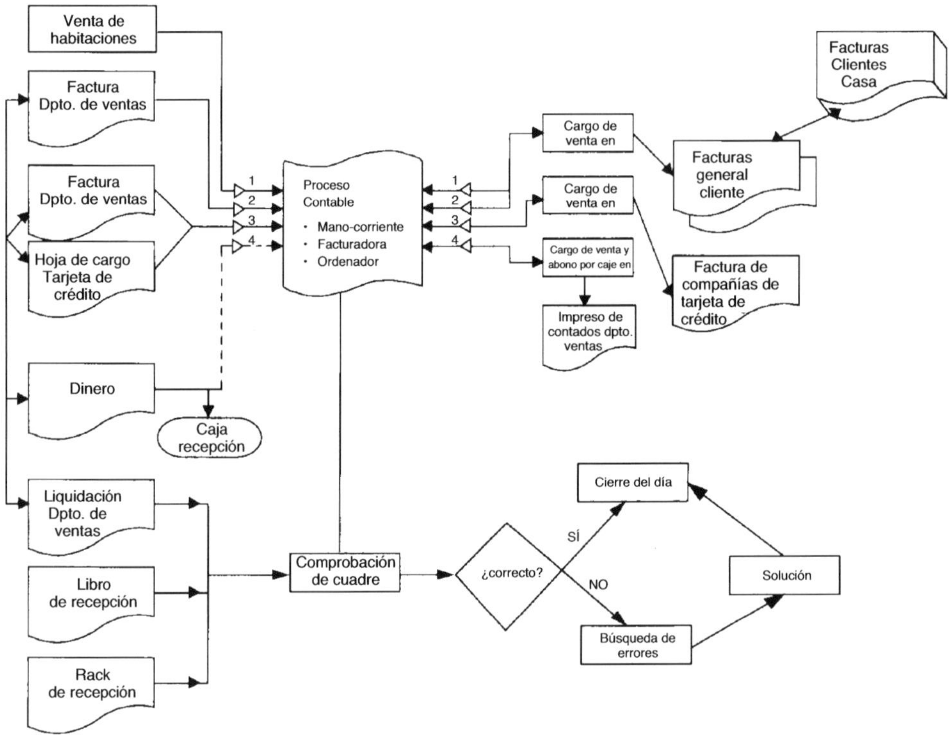


Figura 4.4. Diagrama de facturación. *Fuente:* Dorado y Cerra, 2000.

## 4.5. Sistema manual de facturación

El sistema manual de facturación es conocido en la industria hotelera como el sistema de "hoja de mano corriente", debido al empleo de una hoja manuscrita (u hoja Excel) de doble entrada en la que se anotan los cargos y abonos producidos en el día, ofreciendo en dos niveles:

- Vertical: movimiento diario de cada una de las facturas abiertas, teniendo presente el importe o deuda al cierre del día anterior.

- Horizontal: movimiento de cada una de las cuentas, tanto de cargo como de abono.

Debiendo cumplir que la suma de todas las facturas pendientes (última fila) ha de ser el mismo que el ofrecido por la diferencia del importe general de los cargos y los abonos (última columna). Teniendo en cuenta que mediante este sistema de facturación no existe la cuenta de corrección, ya que los errores cometidos y detectados el mismo día se subsanan simplemente borrándolos.

El sistema de facturación mediante hoja de mano corriente prácticamente ha desaparecido, manteniéndose en algunas empresas nostálgicas o que por su pequeño tamaño la inversión en un sistema informatizado no les resulte factible. No obstante es muy importante conocer el proceso de facturación, cuadre y cierre mediante un sistema manual, pues es la base sobre la que se asienta un proceso informatizado y será mucho más comprensible lo que de manera automática este realiza, así como la salida natural en el caso de que por cualquier circunstancia no esté operativo.

Mediante la facturación manual se realizan simultáneamente las facturas de los clientes y el control de la facturación, es decir, existen físicamente las facturas de los clientes y mediante la hoja de mano corriente se controla que todas las operaciones realizadas están cuadradas, lo que implica que:

- El total general de cada cuenta cuadra con las liquidaciones de cada punto de venta y con los propios documentos realizados por recepción.
- La suma de los saldos de todas las facturas de clientes es igual al total general a seguir de la mano corriente.

Para su mejor comprensión vamos a utilizar un ejemplo con operaciones de varios días y la siguiente información de un hotel:

- Lista de precios oficiales:
  - Habitación doble: 120 €.
  - Habitación individual 70 €.
  - Desayuno: 10 €.
  - Menú de almuerzo o de cena: 25 €.
- IVA no incluido en ninguno de los servicios, excepto en los importes de bar, restaurante y cafetería.
- Tarifa especial grupos, sin IVA:
  - Precio por persona en habitación doble y régimen de:
    - ✓ Alojamiento y desayuno: 40 €.
    - ✓ Media pensión: 55 €.
    - ✓ Pensión completa: 68 €.
  - Suplemento por habitación individual: 30 €.
  - Reducción 3era persona en triple:

✓ Menores de 14 años: 25%.
✓ Mayores de 14 años: 10%.

- Gratuidad: 1 persona por cada 20 de pago, aplicable en habitación individual y mismo régimen que el grupo.

• Acuerdos de colaboración:

- Sintéticos, S. L.: 10% de descuento en habitación sobre precio oficial, pago directo.
- Suite, Innovaciones Informáticas: 10% de descuento en habitación sobre precio oficial, pago directo.
- Margaret S. L.: 20% de descuento en habitación sobre precio oficial, pago directo.
- Embajada de Japón: 20% de descuento en habitación sobre precio oficial, se admite crédito.
- Celteria Líneas Aéreas: 50 € en habitación doble uso individual y régimen de alojamiento y desayuno, se admite crédito.
- Viajes Ejecu: 20% de descuento en habitación, desayuno y menú sobre precio oficial, se admite crédito.
- Viajes Alas: precios oficiales, cobrándonos una comisión del 25% en los conceptos de habitación, desayuno y menú de los precios oficiales y antes de IVA, se admite crédito.

Día 1 de marzo
(apertura del hotel)

• Entradas

| Habit. | Tipo | Nombre | Rég. | F. sal. | Reserv. por |
|---|---|---|---|---|---|
| 103 | 1DD2 | Coiffard | SA | 3/3 | Self, PD |
| 102 | 1DD1 | Cebada | AD | 3/3 | Sintéticos, PD |
| 109 | 1MA1 | Zurita | AD | 2/3 | a/cta. Centeria, AD |
| 108 | 1MA1 | Arjonilla | AD | 2/3 | Suite, PD |

• Consumos

- Bar. 103: 27.00 € / 108: 40.00 € / Director: 30.00 € / Contados: 210.00 €. TOTAL: 307.00€.
- Cafetería. 103: 54.00 € / 109: 32.00 € / 102: 31.00 € / Contados: 410.00 €. TOTAL: 527.00 €.
- Teléfonos. 102: 20.00 €. TOTAL: 20.00 €.

Día 2 de marzo

- Consumo desayunos
  - 102: 10.00 € / 108: 10.00 € / 109: 10.00 €. TOTAL: 30.00 €.
- Salidas
  - 109, paga extras en metálico.
  - 108, paga con VISA.
- Entradas

| Habit. | Tipo | Nombre | Rég. | F. sal. | Reserv. por |
|---|---|---|---|---|---|
| 112 | 1DD2 | Martín | AD | 3/3 | a/cta. V. Ejecu, AD |
| 101 | 1IN1 | Ramírez | SA | 3/3 | Margaret, PD |
| 111 | 1IN1 | Calvo | AD | 3/3 | a/cta. V. Alas, AD |

- Consumos
  - Bar. 103: 15.00 € / 102: 20.00 € / 112: 33.00 € / 101: 15.00 € / Contados: 180.00 €. TOTAL: 263.00 €.
  - Cafetería. 101: 32.00 € / 111: 22.00 € / Contados: 210.00 €. TOTAL: 264.00 €.
  - Teléfonos. 111: 18.00 € / 112: 25.00 €. TOTAL: 43.00 €.

Día 3 de marzo

- Consumo desayunos
  - 102: 10.00 € / 112: 16.00 € / 111: 10.00 €. TOTAL: 36.00 €.
- Salidas
  - 103. Pago en metálico.
  - 102. Pago con VISA.
  - 112. Extras pago con VISA.
  - 101. Pago con VISA.
  - 111. Extras pago con VISA.
- Entradas

| Habit. | Tipo | Nombre | Rég. | F. sal. | Reserv. por |
|---|---|---|---|---|---|
| 115 | 1TR3 | Rabal | AD | 4/3 | a/cta. Embaj. Japón, AD |
| GRUPO | 10DD2 | LIBROS | AD | 4/3 | Asoc. Libreros, PD |

| Nº FACT. | 001 | 002 | 003 | 004 | 005 | | | | | | DIRECTOR | CONTADOS | 1 /MAR |
|---|---|---|---|---|---|---|---|---|---|---|---|---|---|
| Nº HABIT. | 103 | 102 | 109 | 108 | EX 109 | | | | | | | | 4 Hab |
| PERSONAS | 2 | 1 | 1 | 1 | // | | | | | | | | 5 Pax |
| NOMBRE | Coiffar | Cebada | Zurita | Arjonilla | Zurita | | | | | | | | **TOTAL** |
| F. ENTRADA | 1/4 | 1/4 | 1/4 | 1/4 | 1/4 | | | | | | | | |
| F. SALIDA | 3/4 | 3/4 | 2/4 | 2/4 | | | | | | | | | **GRAL.** |
| RESER. POR | Self | Sintéticos | Celteria | SUITE | EXTRAS | | | | | | | | |
| PRECIO HABIT. | 120.00 | 86.40 | 40.00 | 86.40 | // | | | | | | | | |
| *HABITACIÓN* | 120.00 | 86.40 | 40.00 | 86.40 | | | | | | | | | 332.80 |
| *DESAYUNO* | | | | | | | | | | | | | |
| *RESTAURANTE* | | | | | | | | | | | | | |
| *BAR* | 27.00 | | | 40.00 | | | | | | | 30.00 | 210.00 | 307.00 |
| *CAFETERÍA* | 54.00 | 31.00 | | | 32.00 | | | | | | | 410.00 | 527.00 |
| *TELÉFONO* | | 20.00 | | | | | | | | | | | 20.00 |
| ... | | | | | | | | | | | | | |
| | | | | | | | | | | | | | |
| TOTAL DÍA | 201.00 | 137.40 | 40.00 | 126.40 | 32.00 | | | | | | 30.00 | 620.00 | 1186.80 |
| SALDO ANTERIOR | | | | | | | | | | | | | |
| DEDUCCIONES | | | | | | | | | | | | | |
| IVA repercutido | | | | | | | | | | | | | |
| COMISIONES | | | | | | | | | | | | | |
| IVA soportado | | | | | | | | | | | | | |
| CAJA | | | | | | | | | | | | 620.00 | 620.00 |
| VISA | | | | | | | | | | | | | |
| CRÉDITO | | | | | | | | | | | | | |
| SALDO A SEGUIR | 201.00 | 137.40 | 40.00 | 126.40 | 32.00 | | | | | | 30.00 | 0.00 | 566.80 |
| Observaciones | AD<br>PD | SA<br>PD | AD<br>a/cta. Celteria | AD<br>PD | EXTRAS<br>PD | | | | | | | | |

Figura 4.5. Día 1.

| Nº FACT. | 001 | 002 | 003 | 004 | 005 | 006 | 007 | 008 | 009 | 010 | DIRECTOR | CONTADOS | 2 /MAR |
|---|---|---|---|---|---|---|---|---|---|---|---|---|---|
| Nº HABIT. | 103 | 102 | 109 | 108 | EX 109 | 112 | 101 | 111 | EXT112 | EXT111 | | | 5 Hab |
| PERSONAS | 2 | 1 | 1 | 1 | // | 2 | 1 | 1 | // | // | | | 7 Pax |
| NOMBRE | Coiffar | Cebada | Zurita | Arjonilla | Zurita | Martín | Ramírez | Calvo | Marín | Calvo | | | |
| F. ENTRADA | 1/4 | 1/4 | 1/4 | 1/4 | 1/4 | 2/4 | 2/4 | 2/4 | 2/4 | 2/4 | | | **TOTAL** |
| F. SALIDA | 3/4 | 3/4 | 2/4 | 2/4 | 2/4 | 3/4 | 3/4 | 3/4 | 3/4 | 3/4 | | | |
| RESER. POR | Self | Sintéticos | Celteria | SUITE | EXTRAS | V.Ejecu | Margaret | V.Alas | EXTRAS | EXTRAS | | | **GRAL.** |
| PRECIO HABIT. | 120.00 | 86.40 | 40.00 | 86.40 | // | 96.00 | 56.00 | 70.00 | // | // | | | |
| *HABITACIÓN* | 120.00 | 86.40 | | | | 96.00 | 56.00 | 70.00 | | | | | 428.40 |
| *DESAYUNO* | | 10.00 | 10.00 | 10.00 | | | | | | | | | 30.00 |
| *RESTAURANTE* | | | | | | | | | | | | | |
| *BAR* | 15.00 | 20.00 | | | | | 15.00 | | 33.00 | | | 180.00 | 263.00 |
| *CAFETERÍA* | | | | | | | 32.00 | | | 22.00 | | 210.00 | 264.00 |
| *TELÉFONO* | | | | | | | | | 25.00 | 18.00 | | | 43.00 |
| ... | | | | | | | | | | | | | |
| | | | | | | | | | | | | | |
| TOTAL DÍA | 135.00 | 116.40 | 10.00 | 10.00 | | 96.00 | 103.00 | 70.00 | 58.00 | 40.00 | | 390.00 | 1028.40 |
| SALDO ANTERIOR | 201.00 | 137.40 | 40.00 | 126.40 | 32.00 | | | | | | 30.00 | 0.00 | 566.80 |
| DEDUCCIONES | | | | | | | | | | | | | |
| IVA repercutido | | | 5.00 | 9.64 | | | | | | | | | 14.64 |
| COMISIONES | | | | | | | | | | | | | |
| IVA soportado | | | | | | | | | | | | | |
| CAJA | | | | | 32.00 | | | | | | | 390.00 | 422.00 |
| VISA | | | | 146.04 | | | | | | | | | 146.04 |
| CRÉDITO | | | 55.00 | | | | | | | | | | 55.00 |
| SALDO A SEGUIR | 336.00 | 253.80 | 0.00 | 0.00 | 0.00 | 96.00 | 103.00 | 70.00 | 58.00 | 40.00 | 30.00 | 0.00 | 986.80 |
| Observaciones | AD<br>PD | SA<br>PD | AD<br>a/cta. Celteria | AD<br>PD | EXTRAS<br>PD | AD<br>a/cta. V.Ejecu | SA<br>PD | AD<br>a/cta. V.Alas | EXTRAS<br>PD | EXTRAS<br>PD | | | |

Figura 4.6. Día 2.

| Nº FACT. | 001 | 002 | 006 | 007 | 008 | 009 | 010 | 011 | 012 | 013 | DIRECTOR | CONTADOS | 3 /MAR |
|---|---|---|---|---|---|---|---|---|---|---|---|---|---|
| Nº HABIT. | 103 | 102 | 112 | 101 | 111 | EXT112 | EXT111 | 115 | -10- | EXT115 | | | 11 Hab |
| PERSONAS | 2 | 1 | 2 | 1 | 1 | // | // | 3 | 20 | // | | | 23 Pax |
| NOMBRE | Coiffar | Cebada | Martín | Ramírez | Calvo | Marín | Calvo | Rabal | Libros | Rabal | | | TOTAL |
| F. ENTRADA | 1/4 | 1/4 | 2/4 | 2/4 | 2/4 | 2/4 | 2/4 | 3/4 | 3/4 | 3/4 | | | |
| F. SALIDA | 3/4 | 3/4 | 3/4 | 3/4 | 3/4 | 3/4 | 3/4 | 4/4 | 4/4 | 4/4 | | | GRAL. |
| RESER. POR | Self | Sintéticos | V.Ejecu | Margaret | V.Alas | EXTRAS | EXTRAS | E.Japón | A.libreros | EXTRAS | | | |
| PRECIO HABIT. | 120.00 | 86.40 | 96.00 | 56.00 | 70.00 | // | // | 129.60 | 600 | // | | | |
| *HABITACIÓN* | | | | | | | | 129.60 | 600.00 | | | | 729.60 |
| *DESAYUNO* | | 10.00 | 16.00 | | 10.00 | | | | | | | | 36.00 |
| *RESTAURANTE* | | | | | | | | | | | | | |
| *BAR* | | | | | | | | | | 22.00 | 16.00 | 30.00 | 68.00 |
| *CAFETERÍA* | | | | | | | | | | | | | |
| *TELÉFONO* | | | | | | | | | | | | | |
| ... | | | | | | | | | | | | | |
| | | | | | | | | | | | | | |
| TOTAL DÍA | | 10.00 | 16.00 | | 10.00 | | | 129.60 | 600.00 | 22.00 | 16.00 | 30.00 | 833.60 |
| SALDO ANTERIOR | 336.00 | 253.80 | 96.00 | 103.00 | 70.00 | 58.00 | 40.00 | | | | 30.00 | 0.00 | 986.80 |
| DEDUCCIONES | | | | | | | | | | | | | |
| IVA repercutido | 24.00 | 21.28 | 11.20 | 5.60 | 8.00 | 2.50 | 1.80 | | | | | | 74.33 |
| COMISIONES | | | | | 20.00 | | | | | | | | 20.00 |
| IVA soportado | | | | | 4.20 | | | | | | | | 4.20 |
| CAJA | 360.00 | | | | | | | | | | | 30.00 | 390.00 |
| VISA | | 285.08 | | 108.60 | | 60.50 | 41.80 | | | | | | 495.98 |
| CRÉDITO | | | 123.20 | | 63.80 | | | | | | | | 187.00 |
| SALDO A SEGUIR | 0.00 | 0.00 | 0.00 | 0.00 | 0.00 | 0.00 | 0.00 | 129.60 | 600.00 | 22.00 | 46.00 | 0.00 | 797.60 |
| Observaciones | AD<br>PD | SA<br>PD | AD<br>a/cta. V.Ejecu | SA<br>PD | AD<br>a/cta. V.Alas | EXTRAS<br>PD | EXTRAS<br>PD | AD<br>a/cta. E.Japón | AD<br>PD | EXTRAS<br>PD | | | |

Figura 4.7. Día 3.

| | | | | | | | | | | | DIRECTOR | CONTADOS | |
|---|---|---|---|---|---|---|---|---|---|---|---|---|---|
| Nº FACT. | 011 | 012 | 013 | | | | | | | | | | 4 /MAR |
| Nº HABIT. | 115 | -10- | EXT115 | | | | | | | | | | 0 Hab |
| PERSONAS | 3 | 20 | // | | | | | | | | | | 0 Pax |
| NOMBRE | Rabal | Libros | Rabal | | | | | | | | | | TOTAL GRAL. |
| F. ENTRADA | 3/4 | 3/4 | 3/4 | | | | | | | | | | |
| F. SALIDA | 4/4 | 4/4 | 4/4 | | | | | | | | | | |
| RESER. POR | E.Japón | A.libreros | EXTRAS | | | | | | | | | | |
| PRECIO HABIT. | 129.60 | 600 | // | | | | | | | | | | |
| *HABITACIÓN* | | | | | | | | | | | | | |
| *DESAYUNO* | 30.00 | 200.00 | | | | | | | | | | | 230.00 |
| *RESTAURANTE* | | | | | | | | | | | | | |
| *BAR* | | | | | | | | | | | | | |
| *CAFETERÍA* | | | | | | | | | | | | | |
| *TELÉFONO* | | | | | | | | | | | | | |
| ... | | | | | | | | | | | | | |
| | | | | | | | | | | | | | |
| TOTAL DÍA | 30.00 | 200.00 | | | | | | | | | | | 230.00 |
| SALDO ANTERIOR | 129.60 | 600.00 | 22.00 | | | | | | | | 46.00 | | 797.60 |
| DEDUCCIONES | | | | | | | | | | | 46.00 | | 46.00 |
| IVA repercutido | 15.96 | 80.00 | | | | | | | | | | | 95.96 |
| COMISIONES | | | | | | | | | | | | | |
| IVA soportado | | | | | | | | | | | | | |
| CAJA | | | | | | | | | | | | | |
| VISA | | 880.00 | 22.00 | | | | | | | | | | 902.00 |
| CRÉDITO | 175.56 | | | | | | | | | | | | 175.56 |
| SALDO A SEGUIR | 0.00 | 0.00 | 0.00 | | | | | | | | 0.00 | | 0.00 |
| Observaciones | AD<br>a/cta.<br>E.Japón | AD<br>PD | EXTRAS<br>PD | | | | | | | | | | |

Figura 4.8. Día 4.

- Consumos
  - Bar. 115: 22.00 € / Director: 16.00 € / Contados: 30.00 €.
    TOTAL: 68.00 €.

---

Día 4 de marzo

---

- Consumo desayunos
  - Grupo: 200.00 € / 115: 30.00 €.
    TOTAL: 230.00 €.
- Salidas
  - Grupo. Pago con VISA.
  - 115. Extras pago con VISA.
- Otras acciones
  - Cierre de la factura del Director.

---

### 4.5.1. Comentarios de la facturación manual

El criterio establecido para el cargo del importe de la habitación ha sido aplicar el importe neto, es decir, restar a los precios oficiales los porcentajes de descuento establecidos en convenio, a excepción de aquellos acuerdos (Celteria Líneas Aéreas) que tienen un precio especial neto y de la tarifa especial para grupos. Recordando que cabe la posibilidad de aplicar el precio oficial y en el momento de la salida hacer la correspondiente deducción del porcentaje de descuento.

En cuanto a la agencia Alas, esta tiene un acuerdo de colaboración mediante el cual cobra al hotel una comisión más el IVA (21%) del importe de la misma, produciendo una facturación por parte del hotel del precio oficial más el IVA del 10% sobre dichos servicios y, abonos por la comisión y el IVA de la misma que la agencia cobra al hotel.

El grupo está compuesto por 20 personas, por lo que no hay gratuidad (1 por cada 20 de pago), distribuyendo el importe total de la estancia en: desayuno 10.00 € por persona y el resto al concepto de habitación.

Para el cálculo de los importes de habitación doble uso individual y habitación triple sobre precio oficial se tiene en cuenta la Orden de 15 de septiembre de 1978.

- Día 1 de marzo.
  - Se han imputado los consumos de los huéspedes en sus respectivas facturas, teniendo en cuenta que el consumo de cafetería de la habitación

109 se imputa en una factura de extras, pago directo, ya que Centeria se hace cargo solo del alojamiento y el desayuno.
- La factura abierta de contados tendrá siempre un saldo a seguir de cero euros, ya que los contados, como su nombre indica, son consumos pagados.
- Los importes de habitación son:

  ✓ 103, precio oficial.
  ✓ 102, precio oficial de doble uso individual con un 10% de descuento (120 × 0.80 × 0.90 = 86.40).
  ✓ 109, precio de Centeria, desglosando de los 50 € en régimen de alojamiento y desayuno, 40 € para habitación y 10 € para desayuno.
  ✓ 108, precio oficial de doble uso individual con un 10% de descuento (120 × 0.80 × 0.90 = 86.40).

• Día 2 de marzo.

- Se han imputado los consumos de los huéspedes en sus respectivas facturas, teniendo en cuenta que el consumo de bar y cafetería de la habitación 112 se imputa en factura de extras pago directo, porque viajes Ejecu solo se hace cargo de los servicios de alojamiento y desayuno. Y en la factura de la habitación 111 se abre, igualmente, una factura de extras para los consumos de cafetería y teléfono porque viajes Alas se hace cargo solo del alojamiento y el desayuno.
- En el cierre de la factura de la habitación 109 se carga un 10% de IVA sobre los 50 € del acuerdo de colaboración por los servicios de alojamiento y desayuno.
- En el cierre de la factura de la habitación 108 el importe de la base de IVA es sobre el importe de alojamiento y desayuno (86.40 € + 10.00 €), ya que el importe de 40.00 € del bar el IVA ya estaba incluido.
- Los importes de habitación son:

  ✓ 112, precio oficial menos un 20% de descuento o comisión que el hotel concede a la agencia (120 € × 0.80 € = 96.00 €).
  ✓ 101, precio oficial menos un 20% de descuento (70 € × 0.80 € = 56.00 €).
  ✓ 111, precio oficial, posteriormente en el momento de la salida se aplicará el acuerdo de colaboración, en el que viajes Alas actúa como comisionista, cobrando al hotel una comisión del 25% más un 21% de IVA sobre el importe de la comisión.

• Día 3 de marzo.

- En el cierre de la habitación 103 la base del IVA es de 240.00 €, ya que los consumos de bar y cafetería llevan el IVA incluido.
- La base de IVA de la habitación 102 es de 212.80 €, que recoge 2 noches de habitación, 2 desayunos y 20.00 € de teléfono.

- La factura 112, a cuenta de viajes Ejecu, es de una noche en régimen de AD de una habitación doble con 2 personas, que supone: 140.00 € × 0.80 × × 1.08 = 123.20 €.
- Los extras de la habitación 112 tienen un saldo de 58.00 €, de los cuales 25.00 € son de teléfono y 33.00 € de bar, por lo que el IVA que hay que cargar será de 0.10 × 25.00 € = 2.50 €.
- La factura de la habitación 101 tiene una imputación de IVA de 5.60 € correspondiente a los 56.00 € de habitación, ya que los importes de bar y cafetería ya tienen el IVA incluido.
- En la factura de la habitación 111, a cuenta de viajes Alas en régimen de alojamiento y desayuno, se imputa un 10% de IVA del importe de 80.00 € (70.00 € de habitación y 10.00 € de desayuno). A su vez viajes Alas (como comisionista) imputa al hotel una comisión del 25% sobre los 80.00 € (20.00 €), más el IVA de la comisión (0.21 × 20.00 € = 4.20 €), quedando una deuda pendiente a cobrar por el hotel de 63.80 €.
- En la factura de extras de la habitación 111 hay que cargar el IVA no incluido en el consumo de teléfono (18.00 € × 0.10 = 1.80 €).
- El importe por habitación de la habitación 115 supone: 120.00 € × 1.35 × × 0.80 = 129.60 €, ya que hemos cargado un 35% del precio oficial por la cama supletoria y hemos hecho una reducción del 20% de descuento.
- El consumo de 22.00 € de bar de la habitación 115 se carga en facturas de extras, pago directo, ya que la Embajada de Japón solo se hace cargo del alojamiento y el desayuno.
- La factura del grupo supone un total de 20 personas, que multiplicado por el precio por persona de 40.00 € en régimen de alojamiento y desayuno es de 800.00 € total, aplicando 200,00 para desayuno (20 × 10.00 €) y el resto (600.00 €) para habitación.

• Día 4 de marzo.

- El cierre de la factura de la habitación 115 implica cargar un IVA de 15.96 € al aplicar el 10% del importe de la habitación (129.60 €) y del desayuno (30.00 €). En los extras no se carga IVA por ser un consumo de bar (22.00 €) que lo lleva incluido.
- La factura de grupo supone un importe de 800.00 € más un 10% de IVA (880.00 €).

### 4.6. Facturación informatizada

La diferencia entre un sistema de facturación manual y un sistema de facturación informatizado radica en que el informatizado precisa de una parametrización completa, es decir, introducir todo tipo de datos, tales como: tipos de IVA, cuentas de cargo, sistemas de pago, tarifas, precios, cupos, gestión de clientes… (véase apartado 2.3) y, en un sistema manual de facturación nos tendremos que valer de fichas, documentos y archivos que contengan toda la información.

Consecuentemente, el sistema manual precisa de personal muy experto y con amplios conocimientos no solo de los procesos productivos sino del propio establecimiento hotelero. Mientras que en un sistema informatizado, sin quitar mérito al personal, todas las operaciones se llevan a cabo en gran medida mediante la cumplimentación de pantallas específicas para cada caso, debiéndose rellenar ciertos campos de manera obligatoria para posteriores procesos. Por ejemplo, al hacer una reserva deberemos cumplimentar el tipo de tarifa a aplicar, en el momento del registro, si no la variamos, aplicará dicha tarifa de manera automática. Igualmente, si el establecimiento hotelero dispone de terminales de punto de venta, las operaciones de cargo se llevan a cabo de manera automática, igualmente ocurre con la aplicación de comisiones que nos cobran los intermediarios turísticos, la realización de previsiones, el cierre diario, listados y estadísticas de todo tipo...

Lo primordial en un sistema de gestión informatizada es realizar una parametrización sin errores y manejar adecuadamente el programa en sus aspectos de reservas, facturación, gestión de clientes...

Para una mejor comprensión del sistema de facturación informatizado nos vamos a basar en la realización del ejemplo presentado en el apartado anterior, para lo que requerimos:

- Introducir todas las reservas (se pueden hacer todas las reservas con la misma fecha hotelera).
- Realizar los registros cada día (con fecha hotelera del 1, introducir las entradas del 1).
- Tener en cuenta los siguientes aspectos:

  – La fecha del ordenador debe coincidir con la de la fecha hotelera. Para ello habrá que cambiar la fecha del ordenador a 1 de marzo y proceder al cierre de facturación hasta la fecha actual (Facturación >> Cierre del día >> Cerrar todos los días hasta hoy). De esta manera tendremos que la fecha del ordenador y la fecha del hotel coinciden (figura 4.9).

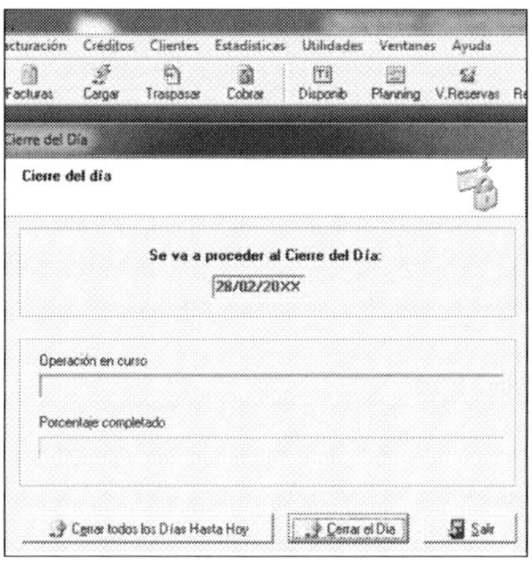


Figura 4.9. Cierre del día.

– Registrar las reservas con llegada hoy 1 de marzo. (Reservas>>Gestión de Reservas>>Buscar>> doble clic) o (Entradas y doble clic sobre entrada de reservas).

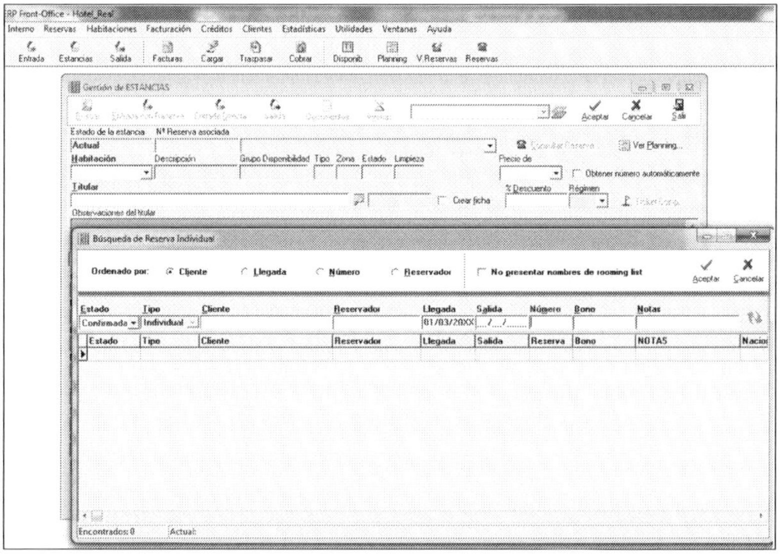


Figura 4.10. Entrada de habitación con reserva.

– Hacer todos los cargos (bar, teléfono…) del día 1 de marzo. (Facturación>> Anotar Cargos) (figuras 4.11 y 4.12).

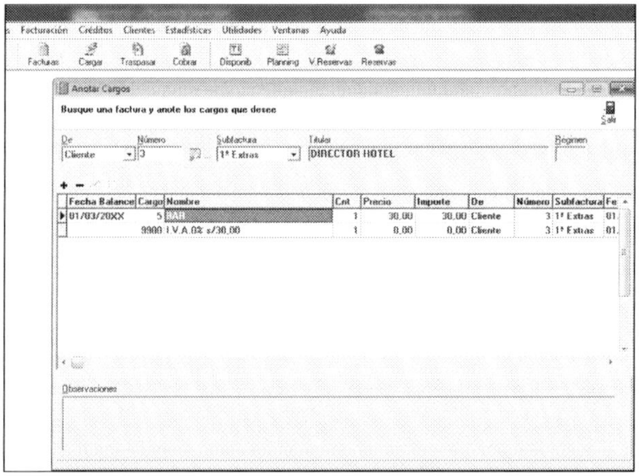


Figura 4.11. Anotar cargos en la factura del director.

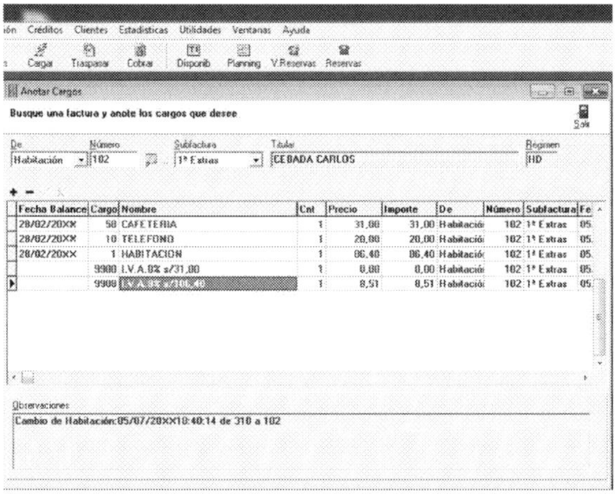

Figura 4.12. Anotar cargos en la factura 1ª de extras de la habitación 102.

- Comprobar que todo esté cuadrado (figuras 4.15, 4.16, 4.17 y 4.18).
- Cerrar el programa "Suite", cambiar la fecha del ordenador al 2 de marzo, abrir "Suite" y proceder al cierre del día 1 de marzo.

Figura 4.13. Cierre del día 1.

- Al hacer el cierre del día, el sistema carga automáticamente los servicios contratados del régimen del registro (SA, AD…). Igualmente se pueden hacer los cargos de servicios contratados automáticamente mediante: Facturación >> Cargar servicios >> Ejecutar, con la ventaja de que antes de hacer el cierre podremos comprobar que los cargos por los servicios de alojamiento, desayuno… son correctos (figura 4.14).

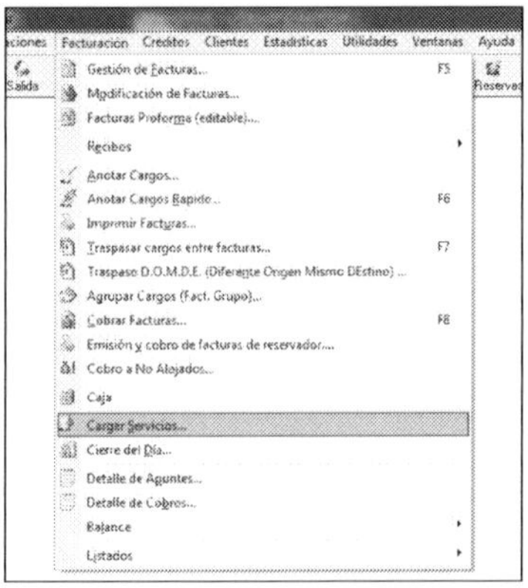


Figura 4.14. Hacer cargos automáticos de servicios antes del cierre.

– Para el control de que todas las operaciones se han realizado correctamente (cuadre de producción) se debe proceder a la visualización o impresión de listados que ofrece el epígrafe Facturación, tales como:

✓ Diario de producción (figura 4.15).
✓ Detalle de apuntes (figura 4.16).
✓ Detalle de cobros (figura 4.17).
✓ Informe de facturas abiertas (figura 4.18).
✓ Informe contable.

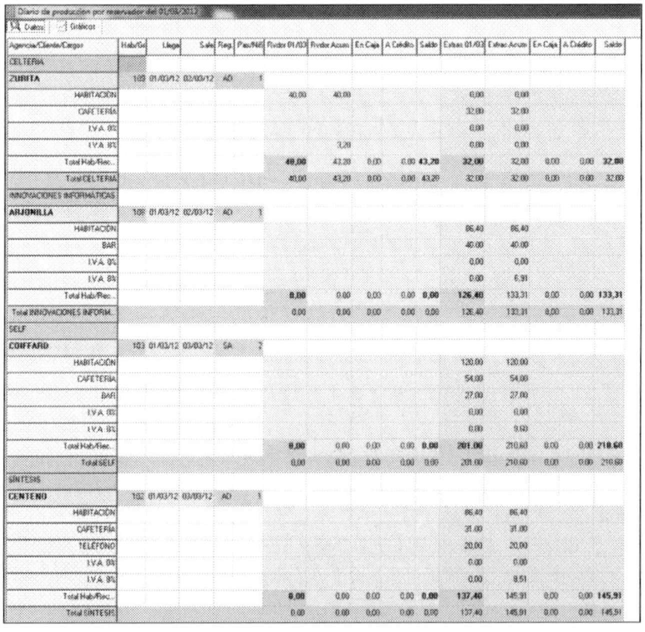

| Agencia/Cliente/Cargos | Hab/Gr | Llega | Sale | Reg. | Pax/Niñ | Rvdor 01/03 | Rvdor Acum | En Caja | A Crédito | Saldo | Extras 01/03 | Extras Acum | En Caja | A Crédito | Saldo |
|---|---|---|---|---|---|---|---|---|---|---|---|---|---|---|---|
| CELTERIA | | | | | | | | | | | | | | | |
| ZURITA | 103 | 01/03/12 | 02/03/12 | AD | 1 | | | | | | | | | | |
| HABITACIÓN | | | | | | 40,00 | 40,00 | | | | 0,00 | 0,00 | | | |
| CAFETERÍA | | | | | | | | | | | 32,00 | 32,00 | | | |
| I.V.A. 0% | | | | | | | | | | | 0,00 | 0,00 | | | |
| I.V.A. 8% | | | | | | | 3,20 | | | | 0,00 | 0,00 | | | |
| Total Hab/Rec... | | | | | | **40,00** | 43,20 | 0,00 | 0,00 | **43,20** | **32,00** | 32,00 | 0,00 | 0,00 | **32,00** |
| Total CELTERIA | | | | | | 40,00 | 43,20 | 0,00 | 0,00 | 43,20 | 32,00 | 32,00 | 0,00 | 0,00 | 32,00 |
| INNOVACIONES INFORMÁTICAS | | | | | | | | | | | | | | | |
| ARJONILLA | 108 | 01/03/12 | 02/03/12 | AD | 1 | | | | | | | | | | |
| HABITACIÓN | | | | | | | | | | | 86,40 | 86,40 | | | |
| BAR | | | | | | | | | | | 40,00 | 40,00 | | | |
| I.V.A. 0% | | | | | | | | | | | 0,00 | 0,00 | | | |
| I.V.A. 8% | | | | | | | | | | | 0,00 | 6,91 | | | |
| Total Hab/Rec... | | | | | | **0,00** | 0,00 | 0,00 | 0,00 | **0,00** | **126,40** | 133,31 | 0,00 | 0,00 | **133,31** |
| Total INNOVACIONES INFORM... | | | | | | 0,00 | 0,00 | 0,00 | 0,00 | 0,00 | 126,40 | 133,31 | 0,00 | 0,00 | 133,31 |
| SELF | | | | | | | | | | | | | | | |
| COIFFARD | 103 | 01/03/12 | 03/03/12 | SA | 2 | | | | | | | | | | |
| HABITACIÓN | | | | | | | | | | | 120,00 | 120,00 | | | |
| CAFETERÍA | | | | | | | | | | | 54,00 | 54,00 | | | |
| BAR | | | | | | | | | | | 27,00 | 27,00 | | | |
| I.V.A. 0% | | | | | | | | | | | 0,00 | 0,00 | | | |
| I.V.A. 8% | | | | | | | | | | | 0,00 | 9,60 | | | |
| Total Hab/Rec... | | | | | | **0,00** | 0,00 | 0,00 | 0,00 | **0,00** | **201,00** | 210,60 | 0,00 | 0,00 | **210,60** |
| Total SELF | | | | | | 0,00 | 0,00 | 0,00 | 0,00 | 0,00 | 201,00 | 210,60 | 0,00 | 0,00 | 210,60 |
| SÍNTESIS | | | | | | | | | | | | | | | |
| CENTENO | 102 | 01/03/12 | 03/03/12 | AD | 1 | | | | | | | | | | |
| HABITACIÓN | | | | | | | | | | | 86,40 | 86,40 | | | |
| CAFETERÍA | | | | | | | | | | | 31,00 | 31,00 | | | |
| TELÉFONO | | | | | | | | | | | 20,00 | 20,00 | | | |
| I.V.A. 0% | | | | | | | | | | | 0,00 | 0,00 | | | |
| I.V.A. 8% | | | | | | | | | | | 0,00 | 8,51 | | | |
| Total Hab/Rec... | | | | | | **0,00** | 0,00 | 0,00 | 0,00 | **0,00** | **137,40** | 145,91 | 0,00 | 0,00 | **145,91** |
| Total SÍNTESIS | | | | | | 0,00 | 0,00 | 0,00 | 0,00 | 0,00 | 137,40 | 145,91 | 0,00 | 0,00 | 145,91 |

Figura 4.15. Diario de producción.

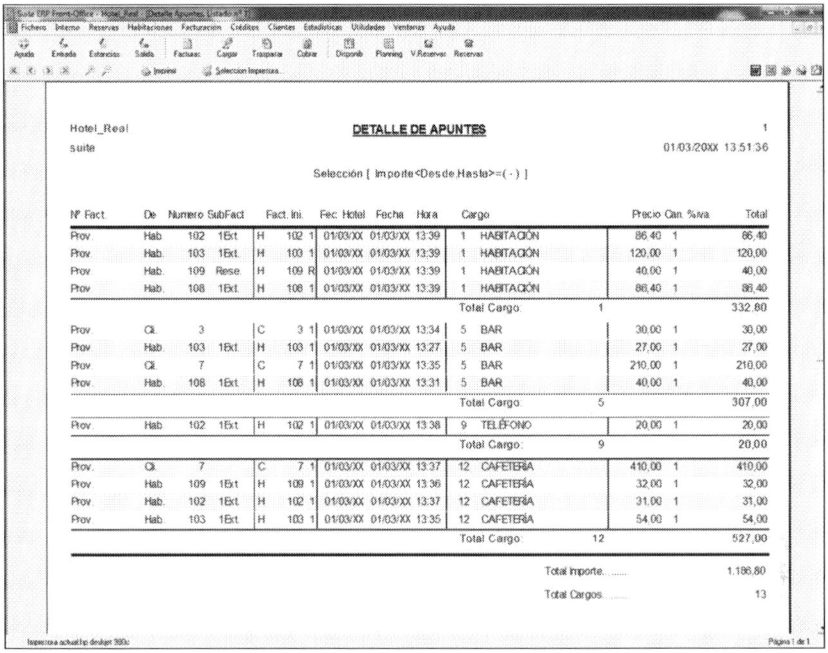


Figura 4.16. Detalle de apuntes.

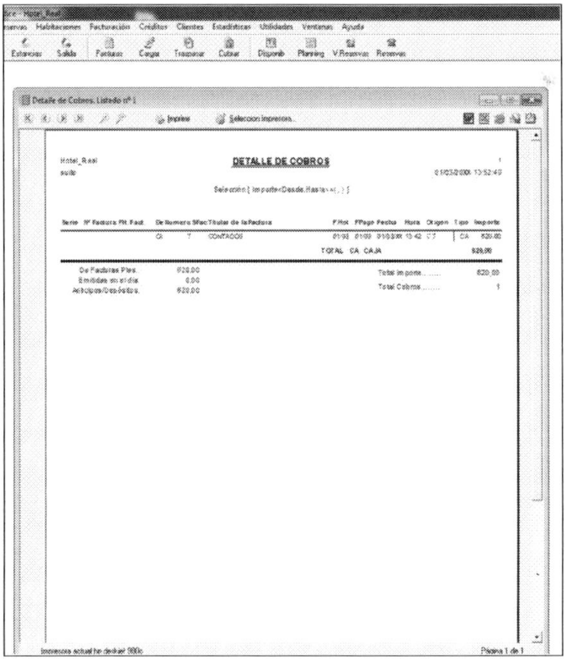


Figura 4.17. Detalle de cobros.

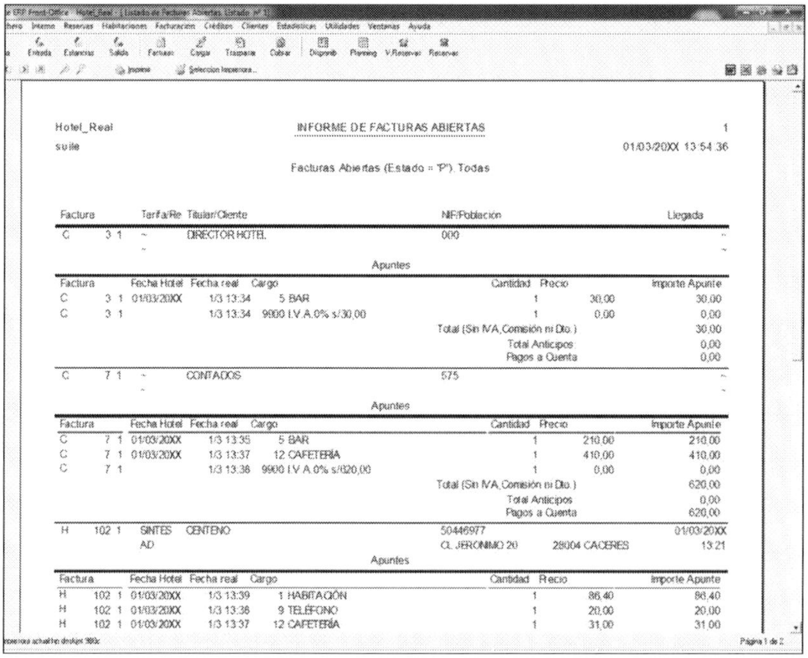


Figura 4.18. Informe de facturas abiertas.

– Con fecha hotelera y del ordenador a día 2 de marzo iniciamos un nuevo día hotelero, siendo conveniente como primera operación imprimir el "informe contable" del listado de facturación del día anterior (figuras 4.19A, 4.19B).

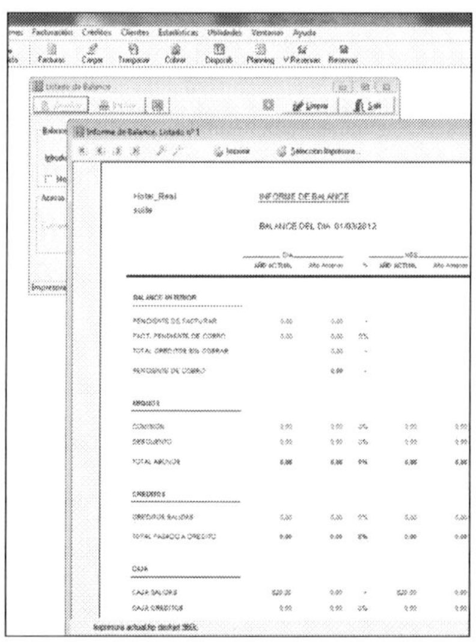

Figura 4.19A. Balance día 1.

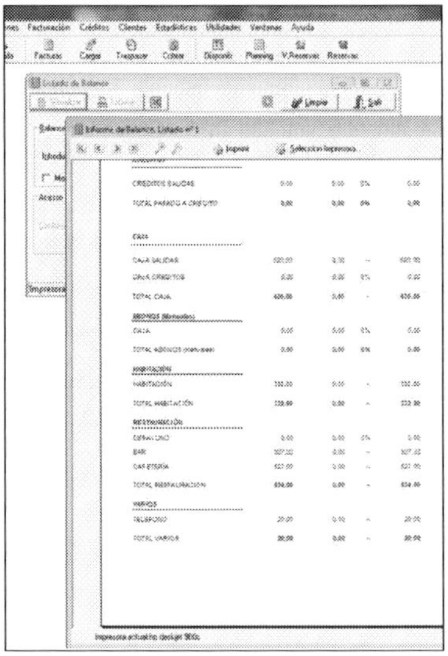

Figura 4.19B. Balance día 1.

– Al comenzar un nuevo día contable hotelero todas las cuentas pasan a tener un saldo de cero euros, ya que el balance de explotación es diario (figura 4.20). Conservándose (saldo a seguir del sistema manual) solamente el saldo de las facturas abiertas (figura 4.18).

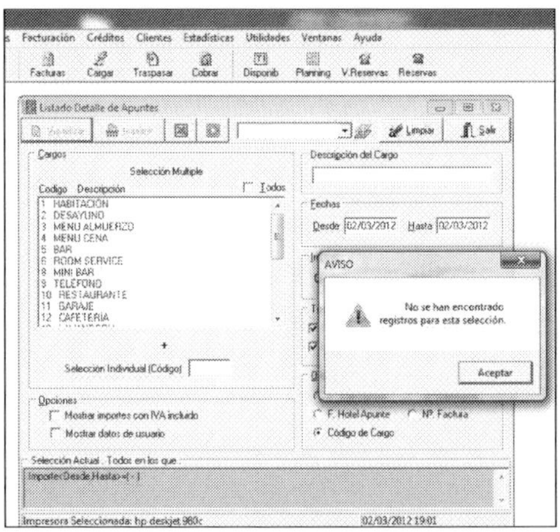


Figura 4.20. Inicio de nuevo día con saldo cero en todos los conceptos.

– Las primeras operaciones son cargo de desayunos, que podremos llevar a cabo mediante la operación de: Facturación>>Cargar servicios, procediendo el sistema a cargar todos los servicios contratados para el día de hoy, es decir, el desayuno, habitación... Quedando solo por facturar los desayunos no contratados que se produzcan o que se hiciera desde el TPV de comedor. Con ello, cada vez que demos la orden de "cargar servicios" el sistema procederá a cargar solo aquello que anteriormente no se hubiera realizado, es decir, se cargaría la habitación de las llegadas nuevas y si procede otros servicios contratados por esas nuevas llegadas, por ejemplo el garaje.

- Siguiendo la cronología lógica, la siguiente tarea a desarrollar por recepción es presentar facturas, cobrarlas y dar salida a las habitaciones.
- La presentación de la factura podemos hacerla picando en el epígrafe "Salidas", teclear el número de habitación, ofreciendo en pantalla todas las facturas que tenga abiertas con su saldo correspondiente (figura 4.21). Para seleccionar una factura solo hay que hacer doble clic sobre la deseada (figura 4.22).

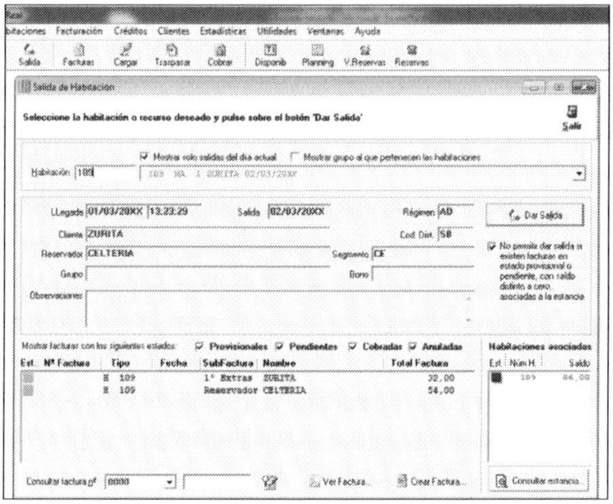


Figura 4.21. Salida de una habitación.

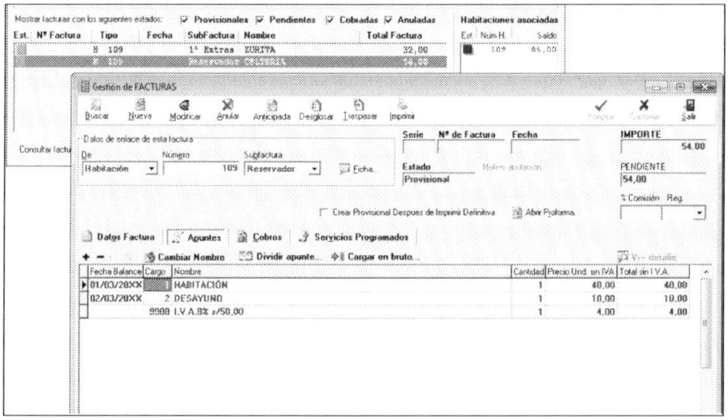


Figura 4.22. Abrir una factura.

– Con la factura seleccionada se recomienda picar en "Imprimir", seleccionar en la siguiente pantalla: "Visualizar antes de imprimir" y "Provisional", con el objeto de que el cliente vea su factura en el monitor y dé su conformidad.

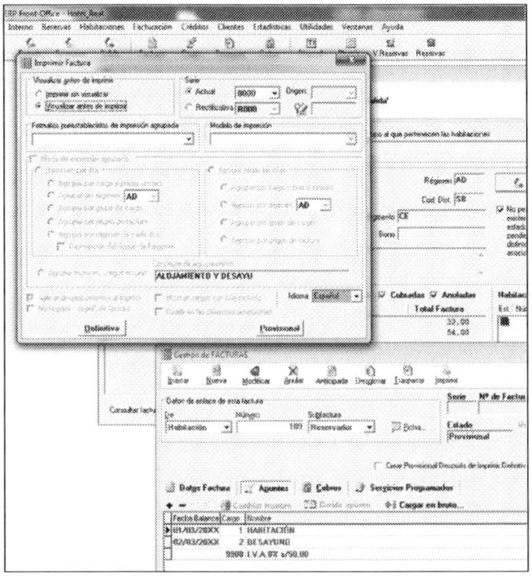

Figura 4.23. Visualizar factura provisional.

– El siguiente paso, una vez dada la conformidad por el cliente, es ir al apartado "Cobros", seleccionaremos el tipo de cobro que nos indique el cliente o el previamente establecido en el momento del registro (crédito, visa, caja...), introducir importe y la factura pasa a tener un saldo de cero euros (figura 4.24). Finalmente se imprime la factura como definitiva (figura 4.25), apareciendo un número de factura en vez de la leyenda "provisional".

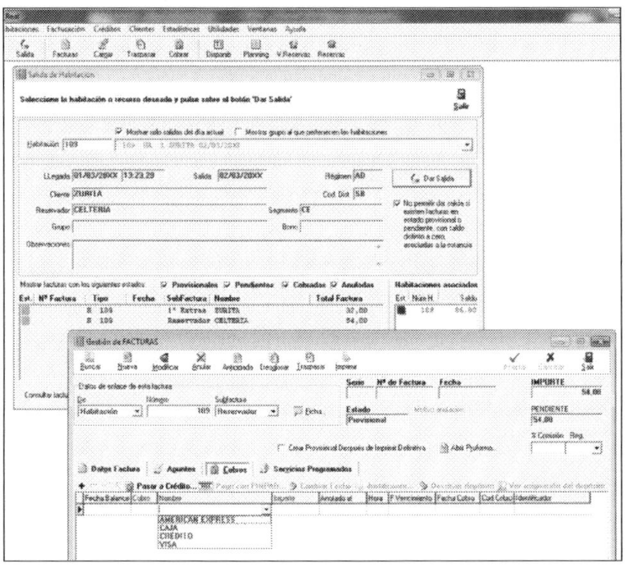

Figura 4.24. Cobro de factura.

| Nº Habitación | Nº Personas | Tipo de Régimen | Tipo Factura | Fecha Factura | Nº Factura | Página |
|---|---|---|---|---|---|---|
| 109 | 1 | AD | RESERVADOR | 02/03/20XX | 8 | 1 |

| Cliente: | Reservador: |
|---|---|
| ZURITA | CELTERIA |
| CL LAS FLORES 4 | CL AVION 23 |
| SANTANDER | 28006 MADRID |
| E 02267417 | ESPA¥A 123 |

| Fecha de LLegada | Fecha de Salida | Observaciones |
|---|---|---|
| 01/03/20XX 13:23:29 | 02/03/20 0:00:00 | |

| Origen | | | Fecha | Concepto | Importe |
|---|---|---|---|---|---|
| H | 109 | R | 01/03/20XX | HABITACIÓN | 40,00 |
| H | 109 | R | 02/03/20XX | DESAYUNO | 10,00 |
| H | 109 | R | 02/03/20XX | I.V.A.10% s/50,00 | 5,00 |
| | | | | Total Factura | 55,00 |
| | | | | Pagos a CRÉDITO | 55,00 |
| | | | | Pendiente | 0,00 |

Figura 4.25. Factura definitiva de la habitación 109 a cuenta Celteria.

| Nº Habitación | Nº Personas | Tipo de Régimen | Tipo Factura | Fecha Factura | Nº Factura | Página |
|---|---|---|---|---|---|---|
| 109 | 1 | AD | EXTRAS | 02/03/20XX | 9 | 1 |

| Cliente: | Reservador: |
|---|---|
| ZURITA | |
| CL LAS FLORES 4 | |
| 39004 SANTANDER | |
| ESPA¥A 02267417 | |

| Fecha de LLegada | Fecha de Salida | Observaciones |
|---|---|---|
| 01/03/20XX 13:23:29 | 02/03/20XX 0:00:00 | |

| Origen | | | Fecha | Concepto | Importe |
|---|---|---|---|---|---|
| H | 109 | 1 | 01/03/20XX | CAFETERÍA | 32,00 |
| H | 109 | 1 | 02/03/20XX | I.V.A.0% s/32,00 | 0,00 |
| | | | | Total Factura | 32,00 |
| | | | | Pagos a CAJA | 32,00 |
| | | | | Pendiente | 0,00 |

Figura 4.26. Factura definitiva de la habitación 109 pagada en metálico.

– El último paso es dar salida a la habitación, es decir, que pase del estatus de ocupada con salida para hoy a habitación libre y sucia. Para ello simplemente hay que picar en la ventana: "Dar salida" (figura 4.27).

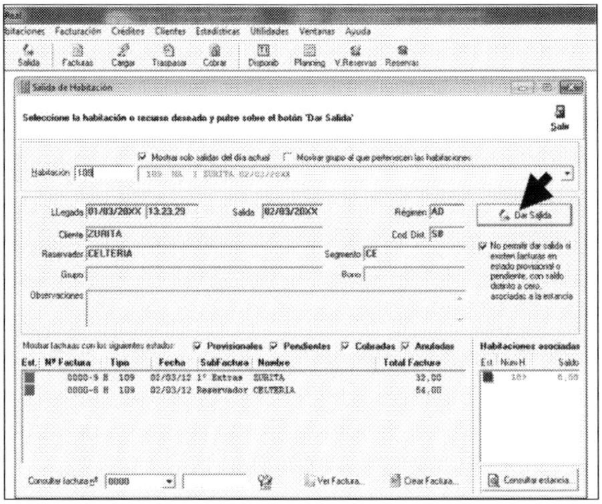

Figura 4.27. Salida de la habitación 109.

– El resto de operaciones del día 2 de marzo son las mismas que las llevadas a cabo el día 1, es decir, hacer registros, anotar cargos, controlar cuadre de producción, cierre... Dando el día 2 los resultados de las figuras 4.28 y 4.29.

| | | | | | | | | | | | | |
|---|---|---|---|---|---|---|---|---|---|---|---|---|
| Prov. | Hab. | 103 | 1Ext. | H | 103 | 1 | 02/03/XX 02/03/XX 20:34 | 1 | HABITACIÓN | 120,00 | 1 | 120,00 |
| Prov. | Hab. | 102 | 1Ext. | H | 102 | 1 | 02/03/XX 02/03/XX 20:34 | 1 | HABITACIÓN | 86,40 | 1 | 86,40 |
| Prov. | Hab. | 101 | 1Ext. | H | 101 | 1 | 02/03/XX 02/03/XX 20:34 | 1 | HABITACIÓN | 56,00 | 1 | 56,00 |
| Prov. | Hab. | 112 | Rese. | H | 112 | R | 02/03/XX 02/03/XX 20:34 | 1 | HABITACIÓN | 96,00 | 1 | 96,00 |
| Prov. | Hab. | 111 | Rese. | H | 111 | R | 02/03/XX 02/03/XX 20:34 | 1 | HABITACIÓN | 70,00 | 1 | 70,00 |
| | | | | | | | Total Cargo: | 1 | | | | 428,40 |
| Prov. | Hab. | 102 | 1Ext. | H | 102 | 1 | 02/03/XX 02/03/XX 19:19 | 2 | DESAYUNO | 10,00 | 1 | 10,00 |
| 0000-8 | Hab. | 109 | Rese. | H | 109 | R | 02/03/XX 02/03/XX 19:25 | 2 | DESAYUNO | 10,00 | 1 | 10,00 |
| 0000-10 | Hab. | 108 | 1Ext. | H | 108 | 1 | 02/03/XX 02/03/XX 19:19 | 2 | DESAYUNO | 10,00 | 1 | 10,00 |
| | | | | | | | Total Cargo: | 2 | | | | 30,00 |
| Prov. | Cli. | 7 | | C | 7 | 1 | 02/03/XX 02/03/XX 20:27 | 5 | BAR | 180,00 | 1 | 180,00 |
| Prov. | Hab. | 101 | 1Ext. | H | 101 | 1 | 02/03/XX 02/03/XX 20:26 | 5 | BAR | 15,00 | 1 | 15,00 |
| Prov. | Hab. | 112 | 1Ext. | H | 112 | 1 | 02/03/XX 02/03/XX 20:26 | 5 | BAR | 33,00 | 1 | 33,00 |
| Prov. | Hab. | 103 | 1Ext. | H | 103 | 1 | 02/03/XX 02/03/XX 20:24 | 5 | BAR | 15,00 | 1 | 15,00 |
| Prov. | Hab. | 102 | 1Ext. | H | 102 | 1 | 02/03/XX 02/03/XX 20:25 | 5 | BAR | 20,00 | 1 | 20,00 |
| | | | | | | | Total Cargo: | 5 | | | | 263,00 |
| Prov. | Hab. | 112 | 1Ext. | H | 112 | 1 | 02/03/XX 02/03/XX 20:33 | 9 | TELÉFONO | 25,00 | 1 | 25,00 |
| Prov. | Hab. | 111 | 1Ext. | H | 111 | 1 | 02/03/XX 02/03/XX 20:33 | 9 | TELÉFONO | 18,00 | 1 | 18,00 |
| | | | | | | | Total Cargo: | 9 | | | | 43,00 |
| Prov. | Cli. | 7 | | C | 7 | 1 | 02/03/XX 02/03/XX 20:28 | 12 | CAFETERÍA | 210,00 | 1 | 210,00 |
| Prov. | Hab. | 101 | 1Ext. | H | 101 | 1 | 02/03/XX 02/03/XX 20:31 | 12 | CAFETERÍA | 32,00 | 1 | 32,00 |
| Prov. | Hab. | 111 | 1Ext. | H | 111 | 1 | 02/03/XX 02/03/XX 20:32 | 12 | CAFETERÍA | 22,00 | 1 | 22,00 |
| | | | | | | | Total Cargo: | 12 | | | | 264,00 |
| 0000-10 | Hab. | 108 | 1Ext. | H | 108 | 1 | 02/03/XX 02/03/XX 20:22 | 9900 | I.V.A.0% s/40,00 | 0,00 | 1 | 0,00 |
| 0000-9 | Hab. | 109 | 1Ext. | H | 109 | 1 | 02/03/XX 02/03/XX 20:09 | 9900 | I.V.A.0% s/32,00 | 0,00 | 1 | 0,00 |
| | | | | | | | Total Cargo: | 9900 | | | | 0,00 |
| 0000-8 | Hab. | 109 | Rese. | H | 109 | R | 02/03/XX 02/03/XX 20:01 | 9908 | I.V.A.8% s/50,00 | 5,00 | 1 | 5,00 |
| 0000-10 | Hab. | 108 | 1Ext. | H | 108 | 1 | 02/03/XX 02/03/XX 20:22 | 9908 | I.V.A.8% s/96,40 | 9,64 | 1 | 9,64 |
| | | | | | | | Total Cargo: | 9908 | | | | 14,64 |

Figura 4.28. Detalle de apuntes del día 2.

| Serie | Nº Factura | FH. Fact. | De | Numero | SFac | Titular de la Factura | F.Hot | FPago | Fecha | Hora | Origen | Tipo | Importe |
|---|---|---|---|---|---|---|---|---|---|---|---|---|---|
| 0000 | 9 | 02/03/XX | Hab. | 109 | 1E | ZURITA | 02/03 | 02/03 | 02/03/XX | 20:09 | H 109 | CA | 32,00 |
| | | | Cli. | 7 | | CONTADOS | 02/03 | 02/03 | 02/03/XX | 20:31 | C 7 | CA | 390,00 |
| | | | | | | | TOTAL CA CAJA | | | | | | 422,00 |
| 0000 | 8 | 02/03/XX | Hab. | 109 | Rv | CELTERIA | 02/03 | | 02/03/XX | 20:00 | H 109 | CD | 55,00 |
| | | | | | | | TOTAL CD CRÉDITO | | | | | | 55,00 |
| 0000 | 10 | 02/03/XX | Hab. | 108 | 1E | ARJONILLA 6 | 02/03 | | 02/03/XX | 20:21 | H 108 | V | 146,04 |
| | | | | | | | TOTAL VI VISA | | | | | | 146,04 |

| | | | |
|---|---|---|---|
| De Facturas Ptes.: | 390,00 | Total Importe........ | 623,04 |
| Emitidas en el día: | 233,04 | Total Cobros ........ | 4 |
| Anticipos/Depósitos: | 390,00 | | |

Figura 4.29. Detalle de cobros del día 2.

- El día 3 de marzo se produce un extra de la habitación 115, ya que el reservador (Embajada de Japón) solo se hace cargo del alojamiento y el desayuno, por lo que el consumo de 22 € de Bar son pago directo y ha de cargarse en factura de extras, como en los casos de las habitaciones: 109, 111 y 112 .
- El cierre de la factura 111, a cuenta de viajes Alas, una habitación individual en régimen de AD y por una noche, supone que el hotel factura: 70 de habitación más 10 de desayuno y el 10% de IVA de ambos servicios, lo que supone un total de 88.00 €. Por su parte la agencia de viajes cobra por comisión el 25% sobre los conceptos de AD, que supone 80 € × 0.25 = 20.00 €, a lo que hay que añadir el 21% de IVA (3.60 €), es decir un total de 24.20 €. Con lo que restando ambos importes, la agencia debe al hotel un total de 63.80 € (figura 4.30).

| Nº Habitación | Nº Personas | Tipo de Régimen | Tipo Factura | Fecha Factura | Nº Factura | Página |
|---|---|---|---|---|---|---|
| 111 | 1 | AD | RESERVADOR | 03/03/20XX | 18 | 1 |

| Cliente: | Reservador: |
|---|---|
| CALVO | VIAJES ALAS<br>CL PICHON 2<br>28005 MAD<br>ESPAXA 20205654 |

| Fecha de LLegada | Fecha de Salida | Observaciones |
|---|---|---|
| 02/03/20XX 20:24:20 | 03/03/20 0:00:00 | |

| Origen | | | Fecha | Concepto | Importe |
|---|---|---|---|---|---|
| H | 111 | R | 02/03/20XX | HABITACIÓN | 70,00 |
| H | 111 | R | 03/03/20XX | COMISION 25% s/80,00 | -20,00 |
| H | 111 | R | 03/03/20XX | I.V.A 10% s/80,00 | 8.00 |
| H | 111 | R | 03/03/20XX | I.V.A.21% s/20,00 | 4.20 |
| H | 111 | R | 03/03/20XX | DESAYUNO | 10,00 |
| | | | | Total Factura | 63,80 |
| | | | | Pagos a CRÉDITO | 63,80 |
| | | | | Pendiente | 0,00 |

Figura 4.30. Factura de habitación 111.

- El registro del grupo con llegada el día 3 de marzo requiere un tratamiento diferente al de llegadas de individuales, debiendo proceder de la siguiente manera: "Habitación>>Gestión de grupos>>Entrada>> doble clic sobre el grupo de llegada" (figura 4.31). A continuación asignamos las habitaciones con la ayuda del planning o con el despegable que nos ofrece "Habitación" (figura 4.32).

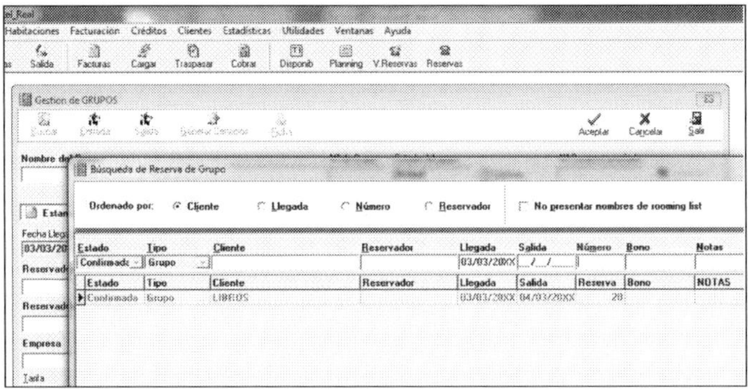

Figura 4.31. Entrada de grupo.

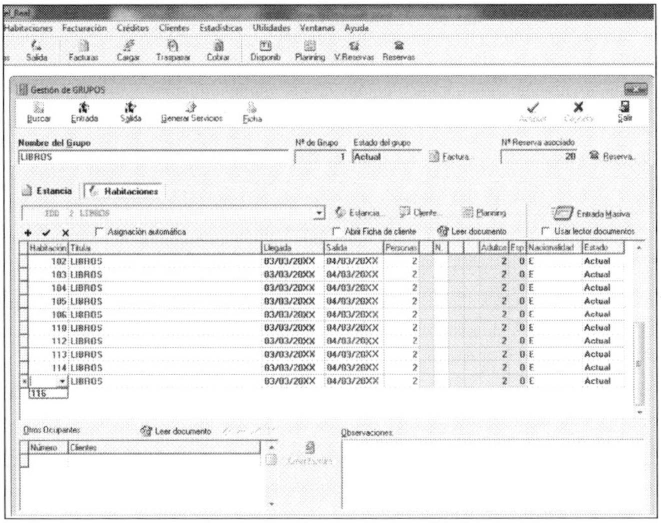

Figura 4.32. Asignación de habitaciones de grupo.

– Después de realizar los apuntes de los cargos del día se procede a "Cargar los servicios" y controlar que las anotaciones están correctas mediante el listado de facturación de: "Detalle de apuntes" (figura 4.33) y "Detalle de cobros" (figura 4.34).

| | | | | | | | | | | | | |
|---|---|---|---|---|---|---|---|---|---|---|---|---|
| Prov. | Hab. | 115 | Rese. | H | 115 R | 03/03/XX | 03/03/XX 12:10 | 1 | HABITACIÓN | 129,60 | 1 | 129,60 |
| Prov. | Grp. | 1 | | G | 1 | 03/03/XX | 03/03/XX 12:10 | 1 | HABITACIÓN | 60,00 | 10 | 600,00 |
| | | | | | | | | | Total Cargo: 1 | | | 729,60 |
| 0000-12 | Hab | 102 | 1Ext. | H | 102 1 | 03/03/XX | 03/03/XX 20:47 | 2 | DESAYUNO | 10,00 | 1 | 10,00 |
| 0000-14 | Hab. | 112 | Rese. | H | 112 R | 03/03/XX | 03/03/XX 20:47 | 2 | DESAYUNO | 8,00 | 2 | 16,00 |
| 0000-16 | Hab. | 111 | Rese. | H | 111 R | 03/03/XX | 03/03/XX 20:47 | 2 | DESAYUNO | 10,00 | 1 | 10,00 |
| | | | | | | | | | Total Cargo: 2 | | | 36,00 |
| Prov. | Cli. | 3 | | C | 3 1 | 03/03/XX | 03/03/XX 12:08 | 5 | BAR | 16,00 | 1 | 16,00 |
| Prov. | Cli. | 7 | | C | 7 1 | 03/03/XX | 03/03/XX 12:08 | 5 | BAR | 30,00 | 1 | 30,00 |
| Prov | Hab. | 115 | 1Ext | H | 115 1 | 03/03/XX | 03/03/XX 12:07 | 5 | BAR | 22,00 | 1 | 22,00 |
| | | | | | | | | | Total Cargo: 5 | | | 68,00 |
| 0000-11 | Hab. | 103 | 1Ext. | H | 103 1 | 03/03/XX | 03/03/XX 11:30 | 9900 | I.V.A.0% s/96,00 | 0,00 | 1 | 0,00 |
| 0000-12 | Hab | 102 | 1Ext. | H | 102 1 | 03/03/XX | 03/03/XX 11:31 | 9900 | I.V.A.0% s/51,00 | 0,00 | 1 | 0,00 |
| 0000-13 | Hab. | 112 | 1Ext. | H | 112 1 | 03/03/XX | 03/03/XX 11:32 | 9900 | I.V.A.0% s/33,00 | 0,00 | 1 | 0,00 |
| 0000-15 | Hab. | 101 | 1Ext. | H | 101 1 | 03/03/XX | 03/03/XX 11:33 | 9900 | I.V.A.0% s/47,00 | 0,00 | 1 | 0,00 |
| 0000-17 | Hab. | 111 | 1Ext. | H | 111 1 | 03/03/XX | 03/03/XX 11:34 | 9900 | I.V.A.0% s/22,00 | 0,00 | 1 | 0,00 |
| | | | | | | | | | Total Cargo: 9900 | | | 0,00 |
| 0000-16 | Hab. | 111 | Rese. | H | 111 R | 03/03/XX | 03/03/XX 11:34 | 9908 | I.V.A.10% s/80,00 | 8,00 | 1 | 8,00 |
| 0000-11 | Hab. | 103 | 1Ext. | H | 103 1 | 03/03/XX | 03/03/XX 11:30 | 9908 | I.V.A 10% s/240,00 | 24,00 | 1 | 24,00 |
| 0000-14 | Hab. | 112 | Rese. | H | 112 R | 03/03/XX | 03/03/XX 11:33 | 9908 | I.V.A.10% s/112,00 | 11,20 | 1 | 11,20 |
| 0000-17 | Hab. | 111 | 1Ext. | H | 111 1 | 03/03/XX | 03/03/XX 11:34 | 9908 | I.V.A.10% s/18,00 | 1,80 | 1 | 1,80 |
| 0000-15 | Hab. | 101 | 1Ext. | H | 101 1 | 03/03/XX | 03/03/XX 11:33 | 9908 | I.V.A 10% s/56,00 | 5,60 | 1 | 5,60 |
| 0000-13 | Hab. | 112 | 1Ext. | H | 112 1 | 03/03/XX | 03/03/XX 11:32 | 9908 | I.V.A 10% s/25,00 | 2,50 | 1 | 2,50 |
| 0000-12 | Hab | 102 | 1Ext. | H | 102 1 | 03/03/XX | 03/03/XX 11:31 | 9908 | I.V.A.10% s/212,80 | 21,28 | 1 | 21,28 |
| | | | | | | | | | Total Cargo: 9908 | | | 74,33 |
| 0000-16 | Hab. | 111 | Rese. | H | 111 R | 03/03/XX | 03/03/XX 11:34 | 9918 | I.V.A 21% s/-20,00 | -4,20 | 1 | -4,20 |
| | | | | | | | | | Total Cargo: 9918 | | | -4,20 |
| 0000-16 | Hab. | 111 | Rese. | H | 111 R | 03/03/XX | 03/03/XX 11:34 | 10000 | COMISION 25% s/80,00 | -20,00 | 1 | -20,00 |
| | | | | | | | | | Total Cargo: 10000 | | | -20.00 |

Figura 4.33. Detalle de apuntes.

Hotel_Real
suite

**DETALLE DE COBROS** 1

03/03/20XX 12:17:46

Selección { Importe<Desde,Hasta>=( , ) }

| Serie | Nº Factura | F.H. Fact. | De | Numero | SFac | Titular de la Factura | F.Hot | FPago | Fecha | Hora | Origen | Tipo | Importe |
|---|---|---|---|---|---|---|---|---|---|---|---|---|---|
| 0000 | 11 | 03/03/XX | Hab | 103 | 1E | CORFARD | 03/03 | 03/03 | 03/03/XX | 11:28 | H 103 | CA | 355,20 |
| | | | Cli | 7 | | CONTADOS | 03/03 | 03/03 | 03/03/XX | 12:16 | C 7 | CA | 30,00 |
| | | | | | | | TOTAL CA CAJA | | | | | | 385,20 |
| 0000 | 14 | 03/03/XX | Hab | 112 | Rv | VIAJES EJECU | 03/03 | | 03/03/XX | 11:33 | H 112 | CD | 120,96 |
| 0000 | 16 | 03/03/XX | Hab | 111 | Rv | VIAJES ALAS | 03/03 | | 03/03/XX | 11:34 | H 111 | CD | 62,80 |
| | | | | | | | TOTAL CD CRÉDITO | | | | | | 183,76 |
| 0000 | 12 | 03/03/XX | Hab | 102 | 1E | CENTENO | 03/03 | | 03/03/XX | 11:30 | H 102 | V | 280,82 |
| 0000 | 13 | 03/03/XX | Hab | 112 | 1E | MARTIN | 03/03 | | 03/03/XX | 11:32 | H 112 | V | 60,00 |
| 0000 | 15 | 03/03/XX | Hab | 101 | 1E | RAMIREZ | 03/03 | | 03/03/XX | 11:33 | H 101 | V | 107,48 |
| 0000 | 17 | 03/03/XX | Hab | 111 | 1E | CALVO | 03/03 | | 03/03/XX | 11:34 | H 111 | V | 41,44 |
| | | | | | | | TOTAL VI VISA | | | | | | 489,74 |

De Facturas Ptes.: 30,00
Emitidas en el día: 1.028,70
Anticipos/Depósitos: 30,00

Total Importe........ 1.058,70
Total Cobros........ 8

Figura 4.34. Detalle de cobros.

– El siguiente paso del día 3 de marzo será cambiar la fecha del ordenador a 4 de marzo, ir a Facturación y proceder al "Cierre del día" (figura 4.35).

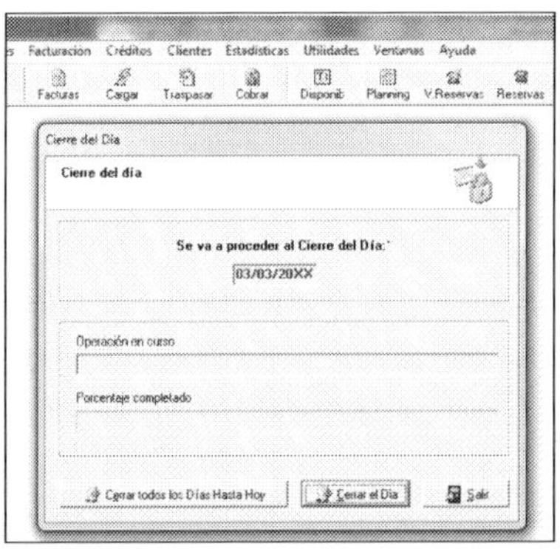


Figura 4.35. Cierre del día 3 de marzo.

- El día 4 de marzo lo iniciamos con “Cargar servicios” del epígrafe Facturación, para que se imputen los desayunos contratados (figura 4.36).

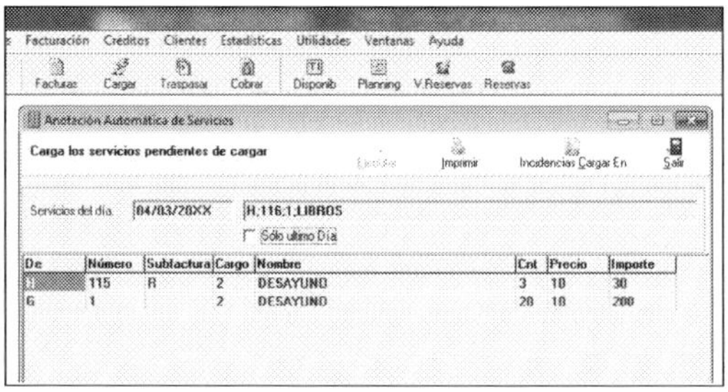


Figura 4.36. Cargo de servicios contratados.

- A continuación se procede a la presentación y cobro de facturas, y a dar salida a todas las habitaciones que abandonan el hotel (para las facturas de grupos no se puede realizar mediante el epígrafe “Salida”, sino que se debe ir por Facturación o por Habitaciones). Quedando la factura del grupo con un saldo de 880.00 € (figura 4.37).

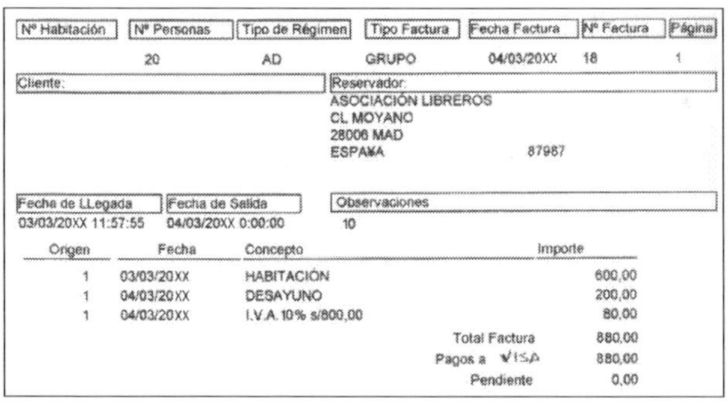

| Nº Habitación | Nº Personas | Tipo de Régimen | Tipo Factura | Fecha Factura | Nº Factura | Página |
|---|---|---|---|---|---|---|
| | 20 | AD | GRUPO | 04/03/20XX | 18 | 1 |

Cliente:

Reservador:
ASOCIACIÓN LIBREROS
CL MOYANO
28006 MAD
ESPAÑA 87987

| Fecha de LLegada | Fecha de Salida | Observaciones |
|---|---|---|
| 03/03/20XX 11:57:55 | 04/03/20XX 0:00:00 | 10 |

| Origen | Fecha | Concepto | Importe |
|---|---|---|---|
| 1 | 03/03/20XX | HABITACIÓN | 600,00 |
| 1 | 04/03/20XX | DESAYUNO | 200,00 |
| 1 | 04/03/20XX | I.V.A. 10% s/800,00 | 80,00 |
| | | Total Factura | 880,00 |
| | | Pagos a VISA | 880,00 |
| | | Pendiente | 0,00 |

Figura 4.37. Factura de grupo.

- Como acción final realizamos el cierre de la factura número 3 correspondiente al Director mediante la cuenta de abono “Deducción”, ya que en sí no es ni una venta real ni un cobro, sino un sistema o mecanismo mediante el cual cada cierto tiempo (semanal, quincenal...) se lleva a cabo un control por parte de administración de los consumos realizados por personal de la empresa de alojamiento (figura 4.38).

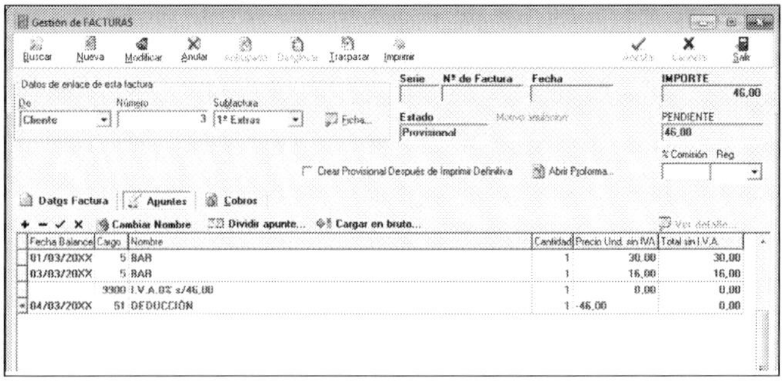


Figura 4.38. Cierre de factura de Director.

– Las ventas y cobros del día 4 de marzo las podemos observar en las figuras 4.39 y 4.40 y un saldo a seguir de cero euros.

Hotel_Real — **DETALLE DE APUNTES** — 1

suite — 04/03/20XX 12:55:31

Selección [ Importe<Desde,Hasta>=( - ) ]

| Nº Fact. | De | Numero | SubFact | Fact. Ini. | | Fec. Hotel | Fecha | Hora | Cargo | | Precio | Can. | %iva | Total |
|---|---|---|---|---|---|---|---|---|---|---|---|---|---|---|
| 0000-20 | Hab. | 115 | Rese. | H | 115 R | 04/03/XX | 04/03/XX | 12:28 | 2 | DESAYUNO | 10,00 | 3 | | 30,00 |
| 0000-18 | Hab. | 115 | 1Ext. | G | 1 | 04/03/XX | 04/03/XX | 12:28 | 2 | DESAYUNO | 10,00 | 20 | | 200,00 |
| | | | | | | | | | Total Cargo: | 2 | | | | 230,00 |
| Prov. | Cli. | 3 | | C | 3 1 | 04/03/XX | 04/03/XX | 12:49 | 51 | DEDUCCIÓN | -46,00 | 1 | | -46,00 |
| | | | | | | | | | Total Cargo: | 51 | | | | -46,00 |
| 0000-19 | Hab. | 115 | 1Ext. | H | 115 1 | 04/03/XX | 04/03/XX | 12:38 | 9900 | I.V.A.0% s/22,00 | 0,00 | 1 | | 0,00 |
| | | | | | | | | | Total Cargo: | 9900 | | | | 0,00 |
| 0000-20 | Hab. | 115 | Rese. | H | 115 R | 04/03/XX | 04/03/XX | 12:39 | 9908 | I.V.A. 10% s/159,60 | 15,96 | 1 | | 15,96 |
| 0000-18 | Hab. | 115 | 1Ext. | G | 1 | 04/03/XX | 04/03/XX | 12:36 | 9908 | I.V.A. 10% s/800,00 | 80,00 | 1 | | 80,00 |
| | | | | | | | | | Total Cargo: | 9908 | | | | 95,96 |

Figura 4.39. Apuntes del día 4 de marzo.

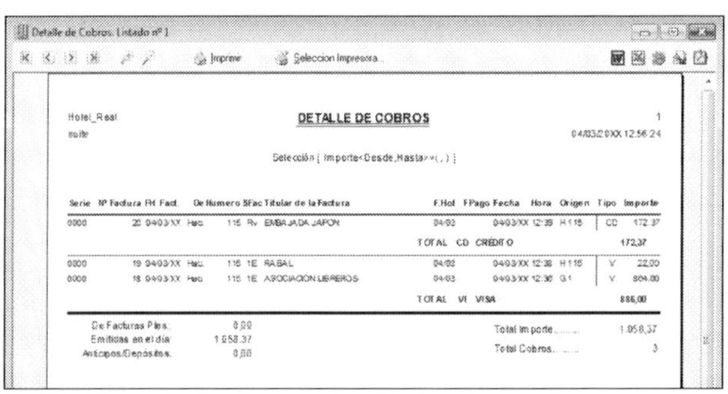

Figura 4.40. Detalle de cobros del 4 de marzo.

- Mediante la figura 4.41 se informa de las ventas acumuladas de estos 4 días del ejercicio práctico realizado, teniendo en cuenta que el concepto "Deducción" significa que hay que descontar su importe a los conceptos que correspondan, ya que no son una venta real, y la cuenta "Comisión" es consecuencia de que una empresa exterior (viajes Alas) actúa como comisionista y cobra al hotel un porcentaje del importe de la factura por su participación o colaboración.

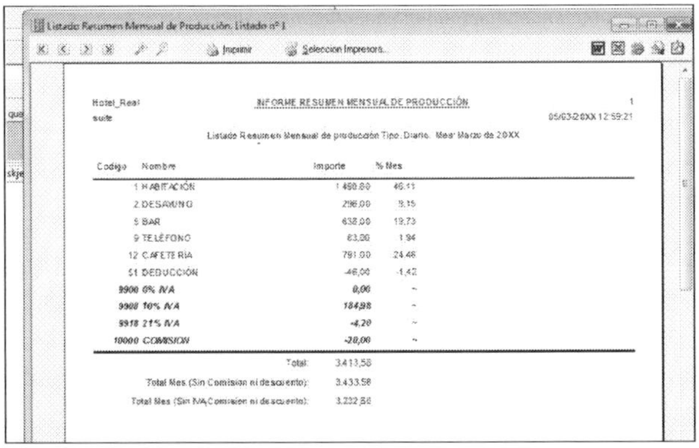
Listado Resumen Mensual de Producción. Listado nº 1

Hotel_Real
suite

INFORME RESUMEN MENSUAL DE PRODUCCIÓN — 1 — 05/03/20XX 12:59:21

Listado Resumen Mensual de producción Tipo: Diario. Mes: Marzo de 20XX

| Codigo | Nombre | Importe | % Mes |
|---|---|---|---|
| 1 | HABITACIÓN | 1.490,80 | 46,11 |
| 2 | DESAYUNO | 296,00 | 9,15 |
| 5 | BAR | 638,00 | 19,73 |
| 9 | TELÉFONO | 63,00 | 1,94 |
| 12 | CAFETERÍA | 791,00 | 24,46 |
| 51 | DEDUCCIÓN | -46,00 | -1,42 |
| 9900 | 0% IVA | 0,00 | - |
| 9908 | 10% IVA | 184,98 | - |
| 9918 | 21% IVA | -4,20 | - |
| 10000 | COMISION | -20,00 | - |

Total: 3.413,58
Total Mes (Sin Comision ni descuento): 3.433,58
Total Mes (Sin IVA,Comision ni descuento): 3.232,80

Figura 4.41. Total de ventas acumuladas desde el 1 de marzo.

## 4.7. La factura

La factura de una empresa de alojamiento no se aleja en nada de las facturas que cualquier otro tipo de empresa emite, no obstante tienen connotaciones propias como son los conceptos que en ella se recogen, es decir, las cuentas específicas de los establecimientos hoteleros mencionadas en el apartado 4.3, o cuentas de facturación.

El modelaje de la factura responde a los criterios que cada empresa establece, pero en principio se suele ser bastante clásico y muy pocas empresas se alejan de unas formas, tamaños y contenidos comunes. Dentro de los datos que una factura hotelera tiene, distinguimos:

- Datos del hotel (nombre, CIF, dirección...).
- Datos del huésped o cliente (nombre, NIF...).
- Datos del reservador (nombre, CIF...).
- Número de reserva.
- A cuenta de...
- Número de habitación.
- Número de personas.
- Número de factura.
- Número de página.

- Fecha de entrada.
- Hora de llegada.
- Fecha de salida.
- Hora de salida.
- Fecha de factura.
- Régimen.
- Apuntes de consumos y abonos, especificando en cada uno de ellos:

  - Número de habitación u origen.
  - Fecha.
  - Concepto (habitación, desayuno, deducción...).
  - Importe. Pudiendo distinguirse en los importes tres columnas:

    ✓ Cargo. Todos aquellos apuntes que incrementen el saldo de la factura.
    ✓ Abonos. Los que disminuyan el importe.
    ✓ Saldo. Diferencia entre cargos y abonos, o importe final.

- Importe neto sin IVA.
- Tipo de IVA.
- Base impositiva.
- Importe de IVA.
- Total factura.
- Firma.

En términos generales se distinguen tres tipos de facturas:

1. Reservador. Aquella que es confeccionada para ser pagada por el reservador, por ejemplo una agencia de viajes.
2. Extras. Aquella factura que no es cubierta por el reservador y por lo tanto es de pago directo por el cliente.
3. Grupo. La que en una sola factura recoge varias habitaciones.

Pudiendo a su vez establecer la diferencia entre factura:

*a)* Proforma. Recibe el nombre de factura proforma aquella que es emitida sin número de factura y por lo tanto no válida, con el objeto de informar del importe de la estancia futura de un huésped.
*b)* Provisional. Aquella que no tiene número de factura y por lo tanto es simplemente indicativa de los consumos e importe total que hasta ese momento ha realizado el cliente o huésped.
*c)* Definitiva. La que es presentada al cobro, por lo que es válida a todos los efectos y tiene número de factura.

Desde la Orden de 20 de febrero de 1963 a la actual Orden de 15 de septiembre de 1978, la regulación sobre las facturas y su archivo ha variado, en su inicio se tenía la obligación de llevar a cabo los apuntes en facturas normalizadas y taladradas (figura 4.42), hasta la situación actual, que debiendo mantener los principios de claridad, precisión y archivo, no está regulado su modelaje. Sirvan de ejemplos las facturas ofrecidas en las figuras 4.25, 4.26 y 4.30 con la matización de carecer de encabezamiento, la de la figura 4.42 como recuerdo de tiempos pasados y la factura actual de la figura 4.43, con apuntes.

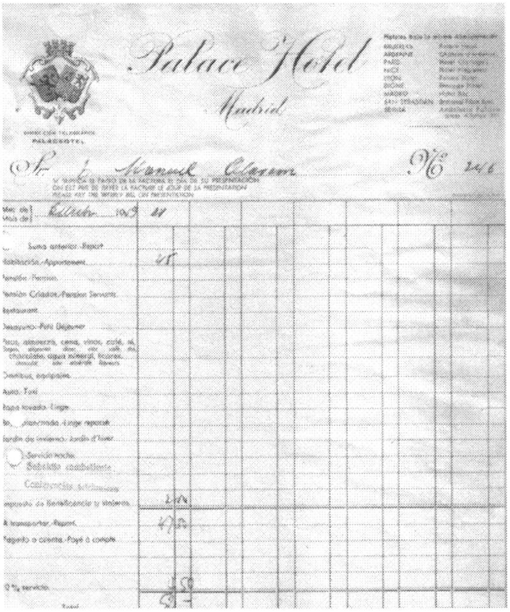


Figura 4.42. Factura normalizada del año 1939.

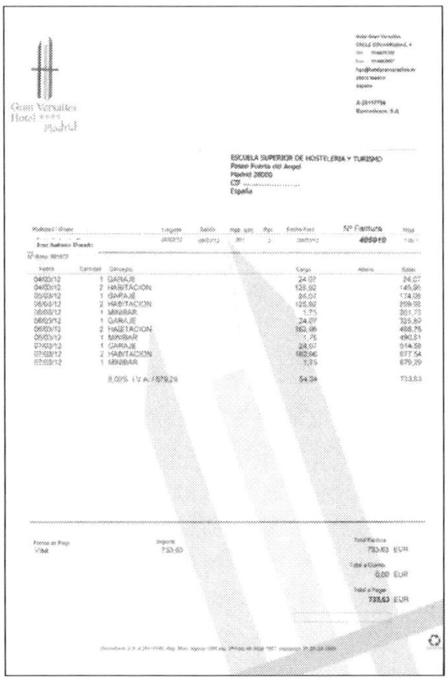


Figura 4.43. Modelo de factura informatizada.

### 4.8. Partes de control

El objetivo de este documento es vigilar todas aquellas operaciones que supongan una disminución en el saldo de las facturas, con excepción de las cuentas de sistemas de pago, y posteriormente disminuir el saldo a las cuentas afectadas.

Hoy en día en todas las operaciones realizadas mediante un sistema informatizado de gestión queda grabado quién es la persona que lo realiza, de forma que en cualquier momento se le podrá solicitar el motivo por el que ha realizado cualquier anotación en facturación. No obstante, es muy importante dejar constancia de ciertas operaciones, fundamentalmente las deducciones, los traspasos y las correcciones, requiriendo en muchas ocasiones la autorización de un responsable.

Actualmente, en la mayoría de las empresas de alojamiento se trabaja con importes netos, es decir, los importes a cobrar según contrato o acuerdo de colaboración, en vez de facturar el precio oficial y el día de salida, aplicar los descuentos pertinentes mediante la cuenta de deducción como se hacía antaño. El trabajar con importes netos supone un importante ahorro de tiempo a la hora de presentar la factura, pero desaparece la política comercial mediante la que el cliente ve que tiene un trato preferente por la reducción del importe de su factura.

La utilización de la cuenta de *deducción* se debe en todo momento justificar, ya sea por motivo de aplicar un precio especial (por ejemplo 10% de descuento sobre el importe de la habitación) o por subsanar errores cometidos por exceso en la facturación en días pasados (por ejemplo, se facturó ayer un importe por minibar y el cliente nos asegura que no consumió nada). El empleo de la cuenta de deducción supone siempre una variación en la producción, ya que se facturó ayer o en días pasados un importe en una determinada cuenta y la realidad es que se ha disminuido o se ha anulado el importe.

Así mismo, mediante la cuenta de *corrección* subsanamos errores cometidos y detectados en el mismo día, lo que supone una variación en el saldo de la factura, ya sea incremento cuando es una corrección abono, o una disminución en el saldo cuando es una corrección cargo (por ejemplo, una corrección de habitación supone disminuir hoy el saldo de la factura donde se realiza y el del importe general de la cuenta de habitación). El empleo de la cuenta de corrección no supone una variación en la producción ya que esta es subsanada en el mismo día, dándonos un resultado real.

Otras de las cuentas que afectan a los saldos de las facturas son los *traspasos*, es decir, movimiento de importes entre facturas, lo que implica una vez más justificar el motivo de dichos cargos y abonos por traspasos (por ejemplo: el cliente quiere dos facturas en vez de una sola factura por el importe de la habitación doble, una por el importe de la habitación doble para uso individual y otra por la diferencia).

Mediante la cumplimentación del vale o parte de control se informa y se justifican: los motivos, el importe, los conceptos a los que afecta y la persona que lo realiza. Posteriormente el departamento de administración contabilidad aplicará a los conceptos de venta las reducciones correspondientes, es decir, obtendrá las ventas reales. Por ejemplo, la factura del director del hotel se cancela mediante la cuenta de deducciones, lo que implica que sus consumos han sido facturados y controlados pero no son ventas reales a cobrar, simplemente son ventas internas a deducir de la producción. Otro ejemplo es que si a un huésped se le ha cargado incorrectamente en su factura un consumo, se aplicará una deducción y posteriormente administración reducirá el importe en el concepto aceptado, ya que no ha sido una venta real, ha sido un error de facturación.

En resumen, el motivo de controlar la utilización de las cuentas mencionadas es por un lado evitar que los empleados de recepción realicen acciones no autorizadas, por ejemplo que por amiguismo disminuyan el importe de una factura favoreciendo a un cliente, o que por falta de honradez hagan una reducción después de cobrar la factura y se queden con el dinero.

Así mismo, los partes o vales de control de deducciones tienen como objetivo rectificar la producción de las cuentas afectadas. Por ejemplo, si en el día de ayer se facturó por el concepto de habitación 1.000 € y hoy se hace una deducción de habitación por valor de 100 €, el importe correcto de la producción de ayer por habitación es de 900 €.

## 4.9. Liquidación o control de deducciones

La liquidación de deducciones es un documento en el que se relacionan los importes de cada una de las operaciones realizadas con dicha cuenta. Su destinatario es el departamento de administración-intervención, acompañándolo de los partes de control, fotocopias y demás documentos justificantes de las acciones realizadas.

El documento recogerá, entre otros, los siguientes datos:

- Fecha.
- Número de habitación.
- Número de factura.
- Nombre del cliente.
- Motivo del descuento (por ejemplo: 10% en habitación Sintéticos, S. L., el cliente no ha consumido desayuno, consumos del director...).
- Importe de la cada deducción.
- Importe total.
- Desglose de los conceptos afectados (habitación, desayuno, bar...) del día de hoy, el acumulado anterior y el total a seguir.
- Firmas.

Mediante las figuras 4.44A y 4.44B presentamos un ejemplo de modelaje de la liquidación de deducciones.

........ de ........ de ........

| N.º de habitación | NOMBRE | CAUSAS | | |
|---|---|---|---|---|
| | | | | |
| | | Total del día ........ | | |
| | | Suma anterior ........ | | |
| | | Suma y sigue ........ | | |

Mod. 053 EL CONTABLE. V.º B.º EL DIRECTOR.

Figura 4.44A. Anverso de liquidación de deducciones.

| DEPARTAMENTO | TOTAL DEL DIA | SUMA ANTERIOR | TOTAL ACUMULADO |
|---|---|---|---|
| Habitaciones ........ | | | |
| Cocina ........ | | | |
| Cafetería ........ | | | |
| Bebidas ........ | | | |
| Bar ........ | | | |
| Lencería ........ | | | |
| TOTALES ........ | | | |

Figura 4.44B. Reverso de liquidación de deducciones.

## 4.10. Liquidación de créditos

La liquidación de créditos es una relación de todas las operaciones realizadas con el empleo de dicha cuenta. Su objetivo es que las personas que posteriormente gestionarán el cobro de las facturas cuyo pago ha quedado aplazado reciban diariamente el volumen de los nuevos créditos, pudiendo la liquidación ampliar la información con las comisiones que los intermediarios cobran al hotel, y las comisiones (deducciones) que el hotel les concede (solo en el caso de no trabajar con importes netos). Junto con la liquidación, recepción adjuntará las facturas correspondientes y los documentos soportes para el cobro (carta, bono...).

El modelaje de la liquidación de créditos deberá recoger los siguientes datos:

- Fecha.
- Número de habitación.
- Número de factura.
- Nombre del cliente.
- Empresa, agencia...
- Importe de la comisión (cantidad que nos cobra el intermediario por su colaboración).
- Importe del crédito.
- Total de comisión y de crédito.
- Firmas.

| | | | | | |
|---|---|---|---|---|---|
| | | | | Fecha: ..................... | |
| N° habit. | Nombre cliente | N° fact. | Agencia/empresa/... | Comisión | Crédito |
| | | | | | |
| | | | | | |
| | | | | | |
| | | | | | |
| | | | TOTAL | | |

Figura 4.45. Liquidación de comisiones y créditos.

## 4.11. Registro y control de consumos

En los apartados 4.5 y 4.6 hemos indicado de manera manual e informatizada cómo se lleva a cabo la imputación, anotación o registro de los consumos realizados por clientes, huéspedes y personal del hotel. Hay que recordar que lo importante es hacer los cargos de los consumos no solo de manera correcta, sino en la factura correcta, es decir si es a cuenta de un reservador, si es pago directo...

Dependiendo del nivel de tecnología existente en la empresa de alojamiento los *registros* de ventas se pueden realizar de manera puramente manual (mano corriente) mediante el envío de vales-facturas de las distintas dependencias (restaurante, bar...) a recepción por los consumos realizados, o mediante el empleo de un programa de gestión informatizado. En el sistema informatizado podemos distinguir: que los cargos de los servicios contratados en el registro (habitación, desayuno...) se anoten automáticamente en el momento que se desee o al cierre del día (véase figura 4.13) y, que los consumos extras se anoten de manera manual por un empleado de recepción con el envío del soporte de vale-factura firmado (véanse figuras 4.11 y 4.12), o que se registren automáticamente mediante el empleo de terminales de punto de venta (TPV) instalados en cada departamento de venta y conectados al ordenador de recepción, y el posterior envío de vales para su custodia hasta el cobro de la factura.

En cuanto a los consumos de clientes y huéspedes pagados directamente en el punto de venta las empresas de alojamiento optan entre dos posibilidades: que sean registrados en recepción (cargo y abono) o que la recaudación en metálico, con tarjeta de crédito e incluso los consumos del Director y demás personal con autorización, se envíen directamente a administración.

El *control de los consumos* consiste en que las anotaciones realizadas en recepción coincidan con la venta realizada en cada punto de venta. Para ello al final de cada turno, las distintas dependencias del hotel enviarán una liquidación en la que estará anotada: cada una de las ventas realizadas a crédito (a cuenta de una habitación, de un cliente o personal del hotel autorizado), el total de ventas al contado, el total de ventas pagadas con tarjetas de crédito, ventas "a cuenta casa" y el total de las ventas. Debiendo el total de las ventas (crédito, contado, tarjeta de crédito, personal casa...) ser coincidente con el registrado en recepción, teniendo en cuenta que cuando un departamento emita más de una liquidación diaria, la suma de ellas deberá coincidir con la que ofrezca el saldo del sistema de facturación de recepción.

Para el control de los consumos o control de facturación, los distintos departamentos de venta deberán hacer llegar a facturación de recepción la liquidación correspondiente de su turno, junto con los vales de facturas de venta a crédito y, dependiendo de la política del hotel, los contados y ventas con tarjetas de crédito. En el caso de que sea la primera liquidación del día, su saldo deberá ser el mismo que el ofrecido por el sistema de facturación de recepción; en el caso de que fuera la segunda liquidación, el saldo de facturación de recepción debe ser el correspondiente a la suma del total de ventas de las dos liquidaciones y así sucesivamente. Por ejemplo, en el caso de desayunos habrá una sola liquidación, en el caso de restaurante dos liquidaciones (almuerzos y cenas) y en el caso de *room service* tres liquidaciones, siempre y cuando funcione las 24 horas del día.

El impreso de liquidación constará de original y copia; el original, como ya se ha indicado, tiene como destinataria la recepción, y la copia de la liquidación se enviará a administración-intervención con el objeto de vigilar y controlar la producción.

En resumen y siguiendo el ejemplo realizado en los apartados 4.5 y 4.6, el total de la suma de las liquidaciones deberá ser el mismo que el ofrecido en el "total general" (última columna de la derecha) de la hoja de mano corriente, y en el caso de un sistema de facturación informatizado el del importe ofrecido en el listado "Detalle de apuntes" (véase figura 4.16) o en "informe de balance" (véase figura 4.19B).

En los casos de discrepancia entre la suma de las liquidaciones de un departamento y el saldo en facturación de recepción, es decir, cuando no cuadra la producción, se deberá hacer un riguroso control hasta detectar el fallo, que en terminología hotelera recibe el nombre de "puntear". Los motivos del descuadre de producción son variadísimos, entre otros, por estar mal sumada la liquidación, falta de anotación de alguna venta en la liquidación, duplicidad de anotación en la liquidación, anotación errónea de importe en la liquidación, no haber recibido recepción algún vale, error en recepción al cargar el importe, no haber realizado recepción algún cargo, duplicidad de cargo en una factura...

| N.º fact. | N.º mesa | N.º pers. | N.º habit. | Cocina | Bodega | Postres | Cafet. | Otros | Crédito | Contado | Total |
|---|---|---|---|---|---|---|---|---|---|---|---|
| | | | | | | | | | | | |
| | | | | | | | | | | | |
| | | | | | | | | | | | |
| | | | | | | | | | | | |
| | | | | | | | | | | | |
| | | | | | | | | | | | |
| | | | | | | | | | | | |
| Total | | | | | | | | | | | |

Figura 4.46. Liquidación de restaurante. *Fuente:* Cerra, Dorado, Estepa y García, 1999.

| N.º vale | N.º habit. | Crédito | Contado | Total | N.º vale | N.º habit. | Crédito | Contado | Total |
|---|---|---|---|---|---|---|---|---|---|
| | | | | | | | | | |
| | | | | | | | | | |
| | | | | | | | | | |
| | | | | | | | | | |
| | | | | | | | | | |
| | | | | | | | | | |
| | | | | | | | | | |
| | | | | | | | | | |
| | | | | | | | | | |
| | | | | | | | | | |
| Suma y sigue: | | | | | Total | | | | |

Figura 4.47. Liquidación de room service. *Fuente:* Cerra, Dorado, Estepa y García, 1999.

## 4.12. Cuadre de producción y cierre del día

(Para facilitar la comprensión de este apartado se recomienda la relectura de los apartados 4.5 y 4.6).

Por *cuadre de producción* se entiende que todas y cada una de las cuentas de cargo y abono ofrecen un saldo correcto.

Consecuentemente no se trata solo de que la producción registrada en facturación de recepción de bar, cafetería... coincida con las respectivas liquidaciones de dichos puntos de venta, sino que debemos ampliar el cuadre al resto de cuentas manejadas en la facturación de recepción, tales como habitación, créditos, caja, IVA repercutido..., cuestión a vigilar con sus respectivas liquidaciones.

Actualmente, con la utilización de programas informatizados de gestión hotelera, la cuenta de mayor peso cuantitativo, la venta de habitaciones, carece de medios para poder controlar que su saldo es el correcto, es decir, que todas las habitaciones ocupadas han sido facturadas apropiadamente. Con anterioridad a la introducción informática como sistema de facturación, las recepciones de los hoteles empleaban el ya conocido por nosotros sistema manual (hoja de mano corriente) y el sistema mecanizado (empleo de máquinas registradoras), lo que llevaba parejo el empleo de una autoliquidación del número de habitaciones ocupadas, número de personas alojadas e importe por el concepto de habitación, con la denominación de "libro de recepción". En dicho libro se anotaban todas las entradas y salidas del establecimiento, anotando, entre otros datos: el número de habitación, el número de personas y el precio de la habitación, y con la simple operación de sumar al saldo del cierre de ayer las entradas y restar las salidas, facturación de recepción obtenía el saldo por el concepto de habitación, el cual debería cuadrar con el registrado en el sistema de facturación. Con la aplicación informática en el proceso de facturación, lo importante es que se tenga una parametrización de precios sin fisuras y, que el propio programa establezca de manera obligatoria lo siguiente:

- Los registros deben tener un régimen, una tarifa definida y una distribución de cargos.
- El sistema ha de cargar diariamente los servicios definidos en el régimen, según tarifa y en la factura correspondiente de manera automática, al menos al hacer el cierre del día.

Mediante este procedimiento no quedará ninguna habitación ocupada sin cargar el concepto de habitación y se hará en el importe correcto y en la factura correcta, pero habrá que velar para no hacer cargos manuales incorrectos por el concepto de habitación, no dar entradas de habitación sin el correspondiente registro y que en todas las habitaciones que han abandonado el hotel hayan sido cerradas las facturas y dadas de salida.

El gran principio del cuadre de producción consiste, al margen de lo mencionado anteriormente, en que la suma de los saldos de todas las facturas abiertas (en poder de facturación recepción) sea idéntico a:

Saldo del cierre del día de ayer + cargos del día de hoy – abonos del día de hoy

Al final de cada turno de trabajo, el subdepartamento de facturación de recepción observará que las operaciones realizadas son correctas, cuestión que llevará a cabo mediante la comprobación de que el saldo ofrecido en cada una de sus cuentas por el sistema de facturación coincide con las liquidaciones de los distintos departamentos de venta y con las liquidaciones elaboradas por la propia recepción, por ejemplo la de créditos.

El último cuadre del día se realiza a partir de las 12 de la noche y habitualmente a una hora en la que ya no se espera la llegada de ninguna reserva y las distintas dependencias del hotel (restaurante, bar, cafetería...) han cerrado; se le denomina cuadre final de la producción del día, donde de manera definitiva se comprueba que todas las operaciones realizadas por facturación de recepción son correctas, incluyendo la producción de habitación, caja..., y controlando que no hay descuadres o discrepancias.

Una vez cuadrada la producción del día y obtenido el balance del día, recepción está en disposición de *cerrar el día,* cuestión difícil de entender si se está llevando a cabo por ejemplo a las 3 de la madrugada, cuando de manera generalista se entiende por producción de un día la llevada a cabo desde las 0:00 horas a las 23:59, pero debemos entender que las empresas de alojamiento tienen un servicio continuo y, además, el mismo se presta casi durante las 24 horas del día (por ejemplo, room service), con horarios atípicos a los de otras empresas (por ejemplo, el de la discoteca) y con una hora de inicio y finalización singular (entrada a la habitación no antes de las 12 horas y salida no después de las 12), por todo ello, las empresas de alojamiento imputan las operaciones de producción en un horario propio, en el que por ejemplo la cena de unos huéspedes que ha finalizado a la una de la madrugada no se le factura con la fecha que marca el reloj, sino con la de la fecha hotelera, de forma que es más comprensible para el cliente ver en su factura un importe por el concepto de restaurante correspondiente a la cena de ese día. En las empresas de alojamiento, al no existir el cierre físico (cerrar la puerta, apagar la luz...), se deberá establecer cuándo dan por terminado el día hotelero, a qué hora, ya sea a la una de la madrugada, a las cinco..., pero siempre de manera previa a la salida del hotel de los primeros clientes.

El cierre del día es cerrar la producción alcanzada en un plazo de aproximadamente las últimas 24 horas y dar comienzo a un nuevo día, en el que todas y cada una de las cuentas (tanto de abono como de cargo) pasan a tener un saldo de cero euros y, por consiguiente, la empresa de alojamiento está en disposición de establecer la producción de un nuevo día (nueva fecha hotelera).

Una situación singular en las empresas de alojamiento es facturar consumos realizados por los clientes con fecha anterior a la que figura en factura, debido a que el huésped se registra después del cierre (el cliente llega a las 4 de la madrugada) o que por diversas circunstancias una venta no se pudo cargar en la fecha correcta, recibiendo estas imputaciones el concepto de *rappel* (consumos facturados con fecha de hoy y pertenecientes a días anteriores), debiendo tener presente a la hora de hacer el cuadre que dichos importes no figuran en la liquidación del departamento afectado. Siendo el más típico de todos el de “rappel de habitación”.

## 4.13. Salida de los huéspedes

La salida de huéspedes, como su propio nombre indica, supone que los clientes de una habitación que ha estado ocupada abandonan el establecimiento.

El proceso consiste en que el huésped está físicamente en el mostrador de recepción, excepto en las salidas denominadas *check out express* (véase el apartado 3.9), produciéndose el siguiente diálogo:

- *Buenos días. ¿En qué puedo ayudarle?*
  [Ante la situación de que el huésped nos informa de su salida del hotel.]
- *¿Me puede decir cuál es su número de habitación?* o le demandaremos su tarjeta de registro.
- *¿Ha consumido algún producto del minibar la noche pasada?*
- *¿Ha realizado alguna llamada telefónica?*
- *¿Ha desayunado?*

  Estas preguntas de consumo solo se realizarán en el caso de no tener servicios automatizados (tarificador de teléfono, minibar automático, TPV... ) y en el caso de tener un sistema manual los puntos de venta (especialmente desayunos) deberán estar alerta de aquellas facturas producidas por habitaciones recogidas en el listado de "habitaciones ocupadas y salidas previstas" (véase apartado 3.27).

  A continuación recordaremos al cliente el sistema de pago que nos anunció en el registro o le demandaremos: *¿Cómo va a efectuar el pago?*

  Buscaremos su factura, se la presentaremos para que nos dé su conformidad, imprimiremos la factura definitiva y la cerraremos de acuerdo con el sistema de pago (a cuenta de una empresa, caja...), velando que el documento de pago es correcto (bono agencia, carta de pago, correo electrónico, dinero...). Los consumos que pueden realizar los clientes después del pago de la factura son fáciles de evitar si se les retira la tarjeta de registro o cerrando el sistema informatizado de facturación en todos los puntos de venta.

  Durante el proceso anterior le peguntaremos al cliente cuestiones tales como: *¿Necesita ayuda con su equipaje? ¿Desea un taxi?...*

  El último paso a nivel administrativo es dar salida a la habitación (pasa de ser ocupada y con salida prevista a sucia), dar de baja la llave informatizada y cerrar el crédito interno.

La parte más importe de todo el proceso de salida es realizar un cobro correcto, sobre todo no aceptar sistemas de pago no admitidos o no conformes, y que el crédito concedido se sostenga sobre un documento de pago con fechas y conceptos correctos.

## 4.14. Sistemas de pago

Los sistemas de pago son todos los aceptados y anunciados por la empresa de alojamiento como medio para abonar los servicios prestados a los clientes en el momento de la presentación de la factura.

Los principales sistemas de pago son:

- *Contado.* Sistema mediante el cual la empresa hotelera obtiene medios líquidos ya sean como entrada directa de dinero en caja o en cuentas corrientes a la vista y de ahorro de disponibilidad inmediata en bancos y similares. El sistema de pago al contado o metálico se recoge bajo la denominación de la cuenta de abono "caja", destacando los siguientes medios:

  - *Efectivo.* El sistema de cobro de las facturas de hospedaje o en general de la prestación de un servicio en efectivo consiste en el pago en metálico, ya sea en moneda local o en moneda extranjera.
  - *Transferencia bancaria.* Típicamente este medio de pago en efectivo se emplea para el pago de facturas emitidas a agencias de viajes y empresas en general, a las que se les ha concedido crédito. Igualmente, es un medio para recibir el hotel el importe adelantado de la estancia o una cantidad a cuenta de la misma como garantía de reserva (arras).
  - *Tarjeta de débito.* Mediante la tarjeta de débito el establecimiento hotelero ingresa inmediatamente en una cuenta bancaria el importe gestionado, debiéndose tener en cuenta que el importe no será el cien por cien del firmado por el cliente por existir una comisión a favor de la institución financiera por su gestión.
  - *Cheque bancario.* Raramente admitido en las empresas de alojamiento, salvo a clientes muy conocidos, por su nula garantía a excepción de los cheques conformados y los bancarios. Su aceptación supone controlar todos los datos que figuran en el mismo y el posterior abono en cuenta bancaria para convertirse en efectivo en un plazo de tiempo.

- *Crédito.* Mediante la cuenta de abono "crédito" las empresas hoteleras cierran las facturas no pagadas en el momento de su presentación. Lógicamente este medio solo será utilizado cuando el hotel tenga suscrito un acuerdo de colaboración con una empresa exterior en el cual se ha acordado un pago diferido a un determinado número de días, o con personas particulares con las que la dirección hotelera tenga plena confianza.
- *Tarjeta de crédito.* El sistema de pago con tarjeta de crédito es actualmente el más extendido, obligando a toda empresa hotelera a aceptar al menos una denominación. Hoy en día los datáfonos son un medio garantizado de aceptación de tarjetas, debiéndose controlar solamente que la persona que la utiliza es su titular y la firma, a no ser que tenga PIN. La cuenta de abono o cierre de factura a emplear puede ser: directamente la de la denominación de la tarjeta (por ejemplo visa), la cuenta de crédito y, en algunos establecimientos la de caja por su cuasiliquidez.
- *Invitaciones, gratuidades o "a cuenta casa".* Bajo todas estas denominaciones recogemos un sistema de cierre para aquellas facturas que no son objeto de pago. Entre otras circunstancias tendremos las cortesías concedidas a ciertos clientes o los consumos firmados por personal del hotel con autorización.

La cuenta empleada para alcanzar un saldo cero en factura es la de deducción (anular los cargos por no ser producción real).

## 4.15. Cambio de moneda extranjera

El cambio de moneda extranjera es uno de los servicios a los que las empresas de alojamientos se vienen obligadas a prestar cuando tienen clientes procedentes de países con moneda distinta a la local.

Mediante el cambio de moneda extranjera la empresa de alojamiento cubre dos funciones: por un lado poder cobrar en efectivo las facturas y, por otro, prestar un servicio a los clientes de conversión de su moneda nacional a euros.

Entendemos por moneda extranjera dos acepciones:

- Billetes bancarios (*bank notes*). Los emitidos por los bancos centrales de cada país.
- Divisas, en especial los cheques de viaje *(travelers cheque).* Los emitidos por instituciones financieras.

La legislación sobre cambio de moneda extranjera en establecimientos abiertos al público distintos a las entidades de crédito es amplia, con numerosas circulares, leyes y reales decretos (R.D. 1778/94, R.D. 2660/98...). Se pueden extraer de las mismas los siguientes aspectos:

- La actividad de cambio de moneda comprende la compra o venta de billetes extranjeros y cheques de viajero.
- Corresponde al Banco de España autorizar el ejercicio de la actividad de cambio de moneda.
- Los tipos de cambio aplicables a las operaciones de compra y venta de moneda extranjera serán libres, debiendo respetar, con carácter general, dichas operaciones el régimen de publicidad, de transparencia de las operaciones y de protección de la clientela.
- Las empresas de alojamiento pueden solicitar al Banco de España ser "cambistas", si bien de manera tradicional solo bajo el aspecto de compra de moneda extranjera.
- El tipo de cambio a aplicar es libre.
- Se deben publicitar los tipos de cambio (normalmente solo compra), diferenciado los correspondientes a billetes y a cheques de viaje.
- Los tipos de cambio son netos, no pudiendo aplicarse comisiones ni gastos.
- No podrán figurar en las tablas de cotización referencias tales como: cambio oficial o Banco de España.
- Todas las operaciones de cambio que se realicen deben registrarse identificando a las personas que participen.
- Al tener solo autorización para la compra de moneda extranjera, toda ella deberá ser ingresada en una entidad de crédito, de ahorro o en el propio Banco de España.

Las empresas de alojamiento para establecer sus tipos de cambio tendrán como referencia las cotizaciones oficiales, ya que posteriormente las monedas compradas se las tendrán que vender a una institución financiera y esta las comprará con dicha referencia. En las cotizaciones (*exchange rates*) se establece el valor de un euro en las diferentes monedas (ver cuadro 4.1), por ejemplo un euro tiene un valor en divisas compra (*we buy*) de 1.28290 y en billete compra de 1.31811, por lo que tendremos que establecer una conversión más cómoda en la que presentemos cuántos euros damos cuando compramos un dólar USA en divisas y en billetes, lo que en principio sería de 0.77948 € y de 0.75866 €, y que de manera más o menos habitual las empresas de alojamiento lo reducen en un 2% en cheques de viaje y en un 1% en billetes. Por lo que siguiendo el ejemplo, el hotel ofrecería un cambio de compra para los cheques de viaje en dólar USA de 0.76 € y para los billetes de 0.75 €.

- La cotización de billetes extranjeros tiene una vigencia semanal, mientras que la cotización de divisas pertenece al mercado diario, por lo que es obligatorio que el responsable de recepción se informe todos los días de las cotizaciones oficiales y modificar, si fuera preciso, la tabla de cotización del hotel.
- De manera obligatoria los establecimientos hoteleros deberán registrar y archivar en un documento ex profeso los datos de la persona que hace el cambio, la cantidad cambiada, el tipo de moneda, el tipo de cambio y el contravalor en euros.
- En el proceso de compra o cambio de moneda extranjera por euros deben observarse las siguientes cuestiones:

  • La cotización que publicite la empresa de alojamiento será neta y estará basada en la oficial.

CUADRO 4.1

*Valor de cotización de 1 € con respecto a otras monedas*

| 07 - JUN - 20XX 08:38 h. | DIVISAS, CURRENCY | | BILLETES (en cuenta) 0,00 - 3.000,00 euros * | |
|---|---|---|---|---|
| | COMPRA WE BUY | VENTA WE SELL | COMPRA WE BUY | VENDA WE SELL |
| 1 EUR - LIBR.EST | 0,82994 | 0,79534 | 0,85302 | 0,78125 |
| 1 EUR - DOL.USA. | 1,28290 | 1,22970 | 1,31811 | 1,20721 |
| 1 EUR - DOL.CAN | 1,31950 | 1,26410 | 1,37350 | 1,17910 |
| 1 EUR - FR.SUIZO | 1,22700 | 1,17600 | 1,26110 | 1,15500 |
| 1 EUR - C.SUECA | 9,21620 | 8,82830 | 9,46940 | 8,67269 |
| 1 EUR - C.NORUEG | 7,79900 | 7,47070 | 8,02121 | 7,34635 |
| 1 EUR - C.DANESA | 7,59580 | 7,27600 | 7,80325 | 7,14673 |
| 1 EUR - YEN.JAP | 101,86900 | 97,63500 | 106,10600 | 90,67300 |
| 1 EUR - DOL.AUST | 1,29090 | 1,23660 | 1,39500 | 1,12220 |
| 1 EUR - DIRHAM | 11,30860 | 10,82170 | 12,56320 | 9,25150 |
| 1 EUR - REAIS BR | ------------ | ------------ | 2,82080 | 2,22950 |
| 1 EUR - PESOMEXI | 18,03640 | 17,25980 | 18,47430 | 15,40870 |
| 1 EUR - RIAL.SDI | 4,81770 | 4,61030 | 5,50880 | 4,38140 |
| 1 EUR - DINAR.KW | 0,35996 | 0,34447 | ------------ | ------------ |
| 1 EUR - HK.DOLAR | 9,98510 | 9,53600 | 10,82570 | 8,47230 |
| 1 EUR - DIN.TUN. | 2,06120 | 1,96860 | 2,22010 | 1,75480 |
| 1 EUR - DOLAR NZ | 1,66690 | 1,59680 | 1,72440 | 1,43580 |
| 1 EUR - C.CHECA | 26,03300 | 24,91100 | 26,90600 | 22,20600 |
| 1 EUR - F.HUNGAR | 304,56000 | 291,44000 | 314,06000 | 259,44000 |
| 1 EUR - P.ARGEN. | ------------ | ------------ | 6,25622 | 4,91755 |
| 1 EUR - RAND SA. | 10,64850 | 10,19010 | 10,92340 | 8,87810 |
| 1 EUR - DOL.SING | 1,63940 | 1,56890 | 1,77020 | 1,39910 |
| 1 EUR - ZLOT.POL | 4,40890 | 4,21910 | 4,51560 | 3,74990 |
| 1 EUR - SHEK.ISR | 4,98410 | 4,76940 | 5,13110 | 4,16620 |
| 1 EUR - BAHT TH | 40,39070 | 38,65180 | 41,17490 | 33,92950 |
| 1 EUR - COR ISL | ------------ | ------------ | 169,24610 | 138,14530 |
| 1 EUR - LIBRA EG | ------------ | ------------ | 8,33000 | 6,50670 |
| 1 EUR - KUNA CRO | 7,73610 | 7,40290 | 7,92250 | 6,60790 |
| 1 EUR - LETO LAT | 0,71260 | 0,68190 | 0,73750 | 0,60860 |
| 1 EUR - LITU LIT | 3,53050 | 3,37860 | 3,61560 | 3,01560 |
| 1 EUR - LIRA TUR | 2,34075 | 2,23997 | 2,40471 | 1,95696 |
| 1 EUR - YUAN CHI | 8,18540 | 7,80180 | 8,36600 | 6,97770 |
| 1 EUR - RUBLO.RU | 41,31500 | 39,53630 | 44,70280 | 35,33280 |
| 1 EUR - LEU RUMA | 4,55620 | 4,35990 | 4,92650 | 3,89390 |
| [illegible] | [illegible] | [illegible] | [illegible] | [illegible] |

- Cuando los cheques de viaje vengan expresados en euros su conversión a billetes euros es directa.
- Que la persona que presente la moneda extranjera sea la titular de la misma.
- La contrafirma de los cheques de viaje se debe hacer en nuestra presencia, por lo que recomendamos rechazar aquellos que vengan previamente firmados.
- Identificar al cliente, habitualmente mediante su número de habitación, para hacer posteriormente el documento de registro o hacerlo directamente solicitando el pasaporte.
- En ningún caso aceptar moneda que no tenga cotización.
- Controlar, a ser posible con una máquina de detección, que la moneda no sea falsa.
- En caso de dudas sobre cheques de viaje consultar fax o email de las empresas emisoras en las que nos informan de los anulados o cancelados.

Figura 4.48. Billetes pequeños de dólar USA.

Figura 4.49. Cheque de viaje por valor de 20$ USA con firma y contrafirma.

## 4.16. Liquidación de caja

La liquidación de caja es una relación de todas las operaciones realizadas con la cuenta de caja. Consecuentemente, en la liquidación se recogerán todas las facturas que hayan sido pagadas en metálico, las cantidades entregadas a cuenta en un registro, los pagos a cuenta de facturas de clientes que continúan en el hotel (comúnmente denominadas facturas semanales) y los contados de los distintos departamentos de venta.

El saldo de la liquidación de caja deberá coincidir con el saldo de la cuenta de caja del sistema de facturación y con la cantidad de dinero (euros, moneda extranjera, vales...) en poder del cajero.

El número de liquidaciones en principio será de tres, una por cada turno de trabajo, pero puede existir más de una por turno cuando en el mismo turno tengamos más de un empleado con categoría de cajero y una sola diaria cuando se le dé un carácter de continuidad.

El proceso, como hemos visto en el cierre de facturas, consiste en que cada vez que una factura se salde en metálico, ya sea por salida del huésped, por depósito... supone emplear la cuenta de caja (contado) por el importe que recibe recepción. Por lo tanto, el saldo de la cuenta de caja, el de la liquidación de caja y el dinero físico o representado en vales y similares en la caja debe cuadrar.

La liquidación de caja consta de original y copia. El destinatario del original es administración caja central, acompañado de las facturas (copias) y lectura del saldo ofrecido por el sistema de facturación. La copia de la liquidación, como las demás creadas por recepción, se archivará en el propio departamento.

Los datos que deben figurar en la liquidación son:

- Número de habitación.
- Nombre del cliente o departamento de venta.
- Número de factura.
- Importe.
- Subtotales y total.

**LIQUIDACION CAJA** | FECHA | TURNO

| Núm. habit | Núm. factura | CLIENTE | Importe | Núm. habit. | Núm. factura | CLIENTE | Importe |
|---|---|---|---|---|---|---|---|
| | | | | | | Suma anterior... | |
| | | | | | | | |
| | | | | | | | |
| | | | | | | | |
| | | | | | | | |
| | | | | | | | |
| | | | | | | | |
| | | | | | | | |
| | | | | | | | |

Figura 4.50. Liquidación de caja.

Mediante un sistema de facturación informatizado, la liquidación se traduce en un listado de contados, en el que figurarán todos los movimientos del día y el importe total de cobros (véase detalle de cobros en las figuras: 4.17, 4.29, 4.34 y 4.40).

## 4.17. Liquidación de la recaudación del día

Mediante el impreso de liquidación de la recaudación diaria, caja de recepción relaciona el total de contados producidos en el balance de producción expresado en dinero y en documentos con valor monetario.

Simplemente se trata de anotar en un documento el total de dinero recaudado, diferenciando sus diferentes expresiones, tales como: euros, billetes extranjeros, cheques de viaje, talones bancarios, vales, facturas…

La operación consiste en sacar del cajón o similar el total de documentos existentes (dinero y otros) menos el fondo de caja, cuyo importe deberá ser el mismo que el de la suma de todas las operaciones realizadas mediante la cuenta de caja. Entendiendo por fondo de caja el importe que se tiene depositado en caja para poder realizar devoluciones al cobrar facturas, hacer frente a pagos, realizar cambio de moneda extranjera y otras acciones similares. El siguiente paso consiste en relacionar ordenadamente las diferentes expresiones valoradas siempre en euros, debiendo tener un valor final idénticamente igual al saldo de la liquidación de caja o importe total de cobros.

La liquidación de la recaudación consta de original y copia; el original, junto con el dinero y demás documentos con valor financiero, se entregarán en administración caja central, la cual cotejará lo entregado y comprobará que su total coincide con el saldo por la cuenta de caja. La copia de la liquidación se archivará en recepción firmada por administración en señal de que ha sido realizada la entrega. Puede ser que exista una sola liquidación con la recaudación total del día o tantas liquidaciones como cajeros hayan trabajado, con lo que el importe total de cada liquidación será la misma que la del turno u operaciones hayan llevado a cabo, y la suma de todas las liquidaciones igual al saldo total por el concepto de contados o caja.

Cabe que en empresas de pequeño tamaño la liquidación sea sustituida en parte por un documento del ingreso en banco o caja de ahorros.

El modelaje del documento tendrá las siguientes partes:

- Billetes extranjeros
  - Cantidad de dólares americanos grandes por cotización igual a importe en euros.
  - Cantidad de libras esterlinas por cotización igual a importe en euros.
  - …
  - Total en euros de billetes extranjeros.
- Cheques de viaje.
  - Cantidad de cheques en dólares americanos por cotización igual a importe en euros.

- Cantidad de cheques en libras esterlinas por cotización igual a importe en euros.
- ...
- Total en euros de cheques de viaje.

- Talones.
  - Denominación de institución de crédito e importe en euros.
  - ...
  - Total importe de talones.

- Documentos varios.
  - Denominación de cada documento (vale interno, factura de proveedor, recibo de taxi, pago a camareros extras...) e importe en euros.
  - ...
  - Total varios.

- Efectivo (total euros en metálico).
- Total.

## 4.18. Control de cajas de seguridad

Como ya es sabido las empresas de alojamiento no responden de los objetos de valor no depositados en sus cajas de seguridad, lo que implica que deberán tener un medio para poder velar por las pertenencias de sus huéspedes.

Entre los distintos sistemas de custodia de valores, los establecimientos hoteleros ofrecen:

- Caja fuerte general. Típico en pequeñas explotaciones hoteleras, en las que la dirección de la empresa custodia las pertenencias de sus clientes en su propia caja de seguridad y cuando el tamaño del objeto no permita guardarse en cajas individuales. El proceso es algo tedioso, ya que obliga a tener que guardar las pertenencias en un sobre o similar, con un sistema de cierre que garantice su inviolabilidad y anotando en el exterior los datos del cliente. Ello supone que cada vez que el cliente desee sacar algo habrá que proceder a identificarle, entregarle su sobre y posteriormente confeccionar un nuevo sobre. Y en el caso de objetos de gran tamaño o si no se usan los sobres citados, se establece un alto grado de confianza y pérdida de privacidad por parte del cliente y una responsabilidad añadida al hotel por cuanto puede el cliente alegar que le faltan cosas o que han sido deterioradas.
- Cajas de seguridad en cuarto común. Prácticamente desaparecidas de la realidad hotelera y consistente en la oferta de cofres de doble llave, la del cliente y una común a todos los cofres en poder del hotel, instalados en un cuarto específico y habitualmente muy próximo a la recepción del hotel.

El sistema de control consiste en abrir una ficha al cliente en la se recogerá: nombre, número de habitación, número de cofre, fecha y firma autorizada, la cual formará parte del expediente del huésped con el objeto de poder localizar la ficha cada vez que el cliente solicita abrir su caja (comprobar firma) y reclamar la llave cuando abandone el hotel. Cada vez que el cliente desee utilizar su cofre deberá identificarse en recepción, firmar la ficha para controlar que es el titular y se procederá a la apertura del cofre con el empleo de las dos llaves. De esta forma, si alguien se encontrara la llave de un cofre no podría usarla, ya que se precisa la comprobación de firmas y el uso de las dos llaves.

- Cajas de seguridad en habitación. Es el sistema más extendido en la actualidad, entre otras razones porque su precio es próximo a los 100 €, no precisa intervención del personal del hotel para su uso, se ubican de manera discreta en las propias habitaciones, el huésped puede usarla en cualquier momento y cuantas veces desee, su tamaño permite guardar documentación, ordenador, cámara.... Entre las diferentes cajas de seguridad individuales destaca la de apertura con teclado digital a modo de PIN, el cual es elegido por el cliente libremente y que deberá emplear cada vez que desee utilizarla.

# 5

# Seguridad en los establecimientos de alojamiento turísitico

## 5.1. El servicio de seguridad

Los alojamientos turísticos, más que vender plazas, venden sensaciones, sueños, ilusiones, confianza, confort... y todo ello, independientemente del motivo del viaje, no tendrá éxito sin el atributo de la seguridad. Las empresas de alojamiento deben ser capaces de incorporar un valor añadido que dé a sus servicios e instalaciones seguridad, lo que se traducirá en calidad y comodidad.

El ser humano, después de tener cubiertas sus necesidades fisiológicas o básicas, precisa satisfacer la seguridad. Las personas necesitan estar seguras y sentirse libres.

El turismo es una actividad que requiere para su nacimiento y desarrollo de seguridad. Seguridad que persigue minimizar los riesgos reales y potenciales a los que se exponen las personas durante sus viajes.

Pensemos simplemente que en el momento en que los medios de comunicación, las redes sociales, comentarios de visitantes precedentes... dicen que existen problemas de seguridad, de limpieza, de robos..., rápidamente, dentro de lo posible, el viaje se cancela a esa ciudad o se busca un establecimiento hotelero en el que la seguridad no suponga un problema. La falta de seguridad provoca un rechazo o al menos un frenazo en el número de demandantes de turismo, ya que una de sus características es su gran sensibilidad a factores externos, como son: conflictos bélicos, inseguridad ciudadana, terrorismo, brotes de epidemias, instalaciones defectuosas en los hoteles, carencia de medidas de prevención de incendios, robos en los hoteles...

La seguridad debemos entenderla como algo que va más allá del propio establecimiento hotelero, ya que afecta a la ciudad de destino y al país receptor en general. De ahí que la marca de seguridad sea básica para el mantenimiento y crecimiento turístico.

Los establecimientos hoteleros con la instalación de cámaras de vigilancia, ubicación apropiada de extintores, detectores de humo, control de temperatura de las cámaras frigoríficas, gestión de fichas de policía... no sólo están cumpliendo con la legalidad, sino que están añadiendo a la prestación del servicio de alojamiento la venta de seguridad. Por lo que podemos traducir que la seguridad, en su más amplia extensión, es o debe convertirse en una herramienta de competitividad.

La seguridad en las empresas de alojamiento no sólo es importante sino que es muy mejorable en ciertos aspectos, tales como:

- Conocer y aplicar la legislación sobre: protección contra incendios, seguridad y salud laboral, de la información y actos antisociales e incidentes.
- Formación y capacitación del personal.
- Implicación del personal en la seguridad.
- Informar al personal sobre delitos típicos que se producen en los hoteles y cómo actuar ante ellos.
- Falta de departamento de seguridad.
- Incrementar y mejorar los equipos instalados.
- Carencia de planes de prevención.
- Falta de manuales de procedimientos.
- Integrar la seguridad dentro del hotel.
- Carencia de simulacros.
- Mayor protagonismo y proactividad de las empresas de seguridad externas en las necesidades de la empresa de alojamiento.
- Crear estándares de seguridad dentro de la certificación de calidad.

## 5.2. La Organización Mundial del Turismo y la seguridad del turismo

La OMT puso en el año 2001 en marcha un servicio internacional de seguridad turística (Red y Grupo de Acción de Seguridad del Turismo), cuyo objetivo está relacionado con la protección de la vida, de la salud y de la integridad física, psicológica y económica de los viajeros, de los empleados del sector turístico y de los miembros de las comunidades receptoras.

Con las siguientes *medidas preventivas:*

1. Todos los Estados deben evaluar y controlar el alcance y el grado de los riesgos para la vida y para la salud, los bienes y los intereses económicos de los turistas en su territorio y establecer una política nacional de seguridad en turismo de las proporciones necesarias para prevenir riesgos de los turistas.

2. Todos los Estados deben tomar medidas para:

*a)* Definir los riesgos turísticos potenciales en tipos de viaje, en sectores turísticos receptores y en centros turísticos específicos.
*b)* Instaurar normas y prácticas de seguridad en los establecimientos y sitios turísticos, y garantizar su observancia por las empresas que los explotan, con especial referencia a:

- Protección contra incendios.
- Inocuidad de los alimentos.
- Requisitos de saneamiento y salud.
- Protección medioambiental.

*c)* Elaborar directrices destinadas a los operadores de instalaciones turísticas para casos de actos ilícitos contra la seguridad de esas instalaciones.
*d)* Asegurar que los lugares y las instalaciones de interés turístico reciban la protección adecuada de las fuerzas de orden público para detectar y prevenir los delitos contra los turistas.
*e)* Proporcionar al público, tanto el que sale de viaje al extranjero como el que llega al país como el que se aloja en instalaciones turísticas, una documentación e información adecuadas sobre la seguridad en turismo y que trate de:

- La reglamentación básica relativa a la seguridad en turismo.
- Las prácticas correctas de seguridad en los centros de transporte turístico (aeropuertos, estaciones de ferrocarril y de autocar, y en otras terminales de transporte).
- Las advertencias sobre posibles peligros en instalaciones y sitios turísticos.
- Los posibles riesgos para la salud y los medios de autoprotección.
- Los servicios de que disponga el turista cuando necesite asistencia.

*f)* Proteger a los turistas contra el tráfico de drogas y proteger también los medios de transporte turístico contra su utilización para el transporte y contrabando de drogas.
*g)* Garantizar que el personal de los establecimientos turísticos y de los servicios conexos esté adecuadamente formado en cuestiones de seguridad de los turistas.
*h)* Fomentar el desarrollo del seguro de asistencia en viajes y la información que facilite a los turistas el acceso a esos seguros y su elección.
*i)* Fomentar la elaboración de unas normas de responsabilidad civil de las empresas turísticas y asegurar que la información sobre esas normas sea fácilmente disponible para los turistas y sus representantes.
*j)* Establecer políticas y servicios nacionales de salud de los turistas, incluidos los sistemas de notificación de problemas sanitarios de los turistas.

Y con la siguiente facilitación de la *asistencia a los turistas:*

1. Procedimientos penales contra los autores de daños a la persona o a los bienes del turista.

   Los Estados deberían facilitar la posibilidad de participación del turista en esos procedimientos, sobre todo en el caso de las agresiones más graves, como los actos de carácter violento; el turista deberá tener derecho al mismo trato que los ciudadanos del Estado donde se cometiera el delito.
2. Protección del consumidor y solución no judicial de conflictos entre turistas y prestatarios de servicios turísticos.

   *a)* Los Estados deberían establecer normas para la protección del consumidor en el campo del turismo, con arreglo a la distinta condición de:

   - Los turistas independientes, es decir, los que establecen relaciones contractuales directas con los prestatarios de servicios turísticos individuales, y
   - Los turistas que adquieren una combinación de servicios turísticos preparada por un organizador.

   *b)* En lo que respecta a los turistas independientes, los Estados deberían establecer procedimientos claros para la solución rápida de los conflictos de consumo, y designar organismos a los que tengan fácil acceso los turistas para presentar sus reclamaciones de consumo.
   *c)* Asimismo, los Estados deberían determinar claramente la responsabilidad de los organizadores, los minoristas o los prestatarios directos en las deficiencias de prestación de los servicios contratados a los turistas que compran una combinación de servicios y productos turísticos.

3. Asistencia médica de urgencia a los turistas.

   Los Estados deberían designar o indicar servicios de salud públicos o privados para los turistas y facilitar la información correspondiente a los turistas y a sus representantes.
4. Acceso de los turistas a los representantes diplomáticos y consulares de sus países y a las comunicaciones públicas exteriores.

   Los Estados deberían tomar medidas apropiadas para:

   *a)* Facilitar el acceso a esos recursos a los turistas que soliciten asesoramiento de su país de origen como consecuencia de una situación de emergencia;
   *b)* Avisar a los representantes diplomáticos o consulares del país del turista o directamente a sus familiares cuando un turista sea víctima de una catástrofe natural, de un accidente importante, de un delito grave contra su persona o de un problema de salud de consideración y esté, por tanto, incapacitado para establecer esos contactos.

5. Repatriación de los turistas.

   Los Estados deberían tomar las medidas apropiadas para:

   *a)* Facilitar la repatriación de los turistas víctimas de catástrofes naturales, accidentes, delitos o problemas de salud y que, por la deficiencia de su situación, no puedan continuar su viaje o su estancia turística ni gestionar el regreso a su país de origen.
   *b)* Facilitar al Estado de origen de los turistas o a sus servicios especializados la repatriación del cuerpo del turista que haya fallecido durante su viaje.

## 5.3. Normativa en materia de seguridad

Existe una amplia legislación de referencia en materia de seguridad, que enunciamos a continuación por bloques de afinidad.

### 5.3.1. Prevención de incendios

Orden de 25 de septiembre de 1979 de la Secretaría de Estado de Turismo, sobre prevención de incendios en alojamientos turísticos, modificada por la Orden de 31 de marzo de 1980, prorrogando el plazo de algunas medidas e instalaciones y, la Circular de la Dirección de Empresas y Actividades Turísticas, de 10 de abril, que aclara y desarrolla las diversas medidas que han de adoptar los establecimientos turísticos sobre prevención de incendios. Se pueden extraer de la Orden de 1979 las siguientes medidas:

- Alumbrado de emergencia.
- Señalización luminosa en las posibles vías de evacuación.
- Indicación en las entradas de las salas del número máximo de personas admisibles.
- Manual para el personal del plan de emergencia.
- Instrucciones en varios idiomas en las puertas de las habitaciones.
- Plano de cada planta en el que figuren: escaleras, pasillos, salidas, itinerarios de evacuación, situación de los medios de transmisión y dispositivos de extinción.
- Dispositivos de alarma acústica.
- Paneles de "prohibido fumar" en zonas de peligro de incendio.
- Ignifugación de moquetas, revestimientos, murales y cortinajes.
- Las canalizaciones de servicio a las habitaciones deben estar convenientemente selladas entre pisos para evitar el paso de humo y gases.
- Al menos una vez al año deben realizarse ejercicios de formación para el personal.

Real Decreto 2177/1996, de 4 de octubre, por el que se aprueba la norma básica de la edificación «NBE-CPI/96: Condiciones de protección contra incendios de los edificios».

Norma UNE 23032:1983, seguridad contra incendios, símbolos gráficos para su utilización en los planos de construcción y planes de emergencia.

Real Decreto 314/2006, de 17 de marzo, del Ministerio de la Vivienda, por el que se aprueba el Código Técnico de Edificación.

Real Decreto 1942/1993 de 5 de noviembre, por el que se aprueba el reglamento de instalaciones de protección contra incendios.

Orden Ministerial de 25/9/79 de la Secretaría de Estado de Turismo, sobre prevención de incendios en establecimientos turísticos.

Orden Ministerial de 31/3/80 por la que se modifica la del 25/9/79, de la Secretaría de Estado de Turismo, sobre prevención de incendios en establecimientos turísticos.

Circular de la Dirección General de Empresas y Actividades Turísticas (10/4/80) aclaratoria sobre prevención de incendios en establecimientos turísticos.

Disposiciones a nivel autonómico, municipal y comunitaria.

### 5.3.2. Seguridad y salud laboral

Ley 31/1995, de 8 de noviembre, de Prevención de Riesgos Laborales.

Real Decreto 171/2004, de 30 de enero, por el que se desarrolla el artículo 24 de la Ley 31/1995, de 8 de noviembre, de Prevención de Riesgos Laborales, en materia de coordinación de actividades empresariales.

Ley 54/2003, de 12 de diciembre, de reforma del marco normativo de la prevención de riesgos laborales.

Real Decreto 1215/1997, de 18 de julio, por el que se establecen las disposiciones mínimas de seguridad y salud para la utilización de los equipos de trabajo.

Real Decreto 773/1997, de 30 de mayo, sobre disposiciones mínimas de seguridad y salud relativas a la utilización por los trabajadores de equipos de protección individual.

Real Decreto 486/1997, de 14 de abril, por el que se establecen las disposiciones mínimas de seguridad y salud en los lugares de trabajo.

Real Decreto 39/1997, de 17 de enero, por el que se aprueba el Reglamento de los servicios de prevención.

Artículo 38 y 39 de la Ley 31/1995, sobre Comité de Seguridad y Salud (con las modificaciones por Ley 54/2003, de 12 de diciembre).

Acuerdo Marco Laboral de ámbito estatal para el sector de la hostelería, iniciado en el año 1995 en sustitución de la Ordenanza Laboral parta la industria de hostelería del año 1974. Del que referenciamos dentro del capítulo IX sobre prevención de riesgos laborales y seguridad y salud en el trabajo, los artículos 51, 52, 53, 54 y 55.

Convenio Colectivo del sector de la hostelería. En el mismo se recuerda la obligatoriedad de aplicar la Ley 31/1195 de prevención de riesgos laborales y contemplando de manera especial la prevención de la salud laboral (principios generales, normas especiales y reconocimientos médicos).

### 5.3.3. Seguridad alimentaria

Artículo 43 de la Constitución Española de 1978, por el que se reconoce el derecho a la protección de la salud.

Ley 11/2001, de 5 de julio, por la que se crea la Agencia Española de Seguridad Alimentaria.

Ley 17/2011, de 5 de julio, de seguridad alimentaria y nutrición.

Real Decreto 109/2010, de 5 de febrero, por el que se modifican diversos reales decretos en materia sanitaria (en especial para el sector de hostelería la derogación del Real decreto 202/2000, referente a manipuladores de alimentos).

Real Decreto 3484/2000, de 29 de diciembre, por el que se establecen las normas de higiene para la elaboración, distribución y comercio de comidas preparadas.

Real Decreto 640/2006, de 26 de mayo, por el que se regulan las disposiciones comunitarias en materia de higiene, de la producción y comercialización de productos alimenticios.

Otras disposiciones a nivel local, comunidad y comunitaria, que junto con las anteriormente mencionadas, encaminan a las empresas a llevar a cabo una serie de acciones que eviten problemas con la seguridad alimentaria, extrayendo, entre muchas otras, las siguientes recomendaciones:

- Ajustes en la cantidad de productos almacenados.
- Análisis del agua.
- Control de la temperatura de cámaras, frigoríficos, almacenes y zonas de producción.

- Almacenamiento apropiado de los diversos tipos de materias primas, productos en curso y productos terminados.
- Estanquidad con el exterior de cocinas y almacenes.
- Cuartos de basura cerrados, limpios y refrigerados.
- Vigilar los tiempos de cocción, caducidad y vida útil de los alimentos y de las elaboraciones.
- Análisis de peligros y puntos de control críticos (APPCC).
- Trazabilidad de los alimentos.
- Formación continua del personal manipulador.
- Control del aseo personal y de la vestimenta.
- Llevar a cabo campañas DDD (desratización, desinsectación y desinfección).

### 5.3.4. Datos de carácter personal

La Constitución Española en su artículo 10 reconoce el derecho a la dignidad de la persona. Por su parte, el artículo 18.4 dispone que la ley limitará el uso de la informática para garantizar el honor y la intimidad personal y familiar de los ciudadanos y el pleno ejercicio de sus derechos.

Ley Orgánica 15/1999, de 13 de diciembre, de protección de datos de carácter personal.

Orden INT/1992/2003, de 3 de julio, sobre libros de registro y partes de entrada de viajeros en establecimientos de hostelería y análogos (véase apartado 3.17).

Agencia Española de Protección de Datos (www.agpd.es).

## 5.4. Protección contra incendios

Las empresas de alojamiento deben tener una protección sin fisuras en materia de incendios, que atienda a las instalaciones y fundamentalmente a las personas. Fallos en los sistemas de protección contra incendios ha hecho que la imagen de un establecimiento se deteriore durante un largo plazo, aunque las consecuencias para los clientes haya sido simplemente la evacuación, pero la imagen es prácticamente irrecuperable si el siniestro es consecuencia de la falta de medidas y ha producido víctimas.

Las principales causas de incendios en las empresas de alojamiento son:

- Fallos en las instalaciones eléctricas.
- Fuegos en cocina.
- Producidos por fumadores.

Las instalaciones principales a vigilar por los hoteles para la prevención y protección de incendios son:

- Salas de calderas, de baja tensión y de compresores.
- Grupos electrógenos.
- Torres de refrigeración.
- Equipos de frío.
- Depósitos de combustible.
- Áreas de producción de cocina, cafetería, bar…
- Almacenes de lencería, madera, papelería y productos de limpieza.
- Equipos de bombeo de agua sanitaria.
- Aljibes de agua sanitaria y de agua contra incendios.
- Equipos de bombeo de agua contra incendios.
- Puertas cortafuegos.
- Escaleras y salidas de emergencia.

### 5.4.1. Medios de protección

Los medios de protección contra incendios y su ubicación son:

- Detección. Existen en el mercado variados tipos de detectores que se adecúan a las distintas dependencias de los hoteles, tales como:

  - Sísmicos. Se dispara la alarma al detectar una vibración, no sólo por causas naturales.
  - De gas natural, propano, butano…
  - De monóxido de carbono.
  - Térmico.
  - Óptico, iónico, llamas, termovelocimétrico… Respuesta ante humos visibles, partículas muy pequeñas...

  Se debe elegir el más adecuado para cada instalación. Por ejemplo, los de llamas en lugares donde puedan producirse fuegos de llama abierta, los iónicos y similares en lugares de fuego lento, los de humo en almacenes y similares con fuegos de evolución lenta, los térmicos en garajes…
- Alarma. Los dos principales elementos de la alarma son los pulsadores (sistema manual de alarma) y las sirenas (transmitir de manera acústica y óptica la alarma). Cada vez más el sistema de alarma instalado en los hoteles es mediante aviso de megafonía audible en las zonas comunes, de personal y en dormitorios y cuartos de baño.
- Central de alarma. Ubicada habitualmente en recepción por tener personal asignado las 24 horas y poder dar aviso telefónico en caso de necesidad a bomberos, policía… La central de alarma identificará: el sistema de detección, el lugar de la alarma, el tipo de alarma (avería de ascensor, humo en habitación…), poder desconectar ciertas instalaciones, activar la alarma…

### 5.4.2. Medios de extinción

Los medios de extinción más generalizados son:

- Extintores. Destacan los siguientes:
  - De polvo. Es el más útil por cubrir diferentes tipos de fuego: A (madera, papel y tejidos), B (líquidos inflamables), C (gases inflamables), E (fuegos eléctricos).
  - De agua. Recomendable en zonas de pasillos.
  - De anhídrido carbónico. Para fuegos superficiales y zonas con equipos electrónicos.

- Bocas de incendios equipadas. Constituidas por una serie de elementos conectados a una red de abastecimiento de agua, siempre en carga, constituidos por: boquilla, lanza, manguera, válvula, manómetro, soporte de manguera y armario.
- Bocas hidrantes exteriores. Son dispositivos cuya finalidad es el suministro de agua a mangueras o bien a tanques o bombas del servicio de extinción.
- Rociadores automáticos. Controlan y extinguen los incendios mediante una descarga automática de agua sobre la zona de origen del incendio.
- Columnas secas. Son instalaciones para el uso exclusivo de bomberos (obligatorias en edificios con más de 8 plantas).
- Aljibes (incluida piscina).
- Grupos de presión.
- Bombas de presión.

### 5.4.3. Evacuación

Si a pesar de todas las medidas de protección es necesaria la evacuación, ésta debe ser rápida, ordenada y escalonada, evitando situaciones de pánico.

Se distinguen dos vías de evacuación: horizontales (puertas y pasillos) y verticales (escaleras).

Las vías de evacuación deben ser resistentes al fuego, aisladas del humo, permanentemente despejadas, con puertas cortafuegos cerradas y no deben utilizarse ascensores; las escaleras deben ser fijas, con tramos rectos, con pasamanos, accesibles desde cada planta y que desemboquen en la planta baja.

La señalización de las vías de evacuación debe tener en cuenta los siguientes aspectos: direcciones para una correcta evacuación, direcciones que deben evitarse, localización de los medios e instalaciones contra incendios y zonas de especial riesgo de incendio. Para ello es obligatorio tener planos con los itinerarios de evacuación en zonas estratégicas de uso común (comedores, bar, restaurante, salones, discoteca, etc.), en cada una de las habitaciones y en los vestíbulos de cada una de las plantas.

Finalmente, deben existir alumbrados especiales con el objeto de facilitar la evacuación y mantener un nivel de iluminación suficiente en las vías de evacuación y lugares de uso común. Dicho alumbrado debe ser alimentado por fuentes propias de energía (batería de acumuladores y grupo electrógeno).

### 5.4.4. Plan de emergencia

Es la planificación humana para la utilización óptima de los medios técnicos previstos en caso de incendio, y aunque más raro por inundación, con la finalidad de reducir al máximo sus posibles consecuencias humanas y económicas.

Todo plan debe contener:

- Programa preventivo (instrucciones para evitar incendios).
- Programa propio (instrucciones para el personal específico implicado en la alarma, comunicación, extinción y evacuación).
- Instrucciones para los clientes.
- Descripción de los medios de protección.

En caso de incendio

Si descubre un incendio:

- Comunique rápidamente a la Recepción la localización del fuego.
- Mantenga la calma: no grite ni corra. Si se prende su ropa, ruede por el suelo. Si hay humo abundante, camine a gatas.
- No utilice los ascensores.

Si las salidas están bloqueadas:

- Permanezca en la habitación, colocando ropas húmedas en las ranuras de las puertas.
- Indique por la ventana su presencia.

Figura 5.1. Ejemplo de hoja de instrucciones para clientes.

## 5.5. Prevención contra robos y hurtos

En aquellas empresas con un gran aforo, y en aquellas otras que por la idiosincrasia de sus clientes así lo recomienden, es común dentro de su plantilla, o bien mediante la colaboración de una empresa exterior, contar con personal dedicado ex profeso a la seguridad de las cosas y las personas.

En los establecimientos hoteleros se da una categoría profesional, hoy prácticamente extinguida, la de vigilante de noche, que, como su nombre indica, es el encargado de cuidar durante la noche la vigilancia y servicio, con continuidad, del establecimiento, comunicando a su superior las incidencias que haya observado durante el turno.

Al margen de esa figura, en la mayoría de los establecimientos hoteleros existe la figura del portero de acceso, que entre otras funciones se encarga de la vigilancia de las personas que entran y salen del establecimiento. Es, por lo tanto, un primer filtro para impedir el acceso de aquellas personas que por su aspecto no es recomendable su entrada en el establecimiento. Ese primer filtro es continuado por el resto del personal, que debe actuar, ya sea de forma directa o comunicándolo a un superior, cuando detecte cualquier anomalía que pueda suponer peligro de robo o hurto o, simplemente, cuando se produzcan situaciones desagradables para los clientes.

Las empresas externas dedicadas a prestar sus servicios de vigilancia actúan bajo dos perspectivas: una, como disuasoria de actuaciones ilegales, mediante su presencia física y de uniforme en los lugares más conflictivos y de paso, y la otra, con la actuación directa, reteniendo y poniendo a disposición de las autoridades a aquellas personas que hayan sido sorprendidas en un acto presuntamente delictivo.

La mayoría de los establecimientos hoteleros son conscientes, y cada vez más exigentes, de las medidas de seguridad para garantizar sus empresas, fundamentalmente debido al aumento de la criminalidad y a la mayor sofistificación empleada para realizar hurtos (apoderarse, sin consentimiento, de cosas ajenas) y robos (tomar con violencia lo que no les pertenece).

Al margen de lo comentado de vigilantes de plantilla o vigilantes de empresas de seguridad, los empresarios del sector están reforzando sus medidas de seguridad. Al mismo tiempo se están investigando nuevas fórmulas para proteger al cliente, sus pertenencias y las propias instalaciones. Entre otras medidas tenemos:

- Cierre de la puerta principal y de las secundarias durante el turno de noche, con dispositivos de apertura desde la Recepción, pudiendo a la vez estar dotadas de interfono y cámara de vídeo.
- Detectores magnéticos, instalados en puertas y ventanas.
- Detectores de rotura de cristales, que se accionan al detectar la frecuencia de sonido producida por la rotura de un cristal.
- Detectores volumétricos por infrarrojos, que ponen el sistema de alarma en marcha cuando algo se mueve en su campo de acción.
- De presencia y movimiento. Dan la alarma ante cambios en la temperatura ambiente o al captar movimiento.
- Desconexión del suministro eléctrico de la habitación, consistente en que el huésped dispone de unos minutos desde que abre la puerta para cerrarla con pestillo, de forma que si no lo hace se desconecta la luz del dormitorio, el aire acondicionado, la televisión, etc.
- Circuitos cerrados de televisión, que controlan accesos principales: garaje, pasillos, ascensores, escaleras, salones, perimetrales exteriores, etc.; y es supervisado por el personal de seguridad o por el de Recepción-Conserjería.

- Llave-tarjeta de plástico, magnética, informatizada u otros sustitutos de las clásicas llaves metálicas. Tarjetas que, además de ser más eficientes en la seguridad de apertura a los dormitorios, pueden utilizarse como medio para poder utilizar ascensores, poder acceder a zonas reservadas de uso exclusivo de los huéspedes, saber qué llave (de camarera, gobernanta, servicios técnicos...) y a qué hora ha abierto una puerta.
- Otras medidas disuasorias son la colocación en el departamento de caja de: cristales blindados, cajas fuertes provistas de trampilla y sistema de apertura retardada para la introducción de dinero y documentos; además es habitual que el personal del departamento no esté en posesión de la llave. Otro dispositivo de seguridad en caja es la máquina detectora de billetes falsos.
- Partes de entradas de viajeros (o listados o soporte magnético que contengan la información) son otra medida de seguridad, ya que las mismas, al ser su destino las comisarías de Policía o puestos de la Guardia Civil, pueden detectar a las personas que tengan algún proceso pendiente con la Justicia.
- Finalmente, comentar la obligatoriedad de los establecimientos hoteleros de estar dotados de caja fuerte o cajas de seguridad para la custodia de objetos de valor de los huéspedes, estén éstas instaladas en un local común o en las propias habitaciones.

## 5.6. Protección a personalidades

La mayoría de las personalidades, entendiendo por personalidades a aquellas personas destacadas en el ámbito social, ya sea por el puesto de trabajo que desempeñan o por su estatus social, suelen estar acompañadas por su propia escolta, o la Dirección General de Seguridad establece sistemas de protección.

Las empresas, a este respecto, deben facilitar la máxima información a esas personas especializadas en lo concerniente al desarrollo de su trabajo: accesos, salidas, ubicación del servicio, facilitarles el acceso para revisar, personal que les atenderá, etc.

En cuanto a la prestación del servicio a personalidades relevantes se deben tomar, entre otras, las siguientes medidas:

- No dar publicidad de la visita y, sobre todo, no informar de cuál es la habitación que ocupan o el salón en el que se encuentran.
- Procurar elegir el lugar más apropiado, siguiendo habitualmente instrucciones de personas especializadas, planta, pasillo, lugar del comedor, etc., no sólo para su privacidad, sino también para su protección.
- En caso de que coincidan personalidades no afines en el mismo lugar, es conveniente que exista un distanciamiento entre las mismas.
- Incrementar el servicio de seguridad interno (portero de acceso, personal de mostrador y sala, vigilantes, etc.), no sólo en cuanto a control de personas que accedan al edificio, sino también de paquetes u objetos.

## 5.7. Seguros. Riesgos que cubren

El término seguro proviene del latín *securus*, con diversas acepciones, tales como:

- Libre y exento de todo peligro, daño o riesgo.
- Cierto, indubitable y en cierta manera infalible.
- Firme, constante y que no está en peligro.
- Seguridad, certeza, confianza.

Mediante la contratación de un seguro las empresas de alojamiento adquieren las garantías necesarias para hacer frente a todo tipo de riesgos con los que se pueden encontrar en su operativa diaria.

Hoy en día todo es asegurable, sólo depende de estimar su valor y pagar la correspondiente prima a una compañía de seguros.

Entre las muy variadas coberturas que cubren los seguros para hoteles, destacamos:

- Daños materiales por incendio, tanto de las propias instalaciones del hotel como de los efectos personales de sus huéspedes y clientes.
- Daños causados por actos vandálicos.
- Daños causados por inundaciones.
- Robo de las pertenencias de los clientes en cajas de seguridad.
- Robos y atracos.
- Rotura de lunas, espejos…
- Averías en maquinaria e instalaciones.
- Pérdidas ocasionadas por paralización de cámaras frigoríficas.
- Daños causados en los equipajes de los huéspedes.
- Intoxicación.
- Daños eléctricos.
- Daños a ordenadores.
- Daños y robos en vehículos de los clientes.
- Daños en prendas de vestir por servicios de lavandería.
- Robos del personal.
- Impago de agencias de viajes, touroperadores extranjeros…
- Coberturas por fallecimiento, invalidez… por accidentes que sufran los clientes.
- Responsabilidad civil por daños causados a los huéspedes y clientes.

Cada día más comunidades autónomas obligan a las empresas de alojamiento a tener un seguro de responsabilidad civil que cubra los daños y lesiones personales y materiales que sufra la clientela, por hechos o actos jurídicos que les puedan ser imputables, desde una intoxicación, una caída en el baño, caída de la terraza por rotura de la barandilla, etc. Los decretos de algunas comunidades establecen una cuantía de cobertura entre los 150.000 y los 300.000 €, dependiendo de la capacidad de plazas que tengan.

# Bibliografía


Dorado, J. A.: *Dirección de alojamientos turísticos*. Síntesis. 2011.

Dorado, J. A. y García Isa, I.: *Protocolo, relaciones públicas y comunicación*. Síntesis. 2010.

Dorado, J. A.: *Manual de Hostelería.* Blanguser-Paraninfo. 1998.

Dorado, J. A.: *Organización y control de empresas en hostelería y turismo.* Síntesis. 1996.

Dorado, J. A.: *Gestión de alojamientos*. ASEHS. 1994.

Dorado, J. A. y Cerra, J.: *Manual de recepción y atención al cliente*. Síntesis. 1994.

Cerra, J.; Dorado, J. A.; Estepa, D. y García P.: *Gestión de la producción en alojamientos y restauración*. Síntesis. 1990.